Gemüse

Kochen – köstlich
wie noch nie

Gemüse

Leichte Vorspeisen, herzhafte Mahlzeiten, reizvolle Beilagen und vieles mehr

Das große GU Bildkochbuch

mit den besten Rezept-Ideen von
Elke Alsen, Marey Kurz, Annedore Meineke, Brigitta Stuber
und Annette Wolter, herausgegeben von

Annette Wolter

Die Farbfotos gestaltete

Odette Teubner

GU

Gräfe und Unzer

Das finden Sie in diesem Buch

Über dieses Buch
Seite 8

Vom Wert des Gemüses
Seite 9

Gemüsefreundliche Garmethoden
Seiten 10–13

Suppen, Vorspeisen, kleine Gerichte
Seiten 14–35

Gemüse als Mahlzeit
Seiten 36–63

Salate und reizvolle Beilagen

Seiten 64–99

Gemüse-Spezialitäten

Seiten 100–119

Gemüse von A bis Z

Seiten 120–135

Der Inhalt des Buches von A bis Z

Seite 136

Die Rezepte nach Gemüsearten geordnet

Gelegentlich wird Sie beim Einkauf ein besonderes Angebot von frischem Gemüse dazu verleiten, Ihren vorgesehenen Speiseplan spontan zu ändern. Oder Sie sind gar in der beneidenswerten Lage, aus dem eigenen Garten zu ernten. – Das folgende Rezeptverzeichnis hilft Ihnen sicherlich bei der Entscheidung, wie das Gemüse zubereitet werden soll.

Über dieses Buch

Frisches Gemüse ist eines der reizvollsten Kapitel der Kochkunst und besonders für kreative Köche ein unerschöpfliches Thema. Begünstigt wird dies durch die Vielfalt des Angebots an heimischen und auch an südländischen Arten, die das ganze Jahr über auf dem Markt sind. Auch haben wir in den letzten Jahren vor allem durch kulinarische Erlebnisse im Ausland gelernt, wie vielfältig-wundervoll Gemüse schmecken kann, wenn man es nur richtig zubereitet. Ein weiterer Grund für die steigende Beliebtheit ist der hohe gesundheitliche Wert von Gemüse. Es ist vitamin- und mineralstoffreich und sehr kalorienarm.

Köstlich kochen mit Gemüse! Dazu gibt es jetzt dieses durchgehend farbig gestaltete GU Bildkochbuch. Schon beim Blättern zeigen die brillanten Farbfotos – jedes einzelne Gericht ist abgebildet – wie vielfältig und abwechslungsreich Gemüse zubereitet werden kann. Sie entdekken hier nicht nur Beliebtes und Bekanntes wie gefüllte Paprikaschoten oder Krautwickel, sondern Sie finden auch verlockende, noch wenig bekannte Gemüsezubereitungen, beispielsweise Gemüsesoufflés, eingelegtes Gemüse, Gemüse mit Fisch oder Geflügel kombiniert, herzhafte Aufläufe, köstliche Pürees als feine Beilagen, einen Mangoldkuchen, Zucchini-Quiche oder eine Artischockenpizza.
Um den Wert des Gemüses von Anfang an zu erhalten, wird auf den ersten Seiten des Buches gesagt, worauf es beim Einkauf ankommt. Gleich im Anschluß daran sind in anschaulichen und leicht nachvollziehbaren Schritt-für-Schritt-Fotos die gemüsefreundlichen Garmethoden zu sehen. Die Fülle der dann folgenden Rezepte macht es leicht, für jeden Anlaß das Richtige zu finden und Neues auszuprobieren. Die übersichtliche Einteilung des Buches erleichtert die Orientierung.

Im ersten Kapitel finden Sie feine Gemüsesuppen, Vorspeisen und kleine Gerichte. Außer den bekannten Suppen wie Bohnen- und Kartoffelsuppe gibt es unter vielen anderen beispielsweise aber auch eine Minestrone – die berühmte italienische Gemüsesuppe – oder eine zarte Suppe mit Sauerampfer (den Sie übrigens heute schon auf manchen Gemüsemärkten angeboten bekommen). Bei den Vorspeisen wechseln bekannte Klassiker wie Waldorfsalat oder gefüllte Artischocken mit feinen Überraschungen wie gratiniertem Mangold oder gegrillten Avocados.
Der nächste Abschnitt ist dem »Gemüse als Mahlzeit« gewidmet. Sie werden von der Vielfalt der hier angebotenen Möglichkeiten überrascht sein. Manchmal ist hier Gemüse mit Fleisch, Fisch oder Geflügel kombiniert, oft aber auch ohne diese Ergänzungen vollwertig und wohlschmeckend. Hier gibt es das traditionelle Spargelessen, beliebte Kartoffelgerichte, gefülltes Gemüse, Gratiniertes, Fritiertes, Rouladen, Gerichte mit Wildkräutern, mit Fenchel oder mit Kürbis. Eintöpfe und Aufläufe in den unterschiedlichsten Geschmacksrichtungen ergänzen dieses Kapitel. Auch seltener angebotene Gemüsesorten wie Cardy, Okra oder Topinambur sind hier vertreten. Vegetarier werden begeistert sein von der Fülle kulinarischer Höhepunkte.
Natürlich gibt es in diesem Buch auch viele Vorschläge für Gemüsesalate und reizvolle Gemüsebeilagen für alle, die zwar täglich Gemüse in irgendeiner Form essen wollen, auf das gewohnte Hauptgericht aus Fisch, Fleisch oder Geflügel aber nicht verzichten möchten. Die Auswahl führt durch alle Jahreszeiten und berücksichtigt auch die Arten, die ganzjährig aus den Importländern auf den Markt kommen. Bei den Salaten wird Gemüse selbstverständlich so oft wie möglich roh verwendet. Alle Beilagen schmecken so hervorragend, daß man zugunsten des Gemüses auch leicht auf die übliche große Fleischportion verzichten kann.
In fremde Küchen mit bekannten Gerichten vieler Länder führt das Kapitel »Gemüse-Spezialitäten«. Beispiele dafür sind der russische Borschtsch, das elsässische Sauerkraut, das mediterrane Ratatouille, das mexikanische Chili con carne oder die türkische Auberginenpfanne. Anschließend folgt herzhaftes Gebäck wie Pizzen oder Quiches – köstlich zu Bier und Wein – für Freunde und liebe Gäste.

Die wunderschönen Rezeptfotos erleichtern die Qual der Wahl. Alle Rezepte sind unkompliziert und genau beschrieben, so daß sie auch Ungeübten gelingen. Hinweise unter den Zutaten eines jeden Rezeptes signalisieren, ob das Gericht schnell zuzubereiten ist oder etwas mehr Zeit benötigt wird, ob es preiswert oder etwas teurer ist, ob es leicht gelingt und ob es ein Vollwertrezept ist. Die Angaben über Zubereitungs- und Garzeiten erleichtern jedem eine sinnvolle Planung. Selbstverständlich werden die Werte für Joule/Kalorien, Eiweiß, Fett und Kohlenhydrate angegeben.

Auf Doppelseiten, umrahmt von farbenfrohen Gemüsebildern, folgen im letzten Teil des Buches die Beschreibungen aller Gemüsearten, für die es in diesem Buch Rezepte gibt. Hier werden die Nährstoffe und Mineralien genannt, an denen das jeweilige Gemüse besonders reich ist; es wird gesagt, welche Gewürze oder Kräuter am besten passen und welche Kombinationsmöglichkeiten ideal sind. Die Saisonzeiten für Freilandernten sind angegeben und Hinweise für das richtige Aufbewahren zu finden.

Und nun auf zum nächsten Wochenmarkt, zum nächsten Gemüsegeschäft! Lassen Sie sich vom reichen bunten Angebot zum Probieren Ihrer ersten Rezepte dieses Buches verführen oder von den wunderschönen Bildern zum Gemüse-Einkauf anregen.

Guten Appetit wünschen Ihnen
Ihre
Annette Wolter
und
alle Mitarbeiter

Wenn nicht anders angegeben, sind alle Rezepte für 4 Personen berechnet. Übrigens, die Abkürzungen kJ und kcal in den Rezepten bedeuten Kilojoule und Kilokalorien.

Vom Wert des Gemüses

Gemüse schmeckt, vermittelt lebenswichtige Nährstoffe und bereichert unsere Mahlzeiten. Doch wie alle Lebensmittel von hohem Wert ist auch Gemüse empfindlich gegen unsachgemäße Behandlung. Nur wer beim Einkaufen von Gemüse umsichtig auswählt und es danach sorgsam behandelt, kommt in den vollen Genuß seiner Werte.

Makellose Formen, Größe und glänzende Oberfläche der Früchte sind kein Merkmal für Qualität. Derart malerische Ergebnisse erzielt man heute oftmals durch chemische Düngung und Behandlung. Durch diese Maßnahmen kommt es leicht zu unzuträglichen Rückständen von Giftstoffen in den Pflanzen.
Bevorzugen Sie beim Einkauf Gemüse, das möglichst in nächster Umgebung Ihres Wohnortes gewachsen ist. Sonnengereiftes Gemüse hat seinen arteigenen Duft, seine typische Form und Farbe, es fühlt sich knackig, fest oder elastisch an. Wenn Sie Gemüse aus biologischem Anbau kaufen können, so sollten Sie diese Gelegenheit nützen. Früchte aus alternativem Landbau sind weitgehend ohne Mineraldünger und unter Verzicht chemischer Pflanzenschutzmittel gezogen worden.
Worauf man bei den einzelnen Gemüsearten speziell achten soll, finden Sie in deren genauer Beschreibung im Kapitel »Gemüse von A bis Z« auf den Seiten 120 bis 135. Dort ist auch vermerkt, wann einheimisches Gemüse Saison hat, also direkt vom nahen Freilandanbau auf den Markt kommt. Empfehlenswert ist es, den Tagesbedarf nach dem Einkauf gleich zuzubereiten.

Der erste Schritt beim Zubereiten von Gemüse ist das Putzen, nämlich das Entfernen von erdigen Wurzelteilen, von Pflanzenbestandteilen, die nicht mitverwendet werden wie beispielsweise die schlechten äußeren Blätter von einem Kohlkopf, die harten dunkelgrünen Blattenden von Lauch.
Um mögliche Bleirückstände zu entfernen, wird das bereits grob geputzte Gemüse gründlich warm abgebraust – zartes Blattgemüse unter leichtem Strahl, aber unter häufigem Umwenden. Gemüse mit glatter Haut unter der Brause gut abreiben. Rauhe Oberflächen mit Erdrückständen unter fließendem warmem Wasser gründlich bürsten.
Verlesen: Bei Blattgemüse und Kräutern grobe Stengel und schlechte Blatteile entfernen.
Schaben oder schälen: Wurzelgemüse wie Möhren, weiße Rüben oder Knollensellerie je nach Beschaffenheit der Oberfläche mit der Messerklinge abschaben oder dünn schälen. Von Spargel oder Staudensellerie die dünne äußere faserige Haut abziehen.
Häuten: Die feine Haut von Tomaten oder Paprikaschoten abziehen, nachdem man die Tomaten überbrüht oder die Paprikaschoten im Backofen hoch erhitzt hat, bis die Haut Risse zeigt.
Kochfertig machen: Ungenießbare Teile wie Stiel- oder Blütenansätze und Stielenden sowie grobe Fäden und Rippen abschneiden beziehungsweise abziehen.
Danach Gemüse nicht mehr waschen oder gar in Wasser liegen lassen; denn jeder Anschnitt ermöglicht das Auslaugen wertvoller Inhaltstoffe.

Für Rohkost eignen sich weitaus mehr Gemüsearten als man im allgemeinen annimmt. Weil Gemüse roh verzehrt die meisten Nährwerte vermittelt, empfehlen erfahrene Köche, rohes Gemüse als Salat zu genießen. Doch das ist nicht jedermanns Neigung. Die meisten Menschen mögen Gemüse am liebsten gegart. Dabei sollte man immer an folgende Grundsätze denken:

- Gemüse stets so kurz wie möglich bei gerade noch ausreichenden Temperaturen garen; Gemüse muß auch gegart noch »Biß« haben.
- Gemüse niemals warm halten! Möglichst in Portionen bereiten, die keine Reste ergeben. Wenn unumgänglich, erkaltetes Gemüse kurz erneut erwärmen, jedoch niemals Spinat, der durch nochmaliges Erwärmen unbekömmlich, für Kinder sogar schädlich wird.
- Guter Rat: Vom Gemüse etwa ein Drittel roh belassen und kleingeschnitten oder geraspelt unter das gegarte Gemüse mischen.

Ausnahme: Grüne Bohnen sind roh ungenießbar. Sie brauchen eine Garzeit von 10 Minuten bei etwa 100°, um das unbekömmliche Phasin abzubauen. Hier lassen sich durch das Garen entstandene Wertstoffverluste wie bei allem gegarten Gemüse durch frische Kräuter ausgleichen, die man erst kurz vor dem Servieren hackt und über das Gemüse streut.

Welche Garmethode ist empfehlenswert? Stets diejenige, bei der Gemüse mit wenig Flüssigkeit und/oder Fett gegart wird, vor allem wenn die Flüssigkeit Bestandteil der fertigen Speise bleibt. Einige wenige Gemüsearten werden meist gekocht, wie beispielsweise Spargel; hier kann das mild gesalzene Kochwasser gut für eine Suppe verwendet werden. Geeignete Garmethoden für Gemüse finden Sie auf den nächsten Seiten. Die Garmethoden sind alle gegeneinander austauschbar. Welche Art des Garens Sie wählen, hängt allein vom gewünschten Endergebnis ab.
Nützen Sie für das Garen von Gemüse vor allem auch den Schnellkochtopf, möglichst ein Modell mit Biotaste. In ihm gart Gemüse in kürzesten Zeiten, hermetisch verschlossen. Bei diesem Garen kann auf Salz verzichtet werden, man aromatisiert das Gemüse mit Wein, Gewürzen oder Kräutern und erhält letztlich aus diesen Substanzen eine raffinierte Sauce.

Gemüsefreundliche Garmethoden

Blanchieren

Kurzes Vorgaren, aber auch Garen in kochendem Salz- oder mit Zitrone gesäuertem Wasser. Dabei wird Blattgemüse gar, ganze Kohlblätter sind nach dem Blanchieren leichter zu verarbeiten. Die Blanchierzeit errechnet sich – nach dem Eintauchen des Gemüses – vom Wiederaufkochen der Blanchierflüssigkeit an, da je nach Menge und Konsistenz des Gemüses der Kochvorgang eventuell beim Eintauchen unterbrochen wird. Je nach Menge das Gemüse in mehreren Portionen blanchieren

Für einen Weißkohlsalat die äußeren schlechten Blätter vom Weißkohl entfernen, den Kohl vierteln, die Strunkteile herausschneiden und die Kohlviertel in Streifen gleichmäßig dünn schneiden oder hobeln.

Braten

Rasches Garen in heißem, möglichst ungehärtetem Pflanzenfett oder Öl in der Bratpfanne. Das Gemüse je nach Rezept in gleich kleine Stücke schneiden. Stark wasserhaltiges Gemüse zuvor in Mehl wenden oder leicht panieren. Die Brathitze nach dem Einlegen des Gemüses reduzieren und das Gemüse unter mehrmaligem Wenden braten. Bei paniertem Gemüse das Bratfett nicht mit servieren, statt dessen eine pikante Würzsauce reichen.

Das geputzte und gewaschene Gemüse in einem Tuch gut trocken tupfen. Für beispielsweise ein chinesisches Gericht in dünne gleichmäßige Streifen schneiden.

Dämpfen

Garen in einem Siebeinsatz über Wasserdampf. Ideal zum Dämpfen ist der Schnellkochtopf mit Biotaste, denn darin gart Gemüse unter hermetischem Verschluß und unter physikalisch besonders schonenden Bedingungen. Das Gargut darf nicht mit dem Wasser in Berührung kommen. Der Topf muß möglichst gut verschlossen sein. Da dennoch Wertstoffe ins Wasser, in den Wein- oder Kräutersud gelangen, eine Sauce oder Suppe daraus bereiten.

Etwa 3 cm hoch Wasser in einem Topf zum Kochen bringen. Für Blumenkohl ohne Salz, da salzige Dämpfe die Blumenkohlröschen dunkel färben.

Dünsten

Garen bei schwacher Hitze in wenig Fett und Flüssigkeit. Die Flüssigkeit kann aus dem Gargut selbst stammen, beispielsweise aus stark wasserhaltigem Gemüse wie viele Blattgemüse, Pilze, Tomaten, Zucchini oder Zwiebeln. Beim Dünsten den Topf möglichst nicht öffnen. Umrühren, indem man den Topf schwenkt. Nur notfalls bei größeren Gemüsemengen etwas Flüssigkeit nachgießen.

In wenig heißem Öl in einem breiten Topf Zwiebel- und Knoblauchwürfel und grüne Bohnen unter ständigem Umwenden von allen Seiten etwa 3 Minuten anbraten.

In einem großen Topf reichlich Salzwasser zum Kochen bringen. Die Kohlstreifen in einem Sieb ins kochende Wasser tauchen und, vom Wiederaufkochen des Wassers an berechnet, 5 Minuten blanchieren.

Den Kohl kurz abtropfen lassen, im Sieb in eine Schüssel mit vorbereitetem Eiswürfelwasser tauchen und danach sehr gut abtropfen lassen, eventuell etwas ausdrücken. Dem Rezept entsprechend weiterverarbeiten.

Das Fett in einem Wok (chinesische Spezialpfanne) oder einer großen Bratpfanne erhitzen. Zuerst den Knoblauch, den Ingwer und die Zwiebeln darin anbraten.

Das übrige Gemüse dazugeben und unter Umwenden 6 bis 10 Minuten braten. Das Gemüse dann dem Rezept entsprechend wurzen und fertigstellen.

Den Blumenkohl mit den Röschen nach oben im Siebeinsatz in den Topf geben und den Topf sofort schließen. Den Kohl in 20 bis 25, im Schnellkochtopf in nur 12 bis 16 Minuten garen.

Den Kohl heiß halten. Aus dem Dämpfwasser eine Sahnesauce bereiten und um den Kohl gießen; nach Belieben auch in Butter gebräunte Semmelbrösel über dem Kohl verteilen.

Wenig heiße Gemüsebrühe hinzugießen und die Bohnen zugedeckt je nach Größe und Menge 10 bis 15 Minuten dünsten. »Umrühren«, indem man den geschlossenen Topf rüttelt.

Ein- bis zweimal prüfen, ob noch genügend Flüssigkeit im Topf ist und nötigenfalls noch etwas heiße Brühe nachfüllen. Die Bohnen mit frisch gehackten Kräutern bestreut servieren.

Gemüsefreundliche Garmethoden

Gratinieren

Verfeinerung von bereits gegartem Gemüse, manchmal aber auch selbständige Garmethode, wie bei diesem Kartoffelgratin. Garen und/oder Überkrusten in einer feuerfesten Form bei starker Hitze im Backofen. Zur Bildung der Kruste Sahne, Crème fraîche, Crème double oder Käse und Butterflöckchen oder auch eine helle Buttersauce auf der Oberfläche verteilen.

Für Kartoffelgratin geschälte Kartoffeln in dünne Scheiben schneiden, fächerförmig in eine ausgefettete feuerfeste Form schichten, jede Lage salzen und pfeffern.

Grillen

Garen durch starke Strahlungshitze über Holzkohle, im Elektrogrill, auf dem Rost des Backofens (mit Grill-Vorrichtung) oder in der Grillpfanne. Das Grillgut mit gewürztem Öl bestreichen. Empfindliches Gemüse in mit Fett bestrichener Alufolie grillen; in jedem Fall, auch für das Grillen über Holzkohle, das Gemüse in Alufolie einschlagen.

Ungeschälte Auberginen längs halbieren und die Schnittflächen mit Zitronensaft beträufeln, damit sich das Fruchtfleisch nicht dunkel färbt.

Kochen

Garen in reichlich Flüssigkeit. Je nach Konsistenz des Gargutes sprudelnd oder nur schwach kochen lassen. Soll die Kochflüssigkeit zum Teil als Sauce verwendet werden, im offenen Topf kochen, damit während des Garvorgangs Flüssigkeit verdampfen kann. Wird die Kochflüssigkeit nicht zum Fertigstellen einer Speise gebraucht, daraus eine Suppe bereiten, denn der Kochsud enthält Nährstoffe aus dem gekochten Gemüse.

Geschälten Spargel zu etwa 10 Stangen bündeln. (Die Bündel kann man leichter aus dem Topf heben!) Reichlich Wasser in einem genügend großen Topf mit Salz, wenig Zukker und etwas Öl zum Kochen bringen.

Schmoren

Anbraten und Bräunen in wenig heißem Fett. Dann etwa 2 cm hoch kochendheiße Flüssigkeit um das Schmorgut gießen und dieses im geschlossenen Topf garen; zunächst bei starker, dann bei schwacher Hitze. Die Schmorflüssigkeit wird in jedem Fall als Sauce gereicht, nach Belieben noch legiert (gebunden) und verfeinert mit Sahne, Crème fraîche, Crème double, Wein und Gewürzen.

Von je 2 bis 3 blanchierten Weißkohlblättern die Mittelrippen flachschneiden. Die Kohlblätter aufeinanderlegen, die Füllung darauf verteilen, die Blattränder einschlagen und Rouladen formen.

Verquirlte Ei-Sahne über die Kartoffeln gießen, reichlich geriebenen Käse (Greyerzer) darüber streuen und Butterflöckchen in nicht zu großen Abständen gleichmäßig auf dem Käse verteilen.

Den Kartoffelgratin im vorgeheizten Backofen bei 220° in 30 bis 40 Minuten garen und gratinieren. Wenn nötig gegen zu starkes Bräunen Alufolie oder Pergamentpapier auf die Oberfläche legen.

Jede Auberginenhälfte auf ein genügend großes Stück Alufolie legen, reichlich mit gewürztem Öl bestreichen, die Folie schließen und die Auberginen 1½ bis 2 Stunden im Kühlschrank marinieren.

Die Auberginen in der Folie mit der Schnittseite nach unten in die stark erhitzte Grillpfanne legen, 8 Minuten grillen, wenden und weitere 8 Minuten grillen. Die Folie dann öffnen und die Schnittseiten direkt auf der nicht mehr sehr heißen Pfanne etwas bräunen lassen.

Den Spargel ins kochende Wasser legen. Das Wasser dann nicht mehr sprudelnd kochen lassen. Den Spargel je nach Dicke der Stangen 15 bis 20 Minuten zugedeckt kochen lassen.

Durch Einstechen den Gargrad prüfen. Bei geringem Widerstand ist der Spargel gar. Die Spargelbündel auf einer mehrfachen Lage Küchentücher abtropfen lassen.

Die Rouladen mit Küchengarn wie Päckchen verschnüren, damit sie beim Schmoren nicht aufgehen. Etwa 2 Eßlöffel Öl in einem Schmortopf oder in einer großen Deckelpfanne erhitzen.

Die Rouladen von allen Seiten im heißen Öl hellbraun anbraten, die heiße Flüssigkeit hinzufügen und die Rouladen im geschlossenen Topf in etwa 30 Minuten garen.

Suppen, Vorspeisen, kleine Gerichte

Vielerlei Gemüse für mancherlei
Wünsche! Bewährtes,
Bekanntes und neu Entdecktes!

Sauerampfersuppe

Zart-herb und appetitanregend

- 3 Frühlingszwiebeln
- 400 g mehligkochende Kartoffeln
- ¾ l Gemüsebrühe
- 1 Eßl. Öl
- 200 g junge Sauerampferblätter
- 1 große Knolle Kohlrabi
- 4 Eßl. gehackter Kerbel
- je 1 Prise Salz und weißer Pfeffer
- 4 Eßl. Sahne
- 1 Eigelb

Preiswert • Vollwertrezept

Pro Person etwa 905 Joule/ 215 Kalorien · 9 g Eiweiß 8 g Fett · 26 g Kohlenhydrate

Vorbereitungszeit: 10 Minuten
Garzeit: 25 Minuten

Von den Frühlingszwiebeln die Wurzelansätze und schlechten Blätter wegschneiden. Die Zwiebeln waschen, abtrocknen und in feine Ringe schneiden. Die Kartoffeln schälen, waschen und würfeln. • Die Gemüsebrühe erhitzen. • Das Öl in einem großen Topf erhitzen und die Zwiebelringe darin glasig braten. Die Kartoffeln dazugeben, die heiße Brühe darübergießen und alles zugedeckt 20 Minuten köcheln lassen. • Inzwischen die Sauerampferblätter waschen, verlesen, gut abtropfen lassen und grob kleinschneiden. Den Kohlrabi schälen; die zarten grünen Blätter waschen, abtropfen lassen, kleinhakken und zum Kerbel geben. Die geschälte Kohlrabiknolle raspeln. • Nach 20 Minuten Kochzeit den Sauerampfer und den geraspelten Kohlrabi zu den Kartoffeln geben und alles weitere 5 Minuten köcheln lassen; die Kartoffeln sollen dabei bereits zerfallen. • Die Suppe mit dem Salz und dem Pfeffer abschmecken. Die Sahne mit dem Eigelb verquirlen. Einige Eßlöffel heiße Suppe in die Eigelb-Sahne rühren. • Die Suppe vom Herd nehmen und die Sahnemischung unterrühren. Die Suppe mit dem Kerbel bestreut servieren.

Maiscremesuppe mit Erbsen

Stimmt Gaumen und Magen freundlich

- 500 g Perlerbsen in den Schoten
- ½ Teel. Salz
- 1 l Wasser
- 400 g Maiskörner aus der Dose
- 2 Teel. Speisestärke
- 1 Teel. Paprikapulver, edelsüß
- 4 Eßl. Crème fraîche
- 4 Eßl. Schnittlauchröllchen

Gelingt leicht • Preiswert

Pro Person etwa 880 Joule/ 210 Kalorien · 8 g Eiweiß 6 g Fett · 30 g Kohlenhydrate

Vorbereitungszeit: 30 Minuten
Garzeit: 5 Minuten

Die Erbsen palen. • Die leeren Schoten waschen, abtropfen lassen und mit dem Salz und dem Wasser im geschlossenen Topf 20 Minuten kochen lassen. • Die Maiskörner mit der Einlegeflüssigkeit im Mixer pürieren oder durch ein Sieb streichen. • Die Schoten in ein Sieb schütten; das Kochwasser in einem Topf auffangen. • Die Erbsen im Schotenkochwasser 5 Minuten kochen lassen. Das Maispüree zu den Erbsen geben. Wenn nötig etwas Wasser hinzufügen und alles noch einmal aufkochen lassen. • Die Speisestärke mit dem Paprikapulver und wenig kaltem Wasser anrühren. Die Suppe damit binden, mit der Crème fraîche verfeinern und mit den Schnittlauchröllchen bestreuen.

Unser Tip: Statt mit Erbsen können Sie die Maiscremesuppe auch mit Prinzeßbohnen oder mit streifig geschnittenen Paprikaschoten anreichern. Die Suppe dann mit Gemüsebrühe herstellen.

Grüne Spargelcremesuppe

Eine Suppe zum Verwöhnen, zum Schlemmen und zum Genießen

- 1½ kg grüner Spargel
- ½ Teel. Salz
- 1 Prise Zucker
- ¼ l Gemüsebrühe
- 1 Messerspitze weißer Pfeffer
- 1 Eßl. Speisestärke
- 100 g Crème fraîche
- 2 Eßl. kleingeschnittener Dill

Schnell • Etwas teurer

Pro Person etwa 820 Joule/
195 Kalorien · 9 g Eiweiß
10 g Fett · 16 g Kohlenhydrate

Vorbereitungszeit: 15 Minuten
Garzeit: 15 Minuten

Den Spargel waschen, trockentupfen und die unteren hellen Stücke der Spargelstangen dünn schälen, eventuell holzige Enden abschneiden. • Die Spargelspitzen in einer Länge von 5 cm von den Stangen schneiden und beiseite legen. • Die übrigen Spargelstangen in kleine Stücke schneiden, mit dem Salz und dem Zucker in einen Topf geben und knapp von Wasser bedeckt 15 Minuten zugedeckt kochen lassen. • Die Gemüsebrühe zum Kochen bringen. Die Spargelspitzen hineingeben und zugedeckt 8 Minuten kochen lassen. • Die Spargelstücke mit dem Kochwasser im Mixer pürieren oder durch ein Sieb streichen. • Die Spargelspitzen in ein Sieb gießen und die Gemüsebrühe unter den pürierten Spargel mischen. Die Suppe mit Pfeffer und wenn nötig mit Salz abschmecken. • Die Speisestärke mit wenig kaltem Wasser anrühren. Die Suppe damit binden und mit der Crème fraîche abrunden. Die Spargelspitzen in die Suppe geben und darin noch einmal kurz erhitzen. • Die Suppe vor dem Servieren mit den Dillspitzen bestreuen.

Unser Tip: Wer die Suppe kräftiger wünscht, der kann sie mit feingeschnittenem Lachsschinken anreichern.

Tomatencremesuppe

Würzige Kräuter geben die südliche Note

- 1½ kg Fleischtomaten
- 2 Zwiebeln
- 1 Knoblauchzehe
- 2 Eßl. Olivenöl · ¼ Teel. Salz
- 1 Messerspitze schwarzer Pfeffer
- ½ Teel. Paprikapulver, edelsüß
- 1 Eßl. gemischte, frisch gehackte Kräuter wie Basilikum, Oregano, Thymian und Rosmarin
- ½ Teel. Zucker
- ¼ l Gemüsebrühe
- 4 Eßl. saure Sahne
- 4 Eßl. frisch geriebener Parmesankäse

Schnell • Gelingt leicht

Pro Person etwa 840 Joule/
200 Kalorien · 9 g Eiweiß
10 g Fett · 18 g Kohlenhydrate

Vorbereitungszeit: 20 Minuten
Garzeit: 15 Minuten

Die Tomaten waschen, abtrocknen, in kleine Stücke schneiden und dabei die Stielansätze entfernen. Die Zwiebeln und die Knoblauchzehe schälen und feinwürfeln. • Das Öl in einem großen Topf erhitzen. Die Zwiebel- und die Knoblauchwürfel darin glasig braten. • Die Tomatenstücke, das Salz, den Pfeffer, das Paprikapulver, die Kräuter und den Zucker unterrühren. Alles zugedeckt bei sehr schwacher Hitze 15 Minuten kochen lassen; dabei öfter umrühren und darauf achten, daß nichts anbrennt. Nötigenfalls etwas Gemüsebrühe dazugießen. • Die Gemüsebrühe erhitzen, zu den Tomaten geben und alles durch ein feines Sieb passieren. Die Suppe noch einmal aufkochen lassen, dann in Suppentassen anrichten. • Auf jede Portion Tomatencremesuppe 1 Eßlöffel saure Sahne geben und darüber den Parmesan streuen.

Unser Tip: Achten Sie beim Einkaufen unbedingt darauf, daß Sie nur vollreife Fleischtomaten erhalten. Die Suppe schmeckt dann besonders aromatisch.

Gurkensuppe mit Dill

Zarte Konsistenz – frischer Geschmack

- 1 kg Salat- oder Gemüsegurken
- 1 Teel. frischer oder ½ Teel. getrockneter Rosmarin
- ½ l Gemüsebrühe
- 1–2 Teel. Zitronensaft
- 1 Teel. Ahornsirup
- je 1 Messerspitze Salz und weißer Pfeffer
- 150 g Crème fraîche
- 6 Eßl. kleingeschnittener Dill

Vollwertrezept • Preiswert

Pro Person etwa 735 Joule/
175 Kalorien · 3 g Eiweiß
14 g Fett · 8 g Kohlenhydrate

Vorbereitungszeit: 10 Minuten
Garzeit: 20 Minuten

Von 1 Gurke ein etwa 20 cm langes Stück abschneiden und beiseite legen. • Die übrigen Gurken dünn schälen, der Länge nach halbieren, die Kerne mit einem Teelöffel herauskratzen und das Gurkenfleisch in 2 cm große Würfel schneiden. • Die Gurkenwürfel mit dem Rosmarin und der Gemüsebrühe zugedeckt bei schwacher Hitze 20 Minuten kochen lassen. • Die zurückbehaltene Gurke waschen, abtrocknen und ungeschält raspeln. • Nach Beendigung der Garzeit die Gurkenraspel mit dem Zitronensaft, dem Ahornsirup, dem Salz und dem Pfeffer unter die Suppe mischen. Die Crème fraîche unterziehen. • Die Gurkensuppe mit den Dillspitzen bestreut servieren.

Unser Tip: Statt mit Rosmarin kann man die Suppe auch mit frisch geriebenem Meerrettich abschmecken. – Wenn Sie die Suppe deftiger mögen, oder wenn sie ein sättigendes Abendessen ergeben soll, garen Sie etwa 400 g mehligkochende, kleingewürfelte Kartoffeln mit den Gurken. Statt der Crème fraîche mischt man 100 g knusprig gebratene Speckwürfel unter die Suppe. Borretsch paßt dann besser zum würzigen Speck als das zarte Dillaroma.

Köstliches aus Blumenkohl und Zucchini

Samenkerne oder Fleisch werten diese Suppen auf

Blumenkohlsuppe mit Sonnenblumenkernen

im Bild hinten

1 Kopf Blumenkohl (etwa 1 kg)
300 g Lauch (Porree)
1 Zwiebel
2 Eßl. Sonnenblumenöl
1 Eßl. Weizen-Vollkornmehl
1 Prise Cayennepfeffer
1 Teel. Salz
4 Eßl. geschälte Sonnenblumenkerne
1 Eßl. Pflanzenmargarine
4 Eßl. junge, gehackte Löwenzahnblätter

Vollwertrezept • Gelingt leicht

Pro Person etwa 925 Joule/ 220 Kalorien · 11 g Eiweiß 11 g Fett · 18 g Kohlenhydrate

Vorbereitungszeit: 30 Minuten
Garzeit: 25 Minuten

Vom Blumenkohl die Außenblätter entfernen, den Strunk kürzen und den Kohlkopf mit den Röschen nach unten 20 Minuten in lauwarmes Wasser legen, damit eventuell vorhandenes Ungeziefer ausgeschwemmt wird. • Den Blumenkohl dann von Wasser bedeckt 25 Minuten köcheln lassen. • Vom Lauch die Wurzelenden und die dunkelgrünen Blattspitzen entfernen. Die gelben Teile gründlich waschen und in dünne Ringe schneiden. Die Zwiebel schälen und würfeln. • Das Öl in einem großen Topf erhitzen. Die Zwiebelwürfel darin unter Umwenden glasig braten. Den Lauch hinzufügen und 3 Minuten mitbraten. Das Mehl darüberstäuben und kurz anbraten. 1 l von der Blumenkohl-Kochflüssigkeit nach und nach zu dem Zwiebel-Lauch-Gemisch gießen. Die Suppe einige Male aufkochen lassen und mit dem Cayennepfeffer und dem Salz abschmecken. • Den Blumenkohl in Röschen teilen. Die Strünke kleinschneiden und alles in die Suppe geben; noch einmal erhitzen. • Die Sonnenblumenkerne in der Margarine goldbraun braten und mit dem gehackten Löwenzahn über die Suppe streuen.

Zucchinisuppe mit Hähnchenbrust

im Bild vorne

800 g Zucchini · 4 Schalotten
4 Eßl. Maiskeimöl
¾ l heiße Geflügelbrühe
½ Teel. Salz
1–2 Teel. Paprikapulver, edelsüß
300 g Hähnchenbrust
4 Eßl. Sahne
2 Teel. feingehackte Salbeiblätter

Etwas teurer

Pro Person etwa 1175 Joule/ 280 Kalorien · 24 g Eiweiß 15 g Fett · 13 g Kohlenhydrate

Vorbereitungszeit: 25 Minuten
Garzeit: 20 Minuten

Zwei Drittel von den Zucchini (etwa 500 g) dünn schälen und würfeln; die übrigen waschen und abtrocknen. Die Schalotten ebenfalls schälen und würfeln. • Die Hälfte des Öls in einem großen Topf erhitzen. Die Schalottenwürfel darin glasig braten. Die geschälten Zucchiniwürfel dazugeben, mit der Geflügelbrühe auffüllen und zugedeckt 15 Minuten kochen lassen. • Die Suppe dann durch ein Sieb passieren und mit dem Salz und dem Paprikapulver abschmecken. Die restlichen Zucchini ungeschält in dünne Stifte schneiden, in die Suppe geben und 5 Minuten darin ziehen lassen. • Die Hähnchenbrust in Würfel schneiden. • Das restliche Öl erhitzen. Das Fleisch unter Umwenden 5 Minuten darin braten, dann in die Suppe geben. • Die Suppe mit der Sahne verrühren und mit dem Salbei bestreuen.

Kohlrabisuppe mit Fleischklößchen

Danach schmeckt etwas Süßes

Für die Suppe:
1 kg Kohlrabi
¾ l Gemüsebrühe
je 1 Messerspitze Salz und weißer Pfeffer
4 Eßl. gemischte Kräuter wie Liebstöckel und Pimpinelle
Für die Klößchen:
250 g Hackfleisch, halb und halb
1 Ei
5 Eßl. Semmelbrösel
je 1 Messerspitze Salz, weißer Pfeffer und getrockneter Majoran

Gelingt leicht • Preiswert

Ohne Klößchen pro Person etwa 400 Joule/95 Kalorien
6 g Eiweiß · 1 g Fett
15 g Kohlenhydrate

Mit Klößchen pro Person etwa 1345 Joule/320 Kalorien
22 g Eiweiß · 15 g Fett
24 g Kohlenhydrate

Vorbereitungszeit: 10 Minuten
Garzeit: etwa 30 Minuten

Die Kohlrabi schälen; die zarten Kohlrabiblättchen beiseite legen. Die Knollen in nicht zu dicke Stifte schneiden. • Die Kohlrabistifte mit der Gemüsebrühe zum Kochen bringen. Die Suppe zugedeckt bei mittlerer Hitze 20 Minuten kochen lassen. • Für die Klößchen das Hackfleisch mit dem Ei, den Semmelbröseln, dem Salz, dem Pfeffer und dem Majoran verkneten und etwa walnußgroße Klößchen daraus formen. • Die Suppe mit dem Salz und dem Pfeffer abschmecken. Die Klößchen in die Suppe legen und bei sehr schwacher Hitze im offenen Topf 8 bis 10 Minuten ziehen lassen. • Die zarten Kohlrabiblättchen mit den übrigen Kräutern waschen, trockenschleudern und kleinschneiden. • Die Suppe vor dem Servieren mit den kleingeschnittenen Kräutern bestreuen.

Fenchelsuppe nach Avignoner Art

Idealer Einstieg für Fenchel-Anfänger

1 kg Fenchel
300 g Kartoffeln
1 große Zwiebel
3 Knoblauchzehen
1 Lorbeerblatt
1 Teel. Salz
1 l Wasser
2 große säuerliche Äpfel
1 Eßl. Butter
3 Eßl. gehackte Petersilie

Spezialität aus Frankreich

Pro Person etwa 1135 Joule/270 Kalorien · 9 g Eiweiß
3 g Fett · 50 g Kohlenhydrate

Vorbereitungszeit: 10 Minuten
Garzeit: 25 Minuten

Die Fenchelknollen putzen, waschen und in kleine Stükke schneiden. Das zarte Grün vom Fenchel aufbewahren. Die Kartoffeln, die Zwiebel und die Knoblauchzehen schälen und würfeln. • Die vorbereiteten Zutaten mit dem Lorbeerblatt, dem Salz und dem Wasser zum Kochen bringen und zugedeckt bei schwacher Hitze in 25 Minuten garen. • Die Äpfel schälen und grobraspeln. Das Fenchelgrün waschen, trockentupfen und kleinschneiden. • Die Gemüsesuppe durch ein Sieb passieren und die Apfelraspel untermischen. • Die Butter erhitzen. Die gehackte Petersilie und das kleingeschnittene Fenchelgrün unter Umwenden darin kurz anbraten; vor dem Servieren über die Suppe streuen.

Unser Tip: Auf die gleiche Art wie die Fenchelsuppe läßt sich eine Lauchcremesuppe zubereiten; die geraspelten Äpfel entfallen dann. Die Lauchcremesuppe mit gerösteten Weißbrotwürfeln und mit Schnittlauchröllchen bestreuen.

Passierte Möhrensuppe

Sie hat ganzjährig Saison

800 g Möhren
¾ l Gemüsebrühe
1 Eßl. Mehl
3 Eßl. Butter
je 1 Messerspitze Salz und weißer Pfeffer
einige Tropfen Zitronensaft
1 Prise Zucker
2 Scheiben Vollkorn-Toastbrot
3 Eßl. Sahne
2 Eßl. frisch gehackte Kräuter wie Dill, Petersilie oder Schnittlauch

Preiswert • Gelingt leicht

Pro Person etwa 965 Joule/ 230 Kalorien · 7 g Eiweiß 10 g Fett · 28 g Kohlenhydrate

Vorbereitungszeit: 15 Minuten
Garzeit: 30 Minuten

Die Möhren schaben, gründlich waschen und in kleine Würfel schneiden. • Die Möhrenwürfel mit der Gemüsebrühe zum Kochen bringen und zugedeckt bei schwacher Hitze 30 Minuten köcheln lassen. • Die gegarten Möhren mit der Kochflüssigkeit im Mixer pürieren oder durch ein Passiersieb streichen. Das Mehl mit 2 Eßlöffeln Butter zu einem kleinen Kloß verkneten, in die Suppe geben und unter Rühren mit dem Schneebesen darin auflösen. Die Suppe einige Minuten kochen lassen, dann mit dem Salz, dem Pfeffer, dem Zitronensaft und dem Zucker abschmecken. • Das Toastbrot in gleich kleine Würfel schneiden und in der restlichen Butter goldbraun braten. • Die Sahne in die Suppe rühren. • Die Suppe anrichten und jede Portion mit den gerösteten Brotwürfeln und den gehackten Kräutern bestreuen.

Unser Tip: Statt mit gerösteten Brotwürfeln kann die Suppe auch mit Bratwurstklößchen angereichert werden. Dafür aus 1 bis 2 Kalbs- oder Schweinsbratwürsten Klößchen in die Suppe drücken und einige Minuten in der Suppe bei ganz schwacher Hitze ziehen lassen.

Minestrone

Eine von vielen Versionen dieser beliebten Suppe

Zutaten für 8 Personen:
- 100 g weiße Bohnenkerne
- 100 g Staudensellerie
- 100 g Kartoffeln
- 150 g Zucchini
- 100 g Möhren
- 100 g Lauch (Porree)
- 100 g grüne Erbsen in den Schoten
- 4 Eßl. Olivenöl
- 1½ l Geflügelbrühe
- 1 Lorbeerblatt
- 1 Sträußchen Petersilie
- 1 kleine Zwiebel
- 1 Knoblauchzehe
- 100 g durchwachsener Speck
- 4 Tomaten
- 100 g gegarter Reis
- 1 Teel. Salz
- 1 Messerspitze schwarzer Pfeffer
- 1 Eßl. gehackte Basilikumblätter
- 8 Eßl. frisch geriebener Parmesankäse

Spezialität aus Italien • Berühmtes Rezept

Pro Person etwa 1135 Joule/ 270 Kalorien · 10 g Eiweiß 17 g Fett · 19 g Kohlenhydrate

Einweichzeit: 12 Stunden
Vorbereitungszeit: 20 Minuten
Garzeit: 1½ Stunden

Die Bohnenkerne in einer Schüssel mit kaltem Wasser waschen und dabei verlesen; schlechte Samen schwimmen an der Oberfläche und können leicht abgenommen werden. • Die Bohnenkerne dann von abgekochtem und bereits wieder abgekühltem Wasser bedeckt 12 Stunden weichen lassen. • Die Bohnen im Einweichwasser ohne Salz zugedeckt 1 Stunde kochen lassen. • Den Staudensellerie waschen, abtrocknen, das Wurzelende kürzen und die Stange in Scheiben schneiden. Die Kartoffeln schälen, waschen und würfeln. Die Zucchini waschen, abtrocknen und in Streifen schneiden. Die Möhren schaben, waschen und würfeln. Den Lauch gründlich waschen und in Ringe schneiden. Die Erbsen palen und mit dem vorbereiteten Gemüse mischen. • Das Olivenöl in einem größeren Topf erhitzen. Das gesamte rohe Gemüse unter Umwenden darin etwa 3 Minuten anbraten und beiseite stellen. • Die Geflügelbrühe erhitzen. Das Lorbeerblatt mit dem gewaschenen Petersiliensträußchen zusammenbinden. Die heiße Geflügelbrühe, das Petersiliensträußchen und die Bohnen mit dem Kochsud zum Gemüse geben und alles zugedeckt weitere 30 Minuten kochen lassen. • Inzwischen die Zwiebel und die Knoblauchzehe schälen und beides feinwürfeln. Den Speck ebenfalls kleinwürfeln und in einer trockenen Pfanne ausbraten. Die Speckwürfel aus dem Speckfett nehmen. Die Zwiebel- und Knoblauchwürfel im Speckfett goldgelb braten. • Die Tomaten mit kochendheißem Wasser überbrühen, häuten und in Würfel schneiden; dabei die Stielansätze und die Kerne entfernen. • Die Tomatenwürfel und den gegarten Reis mit den Speck-, den Zwiebel- und den Knoblauchwürfeln in die Suppe mischen. Die Minestrone mit dem Salz und dem Pfeffer abschmecken. Die Suppe mit dem gehackten Basilikum und dem geriebenen Parmesan bestreut servieren.

Unser Tip: Für Minestrone gibt es in Italien nicht nur ein gültiges Rezept. Je nach Region variieren die Zutaten. So kann man zum Gemüse noch Weiß- oder Wirsingkohl geben und die Suppe zusätzlich mit Tomatenmark abrunden. In manchen Gegenden werden die Kartoffeln auch durch Taglierini (Suppennudeln) ersetzt. Basilikum wird oft weggelassen, dafür dürfen dann frische gemischte Kräuter verwendet werden. Original serviert man die Minestrone nicht mit dem Parmesankäse bestreut; der geriebene Käse wird gesondert – und nicht zu knapp – dazu gereicht.

Herzhafte Kartoffelsuppen

Sie können wählen: Kartoffelsuppe mit Speck oder mit Kresse

Pürierte Kartoffelsuppe mit Speck

im Bild links

- 400 g mehligkochende Kartoffeln
- ½ Teel. Salz
- ¼–½ l Fleischbrühe
- 300 g gelbe Lauch(Porree)stücke
- 1 Messerspitze Salz
- 100 g durchwachsener Speck
- 1 große Zwiebel
- 100 g Sahne
- 2 Eßl. gehackte Petersilie

Preiswert • Schnell

Pro Person etwa 1470 Joule/
350 Kalorien · 8 g Eiweiß
25 g Fett · 23 g Kohlenhydrate

Vorbereitungszeit: 15 Minuten
Garzeit: 20 Minuten

Die Kartoffeln schälen, waschen und in Würfel schneiden. • Die Kartoffelwürfel mit dem Salz und von Wasser bedeckt zum Kochen bringen; zugedeckt 20 Minuten kochen lassen. • Die Fleischbrühe erhitzen. • Den Lauch gründlich waschen, in Ringe schneiden und mit dem Salz in wenig Wasser gesondert zugedeckt 15 Minuten kochen lassen. • Den Speck würfeln. Die Zwiebel schälen und in Ringe schneiden. • Die gegarten Kartoffeln mit dem Kochwasser pürieren. Den Lauch mit dem Kochsud unter den Kartoffelbrei mischen. So viel von der heißen Fleischbrühe dazugießen, daß eine sämige Masse entsteht. Die Sahne in die Suppe rühren. • Den Speck in einer trockenen Pfanne ausbraten. Die Zwiebelringe im Speckfett goldgelb braten. • Die gehackte Petersilie und den Speck mit den Zwiebelringen vor dem Servieren über die Suppe geben.

Unser Tip: Wer geräucherten Speck nicht so gerne mag, der kann die Suppe genauso gut mit geräucherten Würsten – sehr gut paßt Knoblauchwurst – oder mit gewürfelten Resten vom Sonntagsbraten anreichern.

Kartoffelsuppe mit Kresse

im Bild rechts

- 700 g halbfestkochende Kartoffeln
- 300 g Möhren
- ¾ l Gemüsebrühe
- 2 Schalotten
- 1 Knoblauchzehe
- 300 g Brunnenkresse (ersatzweise Gartenkresse)
- 2 Eßl. Distelöl
- je 1 Messerspitze Salz und Cayennepfeffer

Vollwertrezept

Pro Person etwa 985 Joule/
235 Kalorien · 7 g Eiweiß
5 g Fett · 38 g Kohlenhydrate

Vorbereitungszeit: 10 Minuten
Garzeit: 15–20 Minuten

Die Kartoffeln schälen, waschen und würfeln. Die Möhren schaben, waschen und ebenfalls in Würfel schneiden. • Die Kartoffel- und die Möhrenwürfel mit der Gemüsebrühe zum Kochen bringen und in 15 bis 20 Minuten garen. • Die Schalotten und die Knoblauchzehe schälen und feinwürfeln. Die Brunnenkresse gründlich waschen, trockenschleudern und nicht zu klein schneiden. • Das Öl in einer Pfanne erhitzen. Die Schalotten- und Knoblauchwürfel darin hellgelb anbraten. Zwei Drittel der Brunnenkresse dazugeben und unter Rühren etwa 5 Minuten mitbraten. • Das Kressegemüse unter die Suppe mischen; mit Salz und Cayennepfeffer abschmecken. Die Suppe vor dem Servieren mit der restlichen Kresse bestreuen.

Unser Tip: Brunnenkresse – auch Wasserkresse genannt – ist milder als Gartenkresse. Man kann sie an Bachläufen selbst sammeln.

Weiße Bohnensuppe

Auch beliebt als stärkende Mitternachtssuppe

- 200 g weiße Bohnenkerne
- 1¼ l abgekochtes, abgekühltes Wasser
- 1 Bund Suppengrün
- je 1 große Kartoffel, Zwiebel und Möhre
- je 1 grüne und rote Paprikaschote
- je ½ Teel. Salz und Paprikapulver, edelsüß
- je 1 Messerspitze weißer Pfeffer und Cayennepfeffer
- 2 Fleischtomaten
- 100 g durchwachsener Speck
- 2 Eßl. gehackte Petersilie

Preiswert • Braucht etwas Zeit

Pro Person etwa 1825 Joule/ 435 Kalorien · 17 g Eiweiß 18 g Fett · 50 g Kohlenhydrate

Einweichzeit: 12 Stunden
Vorbereitungszeit: 10 Minuten
Garzeit: 1¾ Stunden

Die weißen Bohnen in stehendem Wasser waschen, verlesen, abtropfen lassen und in dem abgekochten und abgekühlten Wasser 12 Stunden weichen lassen. • Die Bohnen im Einweichwasser zum Kochen bringen und den Schaum mehrmals abschöpfen. • Das Suppengrün putzen, waschen, grob kleinschneiden und zu den Bohnen geben. Die Bohnen zugedeckt 1½ Stunden kochen lassen. • Die Kartoffel, die Zwiebel und die Möhre schälen und kleinwürfeln. Die Paprikaschoten in Streifen schneiden und dabei Rippen und Kerne entfernen. • Das kleingeschnittene Gemüse zu den gegarten Bohnen geben. Die Bohnensuppe noch etwa 15 Minuten köcheln lassen; dann mit den Gewürzen abschmekken. • Die Tomaten häuten, würfeln und in die Suppe geben. • Den Speck kleinwürfeln, in einer trockenen Pfanne ausbraten und unter die Suppe mischen. • Mit der Petersilie bestreut servieren.

Linsensuppe mit Rotwein

Eine exquisite Stärkung für Kenner

- 300 g Linsen
- 1 l Wasser
- 1 große Möhre
- 1 Zwiebel
- etwa ⅛ Knolle Sellerie
- 2 große Kartoffeln
- 1 Teel. Salz
- 1 Messerspitze schwarzer Pfeffer
- ⅛ l trockener Rotwein

Braucht etwas Zeit • Preiswert

Pro Person etwa 1535 Joule/ 365 Kalorien · 21 g Eiweiß 1 g Fett · 62 g Kohlenhydrate

Vorbereitungszeit: 5 Minuten
Garzeit: etwa 1½ Stunden

Die Linsen in stehendem kaltem Wasser waschen und dabei verlesen; schlechte Samen schwimmen an der Oberfläche und können leicht entfernt werden. • Die Linsen dann mit dem Wasser zum Kochen bringen und zugedeckt in 1 bis 1½ Stunden garen. Während der ersten 15 Minuten wiederholt den sich bildenden Schaum abschöpfen. • Die Möhre schaben, waschen und würfeln. Die Zwiebel, den Sellerie und die Kartoffeln schälen und ebenfalls würfeln. • Das Gemüse zu den gegarten Linsen geben und die Suppe weitere 20 Minuten bei schwacher Hitze kochen lassen. • Die Suppe mit dem Salz und dem Pfeffer kräftig abschmecken. Die Linsensuppe vom Herd nehmen und den Rotwein untermischen.

Unser Tip: Nach Belieben kann man die Linsen auch gleich von Anfang an in einer Rotwein-Wasser-Mischung (zu gleichen Teilen) garen und zuletzt nochmals ⅛ l Rotwein unter die fertige Suppe mischen. – Sättigender wird die Linsensuppe, wenn man vor dem Servieren noch kleingeschnittene geräucherte Wurst darin erhitzt.

Lauchsuppe mit Käseklößchen

Auftakt für Hungrige zu einer erfrischenden Salatmahlzeit

Für die Suppe:
600 g Lauch (Porree)
2 Eßl. Keimöl
150 g gepalte Erbsen
1 l heiße Gemüsebrühe
je 1 Prise geriebene Muskatnuß, Salz und weißer Pfeffer
Für die Käseklößchen:
50 g Pflanzenmargarine
1 Ei
50 g Vollweizengrieß
40 g frisch geriebener Emmentaler Käse
je 1 Messerspitze abgeriebene Zitronenschale, Salz und weißer Pfeffer
Zum Bestreuen:
2 Eßl. Schnittlauchröllchen

Gelingt leicht • Preiswert

Pro Person etwa 1260 Joule/ 300 Kalorien, 13 g Eiweiß, 16 g Fett, 25 g Kohlenhydrate

Vorbereitungszeit: 40 Minuten
Garzeit: 20 Minuten

Vom Lauch die harten grünen Blattspitzen und die Wurzelenden abschneiden. Die Lauchstangen längs halbieren, gründlich waschen und in feine Scheibchen schneiden. • Das Öl in einem großen Topf erhitzen. Den Lauch unter Umwenden darin anbraten, die Erbsen dazugeben und alles mit der Gemüsebrühe auffüllen. Das Gemüse zugedeckt 20 Minuten kochen lassen. • Inzwischen die Margarine mit dem Ei schaumig rühren. Nach und nach den Grieß, den geriebenen Käse, die Zitronenschale, das Salz und den Pfeffer untermischen. Die Masse 20 Minuten quellen lassen. • In einem anderen Topf etwas Salzwasser zum Kochen bringen. Von der Grießmasse mit einem angefeuchteten Teelöffel Klößchen abstechen, ins kochende Wasser legen und darin 10 bis 15 Minuten ziehen lassen. • Die Suppe mit Muskat, Salz und Pfeffer abschmecken. Die Käseklößchen in die Suppe legen. Die Lauchsuppe vor dem Sevieren mit den Schnittlauchröllchen bestreuen.

Waldorfsalat

Eine klassische Vorspeise oder Bestandteil des feinen Kalten Buffets

300 g Knollensellerie
200 g leicht säuerliche Äpfel (Reinetten)
2 Eßl. Zitronensaft
½ Teel. Salz
50 g Walnußkerne
150 g Salatmayonnaise
⅛ l Sahne
½–1 Teel. Zucker

Berühmtes Rezept • Gelingt leicht

Pro Person etwa 1825 Joule/ 435 Kalorien · 5 g Eiweiß 38 g Fett · 18 g Kohlenhydrate

Zubereitungszeit: 15 Minuten
Ruhezeit: 1 Stunde

Die Sellerieknolle schälen, waschen und abtrocknen. Den Sellerie in Julienne (streichholzdünne Stifte) schneiden. Die Äpfel schälen, vom Kerngehäuse befreien und in ebenso dünne Streifen schneiden. Den Sellerie mit den Äpfeln behutsam mischen und mit dem Zitronensaft beträufeln, damit die Früchte sich nicht dunkel verfärben. Das Salz unterheben und alles zugedeckt im Kühlschrank 1 Stunde durchziehen lassen. • Die Walnußkerne hacken und mit der Mayonnaise, der Sahne und dem Zucker mischen. Die Nußmayonnaise vor dem Servieren unter den Selleriesalat heben. • Dazu schmeckt knuspriges, möglichst frisch aufgebackenes Stangenweißbrot.

Unser Tip: Wenn Sie den gleichen Salat auf französische Art servieren möchten, so lassen Sie die Nüsse weg und heben statt der Sahne und der Mayonnaise 150 g Crème fraîche, gemischt mit 1 bis 2 Teelöffeln Senf, unter den Salat. Die Vorspeise ist dadurch auch nicht so üppig: Pro Portion schlägt der Salat auf französische Art zubereitet nur mit 880 Joule/ 210 Kalorien zu Buche.

Gegrillte Auberginen

Der typische Geschmack kommt voll zur Geltung

- 2 mittelgroße Auberginen (500 g)
- 1 Eßl. Zitronensaft
- 3 Knoblauchzehen
- 2 Eßl. grüner Pfeffer aus dem Glas
- 6 Eßl. Olivenöl
- 2 Eßl. frische Thymianblättchen
- 1 Teel. Salz
- 1 Messerspitze schwarzer Pfeffer

Braucht etwas Zeit

Pro Person etwa 860 Joule/ 205 Kalorien · 4 g Eiweiß 16 g Fett · 11 g Kohlenhydrate

Vorbereitungszeit einschließlich Ruhezeit: 1 Stunde 40 Minuten
Garzeit: 25 Minuten

Die Auberginen waschen und abtrocknen. Die Stielenden abschneiden und die Früchte längs halbieren. Die Schnittflächen mit dem Zitronensaft bestreichen. Die Knoblauchzehen schälen und kleinhacken. Den grünen Pfeffer kleinschneiden. Das Olivenöl mit den Knoblauchstückchen, dem grünen Pfeffer, dem Thymian, dem Salz und dem schwarzen Pfeffer mischen. Jede Auberginenhälfte mit der Schnittfläche nach oben auf ein großes Stück Alufolie legen. Die Schnittflächen der Früchte mit einer Gabel kräftig einritzen und darauf reichlich gewürztes Öl träufeln. Die Auberginen in die Alufolie wickeln und 1½ Stunden im Kühlschrank durchziehen lassen. • Den Backofen auf 230° oder den Elektrogrill vorheizen. • Die Auberginen in der Folie mit der Schnittfläche nach unten auf den Rost des Backofens oder des Elektrogrills legen und 10 Minuten grillen. Die Folienpakete dann öffnen und die Auberginen mit der Schnittfläche nach oben unter den Grillstäben oder auf der obersten Schiene des Backofens weitere 15 Minuten grillen. • Die Auberginen nach Belieben in der Alufolie servieren und mit dem restlichen gewürzten Olivenöl beträufeln.

Gebackene Mozzarellatomaten

Warm oder kalt serviert eine feine Vorspeise

- 4 große Fleischtomaten (800 g)
- 300 g Mozzarellakäse
- 2 mittelgroße Zwiebeln
- 2 Knoblauchzehen
- ½ Teel. Salz
- 2 Eßl. Olivenöl
- 1 gute Messerspitze weißer Pfeffer
- 1 Eßl. frische Thymianblättchen
- Für die Form: Olivenöl

Spezialität aus Italien

Pro Person etwa 1700 Joule/ 405 Kalorien · 22 g Eiweiß 30 g Fett · 11 g Kohlenhydrate

Vorbereitungszeit: 10 Minuten
Garzeit: 25 Minuten

Eine feuerfeste Form mit wenig Öl ausstreichen. • Den Backofen auf 220° vorheizen. • Die Tomaten waschen, abtrocknen und mit dem Käse in etwa 1 cm dicke Scheiben schneiden. Die Käse- und die Tomatenscheiben dachziegelartig in die feuerfeste Form schichten. Die Zwiebeln und die Knoblauchzehen schälen und feinwürfeln. Die Knoblauchstückchen mit dem Salz bestreuen und mit einer Gabel zerdrücken. Das Olivenöl mit den Zwiebelwürfeln, dem Knoblauch und dem Pfeffer mischen und über die Tomaten- und Käsescheiben träufeln. • Die Mozzarellatomaten im vorgeheizten Backofen auf der mittleren Schiene 20 Minuten backen. • Den Thymian waschen, trockentupfen und über die Mozzarellatomaten streuen. Die Tomaten weitere 5 Minuten backen. • Dazu schmeckt frisch aufgebackenes Stangenweißbrot.

Unser Tip: Nach dem gleichen Rezept zubereitet können Sie die Tomaten mit Mozzarella auch als kalte Vorspeise reichen; statt mit Thymian bestreuen Sie die Tomaten und den Käse dann mit gehacktem Basilikum.

Gegrillte Avocados

Eine delikate Vorspeise oder ein feines Abendessen

- 2 Avocados (etwa 400 g)
- 2 Teel. Zitronensaft
- 12 Sardellenfilets
- 2 Eßl. kleine Kapern
- ½ Zwiebel
- 1 Spritzer Tabascosauce
- 1 Eßl. Walnußöl
- 4 Eßl. Crème fraîche
- 2 Grill-Scheibletten

Etwas teurer • Gelingt leicht

Pro Person etwa 1365 Joule/ 325 Kalorien · 7 g Eiweiß 30 g Fett · 6 g Kohlenhydrate

Vorbereitungszeit: 10 Minuten
Garzeit: 10–15 Minuten

Den Backofen auf 230° oder den Elektrogrill vorheizen. • Die Avocados waschen, abtrocknen, halbieren und die Steine entfernen. Zwei Drittel des Fruchtfleisches aus den Hälften aushöhlen, kleinschneiden und die Hälften sowie das kleingeschnittene Avocadofleisch mit dem Zitronensaft beträufeln. Die Sardellen, die Kapern und die geschälte Zwiebelhälfte kleinschneiden und mit dem Avocadofleisch, der Tabascosauce, dem Öl und der Crème fraîche mischen. • Von der runden Seite der Avocadohälften eine Scheibe abschneiden, damit die Früchte gut stehen. Die Avocadohälften mit der Sahnemischung füllen und auf den Rost des Backofens oder des Grills legen. Die Käsescheiben kleinwürfeln und über die Avocados streuen. • Die Avodados überbacken oder grillen, bis der Käse geschmolzen ist und eine goldbraune Kruste gebildet hat.

Unser Tip: Statt der Sardellenfilets und der Kapern können Sie auch 2 gehackte Heringsfilets und 1 Gewürzgurke für die Füllung verwenden.

Fenchel mit Aioli

Typisch für die Mittelmeerländer

- 4 mittelgroße Knollen Fenchel (etwa 800 g)
- 2 Teel. Zitronensaft
- 1 eigroßes Stück Weißbrot ohne Rinde
- ½ Tasse Milch
- 6 Knoblauchzehen
- 2 Eigelbe
- ¼ l kaltgepreßtes Olivenöl
- 1–2 Teel. Estragonessig
- ½ Teel. Salz
- 1 Prise weißer Pfeffer

Schnell • Etwas teurer

Pro Person etwa 3130 Joule/ 745 Kalorien · 8 g Eiweiß 67 g Fett · 27 g Kohlenhydrate

Zubereitungszeit: 20 Minuten

Von den Fenchelknollen das zarte Grün abschneiden, waschen, trockentupfen, kleinschneiden und zugedeckt beiseite stellen. • Die äußeren harten Rippen von den Fenchelknollen entfernen. Die Fenchelknollen in Streifen zerlegen. Die Fenchelstreifen mit dem Zitronensaft beträufeln und ebenfalls zugedeckt beiseite stellen. • Das Weißbrot in der kalten Milch einweichen. Die Knoblauchzehen schälen und durch eine Knoblauchpresse in eine Schüssel drücken. Das weiche Weißbrot gründlich ausdrücken, mit den Eigelben zu dem Knoblauchbrei geben und alles gut verrühren. Zunächst tropfenweise, dann teelöffelweise das Olivenöl unter die Knoblauchmasse rühren, bis eine mayonnaiseartige Creme entsteht. Diese Creme mit dem Estragonessig, dem Salz und dem Pfeffer abschmecken. Das zerkleinerte Fenchelgrün darüberstreuen. Die Knoblauchcreme in einer kleinen Schale anrichten. • Die Schale auf eine Platte stellen und rundherum die Fenchelstreifen legen. Die Fenchelstreifen werden mit der Aiolisauce verspeist. • Dazu schmeckt frisches Stangenweißbrot und trockener Weißwein.

Gefüllte Artischocken

Feine Vorspeise für besondere Gelegenheiten

- 1½ l Wasser · 2 Teel. Salz
- 1 Eßl. Zitronensaft
- 4 Artischocken
- 1 kleine Zwiebel
- 1 Knoblauchzehe
- 100 g Champignons
- 200 g frische Garnelen
- ⅛ l Milch
- 1 Eßl. Olivenöl
- 1 Eßl. Mehl
- ⅛ l Sahne
- je 1 Messerspitze Salz und weißer Pfeffer
- 60 g frisch geriebener Greyerzer Käse (Gruyère)
- 2 Eßl. Butter
- Für die Form: Öl

Etwas teurer • Braucht etwas Zeit

Pro Person etwa 1470 Joule/ 350 Kalorien · 17 g Eiweiß 22 g Fett · 19 g Kohlenhydrate

Vorbereitungszeit: 10 Minuten
Garzeit: 50–60 Minuten

Für die Artischocken das Wasser mit dem Salz und dem Zitronensaft zum Kochen bringen. • Die Stiele der Artischocken kurz unter der Blüte abschneiden, die äußeren harten Blätter entfernen und von den verbliebenen Blättern die Blattspitzen um etwa ein Drittel ihrer Länge kürzen. Die Artischocken waschen, mit dem Stielansatz nach unten ins kochende Wasser geben und im offenen Topf bei schwacher Hitze 30 Minuten leicht sprudelnd kochen lassen. • Die Artischocken dann aus dem Wasser nehmen, abkühlen und abtropfen lassen. • Die Zwiebel und die Knoblauchzehe schälen und beides feinhacken. Die Champignons putzen, waschen, trockentupfen und ebenfalls hacken. Die Garnelen kalt abbrausen, abtropfen lassen und kleinschneiden. Die Milch erwärmen. • Das Öl erhitzen. Die Zwiebel- und Knoblauchwürfel darin unter Umwenden hellgelb anbraten. Das Mehl darüberstäuben, ebenfalls anbraten und nach und nach mit der warmen Milch auffüllen. Die Sauce unter Rühren 5 Minuten kochen lassen. • Die Sahne, das Salz und den Pfeffer, die kleingeschnittenen Champignons und Garnelen in die Sauce geben. • Eine feuerfeste Form mit Öl ausstreichen. Den Backofen auf 200° vorheizen. • Die Blätter der Artischocken auseinanderbiegen und das »Heu« in der Mitte entfernen. Die Füllung in die Mitte der Artischocken geben und ebenfalls zwischen die Außenblätter etwas von der Füllung verteilen. Die Artischocken in die feuerfeste Form geben, mit dem geriebenen Käse bestreuen und mit Butterflöckchen belegen. • Die Artischocken auf der mittleren Schiene des vorgeheizten Backofens 20 bis 30 Minuten überbacken, bis der Käse geschmolzen und eine leicht braune Kruste auf den Artischocken entstanden ist.

Unser Tip: Statt mit Garnelen kann man die Artischocken auch mit gekochtem, gewürfeltem Schinken füllen. Dann statt des Olivenöls Walnußöl und statt des Greyerzer Käses Lerdamer verwenden. – Wer die Artischocken »fleischlos« servieren möchte, läßt die Garnelen weg und gibt für die Füllung 4 Eßlöffel Weizenschrot, 4 Eßlöffel geschälte, gehackte Sonnenblumenkerne und 2 Eßlöffel gemischte, frisch gehackte Kräuter in die weiße Sauce.

Tomaten, mit Thunfischreis gefüllt

Zwischengericht oder leichtes Abendessen

- 8 mittelgroße Tomaten
- 1 Teel. Salz
- 150 g gegarter Langkornreis
- 200 g Thunfisch aus der Dose
- 2 Eßl. gehackte Petersilie
- 1 Messerspitze schwarzer Pfeffer
- ½ Teel. abgeriebene Zitronenschale
- 4 Eßl. Crème fraîche
- 8 kleine Basilikumblätter

Preiswert • Gelingt leicht

Pro Person etwa 1135 Joule/ 270 Kalorien · 17 g Eiweiß 15 g Fett · 17 g Kohlenhydrate

Zubereitungszeit: 10 Minuten

Die Tomaten waschen, abtrocknen und vom stiellosen Ende mit einem scharfen Messer einen kleinen Deckel abschneiden. Die Tomaten mit einem spitzen Teelöffel aushöhlen und mit dem Salz ausstreuen. • Den Reis in eine Schüssel geben. Den Thunfisch abtropfen lassen, in kleine Stücke zerpflücken und mit der gehackten Petersilie, dem Pfeffer, der abgeriebenen Zitronenschale und der Crème fraîche zum Reis geben. Alle Zutaten lokker mischen. • Den Thunfischreis in die Tomaten füllen und die Dekkelchen wieder aufsetzen. • Die Basilikumblätter waschen und trockentupfen. Jede Tomate mit 1 Basilikumblatt garnieren.

Unser Tip: Bei Verwendung von abgeriebener Zitronenschale oder von ungeschälten Zitronenspalten sollten Sie stets darauf achten, nur ungespritzte Früchte zu verarbeiten. – Statt mit Thunfisch können Sie den Reis auch mit Sojakeimen mischen; die Zitronenschale wird dann weggelassen. – Das ausgehöhlte Fruchtfleisch von den Tomaten findet Verwendung für eine italienische Sauce zu einem Nudelgericht. Dafür 1 kleingehackte Zwiebel und 1 Knoblauchzehe in 1 Eßlöffel Olivenöl anbraten, das Tomatenfleisch hinzufügen und musig einkochen lassen. Mit getrocknetem Oregano, Salz und frisch gemahlenem, schwarzem Pfeffer würzen.

Gratinierter Mangold

Alle Spinatrezepte sind auch für Mangold geeignet

500 g junger Mangold
½ l Wasser
½ Teel. Salz
4 Scheiben Toastbrot
2 Eßl. Butter
2 Eier
4 Eßl. Crème fraîche
1 Messerspitze Salz
50 g frisch geriebener
Emmentaler Käse

Schnell • Gelingt leicht

Pro Person etwa 1050 Joule/ 250 Kalorien · 13 g Eiweiß 16 g Fett · 14 g Kohlenhydrate

Vorbereitungszeit: 10 Minuten
Garzeit: 15 Minuten

Den Mangold von den groben Stielen und Rippen streifen, waschen und abtropfen lassen. • Das Wasser mit dem Salz zum Kochen bringen, die Mangoldblätter hineingeben und bei schwacher Hitze zugedeckt 5 Minuten kochen lassen. • Den Mangold dann in einem Sieb abtropfen lassen und in feine Streifen schneiden. • Den Backofen auf 220° vorheizen. • Die Toastbrote goldgelb toasten und mit 1 Eßlöffel Butter dünn bestreichen. • Die Eier mit der Crème fraîche und dem Salz verquirlen. Die restliche Butter in einer Pfanne erhitzen und die Eimasse unter ständigem Umrühren kurz stocken lassen. • Den Mangold auf den Toastbroten verteilen und darauf die schwach gestockte Eimasse geben. Den geriebenen Käse über die Brote verteilen. • Die Toastbrote auf ein Backblech legen und im Backofen auf der obersten Schiene 10 Minuten überbacken, bis der Käse eine goldgelbe Kruste gebildet hat.

Unser Tip: Statt mit Mangold können Sie den Toast auch mit jungem Blattspinat servieren, der in 1 l kochendem Salzwasser nur 1 Minute blanchiert wird. Den Spinat gut abgetropft auf die gebutterten Brote legen.

Gratinierte Spargelspitzen

Die Schlemmerei für Spargel-Fans

1 kg Spargel · 1 Teel. Salz
1 Stück Würfelzucker
4 Scheiben Kastenweißbrot zu je 50 g · 2 Eßl. weiche Butter
200 g frische Garnelen
4 Eßl. Crème fraîche
4 Eßl. frisch geriebener Lerdamer Käse
2 Eßl. kleingeschnittener Dill

Etwas teurer

Pro Person etwa 1490 Joule/ 355 Kalorien · 23 g Eiweiß 13 g Fett · 37 g Kohlenhydrate

Vorbereitungszeit: 15 Minuten
Garzeit: 30 Minuten

Den Spargel von oben nach unten dünn schälen und die holzigen Enden abschneiden. • Das Salz und den Zucker in 2 l Wasser zum Kochen bringen. Den Spargel in drei Bündel binden und im geschlossenen Topf je nach Dicke der Stangen 10 bis 15 Minuten kochen lassen. • Den Spargel aus dem Sud heben und die Spargelspitzen etwa 6 cm lang abschneiden (die restlichen Spargelstangen und den Spargelsud für eine Suppe aufbewahren). Die Spargelspitzen abtropfen lassen. • Vom Weißbrot die Rinde abreiben und die Brotscheiben mit der Butter bestreichen. • Den Backofen auf 220° vorheizen. • Die Garnelen kalt abbrausen und abtropfen lassen. Die Spargelspitzen auf die Brote verteilen und die Garnelen daraufgeben. • Die Brote auf ein mit Alufolie ausgelegtes Backblech legen. Die Crème fraîche mit dem geriebenen Käse verrühren und die Garnelen damit überziehen. • Die Brote im Backofen auf der mittleren Schiene so lange überbacken, bis die Oberfläche goldgelb wird. • Den Dill über die Brote streuen. • Dazu paßt ein Salat aus frischen Kopfsalatherzen.

Unser Tip: Nach dem gleichen Rezept können Sie auch Schwarzwurzeln servieren.

Gemüsesülze

Willkommen an heißen Sommertagen

- ¼ l Wasser
- ½ Teel. Salz
- 8 weiße Pfefferkörner
- 2 Bund gemischte Kräuter aus Sellerieblättern, Petersilie, Kerbel und Estragon
- 1 kleiner Kopf Blumenkohl (etwa 500 g)
- 250 g ausgehülste Erbsen
- 12 Blätter Gelatine
- 1 l Wasser
- 1 kleiner Bund Dill
- 2 Bund Petersilie
- einige Zweige frische Pfefferminze
- ½ l Weißwein
- je 1 Messerspitze Salz, weißer Pfeffer und Zucker
- 1 Teel. Zitronensaft
- 2 hartgekochte Eier

Preiswert • Braucht etwas Zeit

Pro Person etwa 965 Joule/ 230 Kalorien · 11 g Eiweiß 4 g Fett · 17 g Kohlenhydrate

Vorbereitungszeit: 30 Minuten
Garzeit: 30 Minuten
Ruhezeit: 5–6 Stunden

Das Wasser mit dem Salz und den Pfefferkörnern zum Kochen bringen. Die gemischten Kräuter bis auf Estragon waschen, trockentupfen, ins kochende Wasser legen und zugedeckt bei schwacher Hitze 10 Minuten darin ziehen lassen. • Den Kräutersud durch ein Sieb in einen Topf gießen. • Den Blumenkohl in Röschen zerteilen, diese gründlich waschen und die Strünke kürzen. Die Blumenkohlröschen im Kräutersud 20 Minuten zugedeckt kochen lassen. • Die Röschen mit einem Schaumlöffel aus dem Wasser heben, in Eiswasser tauchen und auf einem Küchentuch erkalten lassen. • Dann die Erbsen im kochenden Kräutersud in 10 Minuten garen. • Die Gelatine in dem Wasser einweichen und quellen lassen. • Die garen Erbsen mit dem Schaumlöffel aus dem Kochsud heben, in Eiswasser tauchen und ebenfalls auf einem Küchentuch erkalten lassen. • Den Dill, die Petersilie und die Minze waschen und gut trockenschleudern. • Die Gelatine ausdrücken und im heißen Kräutersud unter Rühren auflösen. Den Kräutersud mit dem Weißwein und nötigenfalls mit wenig Wasser auf ¾ l Flüssigkeit auffüllen. Die Sülzflüssigkeit mit dem Salz, dem Pfeffer, dem Zucker und dem Zitronensaft abschmecken und abkühlen lassen. • Eine große Puddingform kalt ausspülen, ½ cm hoch mit der Sülzflüssigkeit ausgießen und diese im Kühlschrank erstarren lassen. • Die Eier schälen, in Scheiben schneiden und auf die erstarrte Sülzschicht legen. Einige Dillspitzen zwischen die Eier geben. Wiederum etwas Sülzflüssigkeit über die Eischeiben gießen und im Kühlschrank erstarren lassen. • Auf die erstarrte Schicht die Hälfte der Erbsen füllen und darauf die Blumenkohlröschen anordnen. Sülzflüssigkeit darübergießen und im Kühlschrank erstarren lassen. • Die Petersilienblättchen von den Stengeln zupfen und auf dem Blumenkohl anrichten. Die restlichen Erbsen einfüllen und die restliche Sülzflüssigkeit darübergießen. • Die Gemüsesülze in 3 bis 4 Stunden im Kühlschrank völlig erstarren lassen. • Die Sülze vor dem Servieren mit einem spitzen Messer vom Rand lösen. Die Form kurz in heißes Wasser tauchen und die Sülze auf eine Platte stürzen. • Die zurückbehaltene Petersilie, den restlichen Dill, den Estragon und die Pfefferminze zum Garnieren der Sülze verwenden. • Dazu schmeckt Remoulade und frisches Stangenweißbrot.

Unser Tip: Das Gemüse für diese Sülze läßt sich beliebig variieren: So kann man beispielsweise statt einem Teil der Erbsen 1 gegarte, in Scheibchen geschnittene Möhre und ½ kleingewürfelte rote Paprikaschote hinzufügen.

Spinatsoufflé

Eine beliebte leichte Vorspeise

1 kg frischer Spinat · 1 l Wasser
1 Teel Salz · 6 Schalotten
½ Bund Petersilie · 2 Eßl. Öl
2 Teel. Zitronensaft · ⅛ l Milch
3 Eßl. Butter · 4 Eßl. Mehl
1 Messerspitze Cayennepfeffer
1 Prise geriebene Muskatnuß
50 g geriebener Parmesankäse
4 Eier · ½ Teel. Salz
1 Messerspitze schwarzer Pfeffer
Für die Förmchen: Butter

Etwas schwierig • Braucht etwas Zeit

Pro Person etwa 1615 Joule/ 385 Kalorien · 22 g Eiweiß
23 g Fett · 22 g Kohlenhydrate

Vorbereitungszeit: 1 Stunde
Garzeit: 25 Minuten

Den Spinat verlesen, waschen und in dem kochenden Salzwasser 1 Minute blanchieren; abtropfen lassen. • Die Schalotten schälen und feinhacken. Die Petersilie kleinschneiden. • Die Schalotten in dem Öl anbraten. Den Spinat mit der Petersilie und dem Zitronensaft hinzufügen, gut umwenden und vom Herd nehmen. • Die Milch erhitzen. Aus der Butter, dem Mehl und der Milch eine Sauce bereiten und diese unter Rühren aufkochen lassen; mit dem Cayennepfeffer und dem Muskat abschmecken, vom Herd nehmen und den Käse unterrühren. Die Eier in Eigelbe und Eiweiße trennen. Die Eigelbe nacheinander unter die Béchamelsauce ziehen. Den Spinat unterrühren und mit dem Salz und dem Pfeffer würzen. • Den Backofen auf 180° vorheizen. Vier Soufflèförmchen mit Butter ausstreichen. • Die Eiweiße steif schlagen und unter den Spinat heben. • Die Spinatmasse in die Förmchen füllen (sie dürfen nur zu zwei Drittel gefüllt sein) und auf der mittleren Schiene 25 Minuten backen. • Das Soufflé sofort servieren.

Broccolisoufflé

Sofort nach dem Backen sevieren!

800 g Broccoli
2 l Wasser
1 Teel. Salz
2 Eßl. Speisestärke
4 Eßl. Crème fraîche
3 Eier
1 Messerspitze Salz
50 g frisch geriebener Parmesankäse
Für die Form: Butter

Preiswert • Etwas schwierig

Pro Person etwa 985 Joule/ 235 Kalorien · 19 g Eiweiß
12 g Fett · 13 Kohlenhydrate

Vorbereitungszeit: 45 Minuten
Garzeit: 40 Minuten

Den Broccoli putzen, in Röschen und Stiele teilen und die Stiele in Stücke schneiden. Das Wasser mit dem Salz zum Kochen bringen. Den Broccoli darin 10 Minuten kochen lassen. • Die Speisestärke mit der Crème fraîche verrühren. Den gekochten Broccoli portionsweise mit jeweils 1 bis 2 Eßlöffeln vom Kochsud im Mixer pürieren. Das Püree dann mit der angerührten Crème fraîche mischen und unter Rühren einige Male aufkochen lassen. • Die Eier in Eigelbe und Eiweiße trennen. Die Eigelbe mit dem Salz unter das Broccolipüree mischen. • Den Backofen auf 200° vorheizen. • Die Eiweiße zu steifem Schnee schlagen und mit dem Parmesankäse unter das Broccolipüree heben. • Eine Souffléform, die so groß sein muß, daß die Füllung nur etwa zwei Drittel bedeckt, mit Butter ausstreichen. Die Broccolimasse einfüllen und das Soufflé im Backofen auf der mittleren Schiene 40 Minuten backen. • Das Soufflé sofort servieren. • Dazu schmeckt wilder Reis oder Naturreis, mit wenig Butter beträufelt.

Eingelegte Prinzeßbohnen

Delikater Vorrat für überraschenden Besuch

Zutaten für 8 Personen:
2 kg Prinzeßbohnen
4 l Wasser
1 Eßl. Salz
1 Bund Bohnenkraut
750 g Zucker
3 Gewürznelken
2 Teel. Kurkumapulver
¾ l Weißweinessig

Gelingt leicht • Braucht etwas Zeit

Pro Person etwa 2060 Joule/ 490 Kalorien · 5 g Eiweiß 0 g Fett · 109 g Kohlenhydrate

Vorbereitungszeit: 1 Stunde
Garzeit: 20 Minuten
Ruhezeit: 3 Tage

Von den Bohnen die Stielansätze abschneiden und die Bohnen waschen. • Das Wasser mit dem Salz und dem Bohnenkraut zum Kochen bringen. Die Bohnen darin zugedeckt 15 Minuten kochen lassen. • Die Bohnen dann in ein Sieb schütten. Das Bohnenkraut entfernen. • ¼ l vom Kochsud abmessen und in einen Topf geben. Den Zucker, die Gewürznelken und das Kurkuma im Kochsud unter Rühren kochen lassen, bis sich der Zucker völlig aufgelöst hat. Den Essig in die Zuckerlösung gießen und im offenen Topf noch 5 Minuten kochen lassen. • Die Bohnen in ein großes Glas füllen. Den heißen Essigsud über die Bohnen gießen, das Glas verschließen und die Bohnen kalt werden lassen. • Die eingelegten Bohnen im Kühlschrank aufbewahren. In den nächsten 3 Tagen jeweils die Bohnen in ein Sieb gießen, den Essigsud auffangen und zum Kochen bringen, dann erneut heiß über die Bohnen gießen. • Danach kann man die Bohnen zugedeckt im Kühlschrank bis zu 4 Wochen aufbewahren. • Zu den eingelegten Bohnen schmeckt frisches Stangenweißbrot oder Knoblauchbrot.

Ungarische Paprikaschoten

Pikant Eingelegtes für kleine Speisen

Zutaten für 8 Personen:
je 3 gelbe, grüne und rote Paprikaschoten
500 g Schalotten
2 Knoblauchzehen
2 Teel. Salz
1 Teel. getrockneter Oregano
¾ l Obstessig
2 Lorbeerblätter
600 g Zucker

Braucht etwas Zeit

Pro Person etwa 1680 Joule/ 400 Kalorien · 4 g Eiweiß 0 g Fett · 90 g Kohlenhydrate

Vorbereitungszeit: 40 Minuten
Garzeit: 10 Minuten
Ruhezeit: 3 Tage

Den Backofen auf 250° vorheizen. • Die Paprikaschoten auf den Rost des Backofens legen und auf der mittleren Schiene so lange braten, bis die feine äußere Haut platzt. Die Schoten dann abkühlen lassen und die Haut abziehen. • Die Schalotten schälen und vierteln. Die Knoblauchzehen schälen, würfeln und mit dem Salz zerdrücken. Die Schoten vierteln, von Rippen und Kernen befreien, in Stücke schneiden und mit den Schalotten, dem Knoblauchsalz, dem Oregano, dem Essig, den Lorbeerblättern und dem Zucker in einen Topf geben. Mit so viel Wasser auffüllen, daß alles von Flüssigkeit bedeckt ist. • Das Gemüse 10 Minuten kochen lassen, dann mit dem Sud in ein großes Gefäß schütten. Die Paprikaschoten abkühlen lassen und zugedeckt im Kühlschrank aufbewahren. • In den nächsten 3 Tagen jeweils den Sud von den Schoten abgießen, aufkochen lassen und erneut heiß über das Gemüse gießen. • Die Schoten können danach bis zu 4 Wochen zugedeckt im Kühlschrank aufbewahrt werden. • Zu den ungarischen Paprikaschoten schmecken Landbrot und kaltes Geflügel.

Süß-saures Mischgemüse

Mit Okras als exotischer Akzent

Zutaten für 8 Personen:
1 kg kleine reife Tomaten
500 g Schalotten
500 g Okras
Saft und abgeriebene Schale von
1 unbehandelten Zitrone
1 Eßl. Salz
4 weiße Pfefferkörner
10 Senfkörner
750 g Zucker
¾ l Apfelessig

Etwas teurer • Gelingt leicht

Pro Person etwa 1975 Joule/
470 Kalorien · 4 g Eiweiß
0 g Fett · 109 g Kohlenhydrate

Zubereitungszeit: 30 Minuten
Ruhezeit: 3 Tage

Die Tomaten überbrühen, häuten und halbieren, dabei die harten Stielansätze entfernen. Die Schalotten schälen und halbieren. Die Okras waschen, von den Stielansätzen und den dünnen Spitzen befreien und die Schoten längs halbieren. • Den Zitronensaft, die Zitronenschale, das Salz, die Pfeffer- und die Senfkörner, den Zukker und den Essig unter Rühren kochen lassen, bis sich der Zucker völlig gelöst hat. Den Sud über das gemischte, vorbereitete Gemüse gießen und dieses zugedeckt 12 Stunden stehen lassen. • Das Gemüse dann durch ein Sieb gießen. Den Sud auffangen, wiederum 5 Minuten kochen lassen und heiß über das Gemüse gießen. Das Gemüse nach dem Kaltwerden zugedeckt im Kühlschrank aufbewahren. • Das süßsaure Gemüse noch zweimal an den darauffolgenden Tagen mit dem aufgekochten heißen Sud übergießen. • Am besten schmeckt das Gemüse, wenn es etwa 4 Wochen im Kühlschrank »geruht« hat. • Das Mischgemüse vor dem Servieren rechtzeitig aus dem Kühlschrank nehmen. • Dazu passen frische Roggenbrötchen und Salami.

Die Vielfalt des Gebotenen
wird Sie überraschen!

Gemüse als Mahlzeit

Klassische Gemüsegerichte wechseln mit ungewöhnlichen Kreationen. Sicher entdecken Sie für sich einige neue Lieblingsspeisen.

Sauerampfercreme mit pochierten Eiern

Voll Frische und milder Würze

2 Frühlingszwiebeln	
80 g junge Sauerampferblätter	
1 Stück Salatgurke (300 g)	
1 Eßl. Pflanzenmargarine	
1 Prise Salz · 1 Teel. Honig	
1 Teel. milder Senf	
1 Prise weißer Pfeffer	
1 Becher Vollmilch-Joghurt	
⅛ l Sahne	
2 Eßl. kleingeschnittener Dill	
2 l Wasser · 1 Teel. Salz	
2 Eßl. Essig · 4 Eier	
4 Scheiben Vollkorn-Toastbrot	

Vollwertrezept • Preiswert

Pro Person etwa 945 Joule/ 225 Kalorien · 5 g Eiweiß 15 g Fett · 17 g Kohlenhydrate

Zubereitungszeit: 30 Minuten

Die Frühlingszwiebeln putzen, waschen und kleinhacken. Die Sauerampferblätter verlesen, von groben Stielen befreien, waschen, trockenschleudern und ebenfalls hacken. Die Salatgurke waschen, abtrocknen und ungeschält raspeln. • Die Margarine zerlassen. Die Zwiebelstücke darin glasig braten. Den Sauerampfer dazugeben und unter Umwenden 5 Minuten dünsten. Das Gemüse abkühlen lassen und mit der geraspelten Gurke, dem Salz, dem Honig, dem Senf und dem Pfeffer mischen. Den Joghurt unterrühren. Die Sahne steif schlagen, unterheben und die Creme mit den Dillspitzen bestreuen. • Das Wasser mit dem Salz und dem Essig zum Kochen bringen. Die Eier nacheinander in eine Tasse schlagen und vorsichtig ins schwach kochende Wasser geben. Das Wasser nochmals kochen lassen, sofort vom Herd nehmen und die Eier 5 Minuten im heißen Wasser ziehen lassen. Die Brotscheiben toasten. Die Eier mit dem Schaumlöffel aus dem Wasser heben, die Ränder etwas glatt schneiden und auf dem Toastbrot anrichten. • Die Sauerampfercreme gesondert dazu reichen.

Wildkräuter-Omelettes

Das Sammlerglück bestimmt die Kräuterwahl

150 g gemischte Wildkräuter wie junge Bärenklau-, Beinwell-, Breitwegerich-, Gänseblümchen-, Hirtentäschel-, Kerbel-, Linden- und Löwenzahnblätter	
2 Schalotten	
1 Knoblauchzehe	
½ Teel. Salz	
3 Eßl. Keimöl	
je 1 Prise Salz und weißer Pfeffer	
8 Eier	
4 Eßl. Sahne	
½ Teel. Salz	
1 Messerspitze schwarzer Pfeffer	

Vollwertrezept • Preiswert

Pro Person etwa 1260 Joule/ 300 Kalorien · 17 g Eiweiß 23 g Fett · 7 g Kohlenhydrate

Zubereitungszeit: 40 Minuten

Die Kräuter verlesen, dabei von dicken Stielen befreien, dann waschen, trockenschleudern und hacken. Die Schalotten schälen und ebenfalls hacken. Die Knoblauchzehe schälen, in Stücke schneiden und mit dem Salz zerdrücken. • Die Schalotten in 1 Eßlöffel Öl glasig braten. Die Kräuter und den Knoblauch dazugeben und 5 Minuten unter Umwenden dünsten, mit dem Salz und dem Pfeffer abschmecken. • Die Eier mit der Sahne, dem Salz und dem Pfeffer verquirlen. Das restliche Öl portionsweise in einer Pfanne erhitzen und jeweils ein Viertel der Eimasse stocken lassen. In den ersten Minuten mit dem Löffelrücken umrühren, dann die Pfanne leicht hin und her bewegen, bis die Omelette-Unterseite fest ist. Ein Viertel der Kräutermischung auf eine Hälfte des Omelettes geben. Das Omelette zusammenklappen und auf einen vorgewärmten Servierteller gleiten lassen. Die fertigen Omelettes nötigenfalls bis zum Servieren im Backofen bei 80° heiß halten. • Dazu passen in Butter gebratene Champignons als Füllung, neue Kartoffeln oder beliebiges Brot.

Spargel als Mahlzeit

Die Saison ist kurz; genießen Sie Spargel verschwenderisch!

Spargel klassisch

im Bild hinten

1½ kg möglichst frisch gestochener, mitteldicker Stangenspargel
1 Teel. Salz
1 Stück Würfelzucker
200 g Butter

Etwas teurer • Gelingt leicht

Pro Person etwa 1975 Joule/ 470 Kalorien · 8 g Eiweiß 42 g Fett · 15 g Kohlenhydrate

Vorbereitungszeit: 15 Minuten
Garzeit: 15–20 Minuten

Jede Spargelstange mit dem Spargelschäler oder mit einem Messer unterhalb der Köpfchen von oben nach unten dünn schälen, die holzigen Enden abschneiden. Die Spargelstangen kalt abbrausen. Jeweils 6 bis 10 Spargelstangen mit Küchengarn bündeln. • In einem genügend großen Topf so viel Wasser mit dem Salz und dem Würfelzucker zum Kochen bringen, daß die Spargelbündel vom Wasser bedeckt sind. Die Spargelbündel ins kochende Wasser legen und zugedeckt 15 bis 20 Minuten kochen lassen; die Spargelspitzen dürfen keinesfalls abbrechen oder zu weich werden. • Die Butter zerlassen, in eine Sauciere geben und auf einem Stövchen heiß halten. • Den garen Spargel aus dem Kochwasser heben und kurz in kochendes frisches Salzwasser tauchen. Die Bündel dann auf einer dicken Lage Küchentücher abtropfen lassen und auf einer vorgewärmten Platte anrichten oder auf einer speziellen Spargelplatte mit Locheinsatz, unter dem sich das abtropfende Wasser sammeln kann, servieren. Vor dem Servieren das Küchengarn entfernen.

Überbackener Spargel

im Bild vorne

1½ kg möglichst frisch gestochener, mitteldicker Stangenspargel
1 Teel. Salz
1 Stück Würfelzucker
1 Zwiebel · 2 Eßl. Butter
3 Eßl. Mehl
⅛ l heiße Kalbfleischbrühe
⅛ l heiße Milch · 1 Prise Salz
je 1 Prise geriebene Muskatnuß, weißer Pfeffer und getrockneter Thymian
50 g geriebener Greyerzer Käse
2 Eigelbe · 4 Eßl. Sahne

Braucht etwas Zeit • Etwas teurer

Pro Person etwa 1300 Joule/ 310 Kalorien · 18 g Eiweiß 16 g Fett · 24 g Kohlenhydrate

Vorbereitungszeit: 20 Minuten
Garzeit: 25–35 Minuten

Den Spargel wie in nebenstehendem Rezept beschrieben vorbereiten und garen. • Die Zwiebel schälen und kleinwürfeln. Die Butter erhitzen. Die Zwiebelwürfel darin glasig braten. Das Mehl darüberstäuben und unter Rühren ebenfalls anbraten. Nach und nach mit der Fleischbrühe aufgießen, einige Male aufkochen lassen. Die heiße Milch hineinrühren und die Sauce nochmals kochen lassen. Die Sauce mit dem Salz, dem Muskat, dem Pfeffer und dem zerriebenen Thymian abschmecken. Den geriebenen Käse in die Sauce rühren. Die Eigelbe mit der Sahne verquirlen. 4 Eßlöffel von der heißen Sauce in die Eigelb-Sahne rühren. Die Sauce vom Herd nehmen und die Eigelb-Sahne untermischen. • Den Backofen auf 230° vorheizen. • Den gegarten und gut abgetropften Spargel in eine feuerfeste Form legen, mit der Sauce übergießen. Auf der mittleren Schiene 10 bis 15 Minuten überbacken.

Kartoffelfrikadellen

Einfache Kost, die immer wieder schmeckt

800 g mehligkochende Kartoffeln
50 g durchwachsener Speck
2 große Zwiebeln
100 g feingeschroteter Weizen
2 Eier
1 Teel. Salz
1 Messerspitze weißer Pfeffer
½ Teel. getrockneter oder
2 Teel. frischer gehackter
Majoran
5 Eßl. Semmelbrösel
3 Eßl. Öl

Preiswert • Braucht etwas Zeit

Pro Person etwa 2060 Joule/ 490 Kalorien · 15 g Eiweiß 20 g Fett · 62 g Kohlenhydrate

Vorbereitungszeit: 20 Minuten
Garzeit: 40–45 Minuten

Die Kartoffeln unter fließendem Wasser bürsten, dann von Wasser bedeckt in 30 bis 35 Minuten gut weich kochen. • Die Kartoffeln abgießen und abkühlen lassen. • Den Speck in Würfel schneiden. Die Zwiebeln schälen und feinhacken. • Die Kartoffeln pellen, durch eine Kartoffelpresse drücken oder auf einer Rohkostreibe raspeln. Den Speck ausbraten, die Zwiebelstückchen darin glasig braten und alles zur Kartoffelmasse geben. Den Weizenschrot, die Eier, das Salz, den Pfeffer und den Majoran mit der Kartoffelmasse zu einem geschmeidigen, aber trockenen Teig verarbeiten. • Aus der Kartoffelmasse etwa 5 cm große und 2 cm dicke Frikadellen formen, diese in den Semmelbröseln wenden und im heißen Öl von jeder Seite knusprig braun braten. • Dazu paßt ein frischer gemischter Salat.

Unser Tip: Wer die Frikadellen etwas weniger kalorienreich wünscht, nimmt statt des Specks feingewürfelten, mageren Schinken und brät die Frikadellen ohne die Panade aus Semmelbröseln.

Kartoffelpuffer auf Blattspinat

Kartoffelpuffer – einmal ganz anders als gewohnt

400 g mehligkochende Kartoffeln
3 Eßl. Mehl
1 Teel. Salz
500 g Spinat
½ Teel. Salz
1 Prise geriebene Muskatnuß
4 Eßl. Butterschmalz
40 g durchwachsener Speck in
4 Scheiben
4 Eier
je 1 Messerspitze Salz und
grobgemahlener, schwarzer
Pfeffer

Braucht etwas Zeit • Preiswert

Pro Person etwa 1535 Joule/ 365 Kalorien · 13 g Eiweiß 23 g Fett · 24 g Kohlenhydrate

Vorbereitungszeit: 30 Minuten
Garzeit: 20 Minuten

Die Kartoffeln schälen, waschen und raspeln. Die Kartoffelmasse mit dem Mehl und dem Salz mischen und zugedeckt beiseite stellen. • Den Spinat verlesen, waschen und mit dem Tropfwasser in einen Topf geben, dann bei schwacher Hitze 10 Minuten zugedeckt dünsten, bis er zusammenfällt. Den Spinat mit dem Salz und dem Muskat würzen und zugedeckt warm stellen. • Das Butterschmalz nach und nach erhitzen und aus der Kartoffelmasse 4 gleich große Kartoffelpuffer knusprig braun braten. Die Kartoffelpuffer heiß halten. • Die Speckscheiben in der gleichen Pfanne knusprig braun ausbraten, herausnehmen und mit den Puffern warm stellen. • 4 Spiegeleier im verbliebenen Speckfett braten. Jedes Eiweiß mit Salz und die Eigelbe mit dem grobgemahlenen Pfeffer bestreuen. • Den Spinat auf Portionstellern anrichten, mit je 1 Kartoffelpuffer belegen und darauf je 1 Spiegelei und 1 Scheibe ausgebratenen Speck geben.

Béchamelkartoffeln mit Erbsen

Am besten schmeckt's mit neuen Kartoffeln

1 kg halbfestkochende Kartoffeln
600 g Perl- oder Markerbsen
⅛ l Wasser · 1 Prise Salz
1 großer Bund gemischte Kräuter wie Dill, Kerbel, Liebstöckel, Petersilie und Schnittlauch
1 Zwiebel
2 Eßl. Butter
1 Eßl. Mehl
⅛ l heiße Milch
je 1 Messerspitze Salz und weißer Pfeffer
4 Eßl. Sahne

Gelingt leicht • Preiswert

Pro Person etwa 1700 Joule/ 405 Kalorien · 19 g Eiweiß 9 g Fett · 62 g Kohlenhydrate

Vorbereitungszeit: 15 Minuten
Garzeit: 30–35 Minuten

Die Kartoffeln unter fließendem Wasser bürsten, in der Schale knapp von Wasser bedeckt in 30 bis 35 Minuten garen, abgießen, pellen und in Scheiben schneiden. • Die Erbsen palen und in dem Salzwasser je nach Größe 6 bis 9 Minuten kochen lassen, dann abgießen (den Kochsud dabei auffangen) und zugedeckt beiseite stellen. • Die Kräuter waschen, trockenschleudern und kleinschneiden. Die Zwiebel schälen und würfeln. • Die Butter erhitzen. Die Zwiebelwürfel darin glasig braten. Das Mehl darüberstäuben und unter Umrühren hellgelb braten. Nach und nach mit dem Kochsud der Erbsen aufgießen. Die Milch unterrühren. Die Sauce einige Minuten köcheln lassen, dann mit dem Salz und dem Pfeffer abschmecken. • Die Kartoffeln und die Erbsen in der Sauce erhitzen. Zuletzt die Sahne unterrühren und die Kräuter darüberstreuen.

Unser Tip: Statt mit Erbsen kann man die Béchamelkartoffeln auch mit grünen Bohnen oder mit gewürfelten grünen Paprikaschoten anreichern. Wer die kräftige Note vermißt, sollte noch ausgebratene Speckwürfel oder geräucherte Wurst in Scheiben untermischen.

Gefüllte Paprikaschoten

Vielerlei Füllungen kann man für Schoten erfinden

Paprikaschoten mit Hackfleisch

im Bild vorne

- 4 große grüne Paprikaschoten
- Salz · 1 große Zwiebel
- 2 Knoblauchzehen
- 100 g Champignons · 2 Eßl. Öl
- 400 g Hackfleisch, halb und halb
- 200 g gegarter Langkornreis
- 1 Teel. Salz · 1 Ei
- ½ Teel. getrockneter Rosmarin
- 2 Eßl. gehackte Petersilie
- ¼ l heiße Fleischbrühe
- 4 Eßl. Tomatenmark
- 100 g saure Sahne
- je 1 Prise Zucker, Salz und Paprikapulver, edelsüß

Preiswert • Gelingt leicht

Pro Person etwa 2165 Joule/ 515 Kalorien · 28 g Eiweiß 31 g Fett · 31 g Kohlenhydrate

Vorbereitungszeit: 20 Minuten
Garzeit: 40 Minuten

Vom Stielende der Paprikaschoten Kappen abschneiden. Die Kerne und die Rippen entfernen. Die Schoten waschen und mit dem Salz ausstreuen. Die Zwiebel und die Knoblauchzehen schälen und beides feinhacken. Die Champignons waschen, putzen und blättrig schneiden. • Das Öl erhitzen. Die Zwiebel- und Knoblauchwürfel darin glasig braten. Die Champignons und das Hackfleisch dazugeben und alles unter Umwenden kurz braten. • Den Reis, das Salz, das Ei, den zerriebenen Rosmarin und die Petersilie mit dem Hackfleisch mischen. Die Schoten damit füllen. • Die gefüllten Schoten in einem Topf mit der Fleischbrühe umgießen und 40 Minuten zugedeckt dünsten. • Die Schoten auf einer Platte warm halten. Die Dünstflüssigkeit mit dem Tomatenmark und der sauren Sahne verrühren. Die Sauce mit den Gewürzen abschmecken.

Paprikaschoten mit Schrotfüllung

im Bild hinten

- 4 große rote Paprikaschoten
- 1 große Zwiebel
- 4 kleine Tomaten · 1 Eßl. Keimöl
- 8 Eßl. frisch geschrotete Sechskornmischung
- 2 Eier · 4 Eßl. gemischte, gehackte Kräuter
- 1 Teel. Salz
- 1 Messerspitze Cayennepfeffer
- ¼ l heiße Gemüsebrühe
- 2 Eßl. Crème fraîche
- 4 Eßl. geriebener Lerdamer Käse
- 2 Eßl. geschälte, gehackte Sonnenblumenkerne
- 1 Teel. Arrowroot (Pfeilwurzelmehl)
- 4 Eßl. Orangensaft

Vollwertrezept • Preiswert

Pro Person etwa 1300 Joule/ 310 Kalorien · 15 g Eiweiß 14 g Fett · 31 g Kohlenhydrate

Vorbereitungszeit: 20 Minuten
Garzeit: 40 Minuten

Von den Schoten die Kappen abschneiden. Die Kerne und die weißen Rippen entfernen. Die Zwiebel schälen und kleinwürfeln. Die Tomaten überbrühen, häuten und ebenfalls würfeln. • Die Zwiebelwürfel in dem Öl glasig braten. Den Schrot hinzufügen, kurz mitbraten, vom Herd nehmen und mit den Tomaten, den Eiern, den Kräutern und den Gewürzen mischen. Die Paprikaschoten damit füllen, in einem Topf mit der Gemüsebrühe umgießen. Die Crème fraîche mit dem Käse und den Sonnenblumenkernen verrühren und auf den Schotenfüllungen verteilen. Die Deckel aufsetzen. Die Schoten im geschlossenen Topf bei schwacher Hitze etwa 40 Minuten dünsten. • Das Pfeilwurzelmehl mit dem Orangensaft anrühren. Die Dünstflüssigkeit der Schoten damit binden; mit Salz und Cayennepfeffer abschmecken.

Gefüllte Schmorgurken

Mit Schinkenfüllung besonders reizvoll

4 kleine Gemüsegurken
zu je 200 g · 4 Eßl. Mehl
5 Eßl. Keimöl
3 hartgekochte Eier
4 Eßl. Sahne
je 1 Prise weißer Pfeffer, Salz und geriebene Muskatnuß
je 1 Eßl. gehackter Dill und gehackte Petersilie
300 g gekochter Schinken ohne Fettrand · 2 Zwiebeln
⅛ l heiße Geflügelbrühe
einige Dillzweige

Preiswert • Gelingt leicht

Pro Person etwa 1995 Joule/
475 Kalorien · 25 g Eiweiß
36 g Fett · 13 g Kohlenhydrate

Vorbereitungszeit: 30 Minuten
Garzeit: 30 Minuten

Die Gurken schälen, waschen und abtrocknen. Die oberen Drittel als Deckel abschneiden und die Kerne mit einem Löffel herausschaben. Die Gurkenstücke in dem Mehl wenden. • 2 Eßlöffel Öl in einem Schmortopf erhitzen und die Gurkenstücke von allen Seiten anbraten, dann aus dem Topf nehmen. Die Eier schälen. Die Eigelbe mit der Sahne, den Gewürzen und den Kräutern mischen. Den Schinken in kleine Würfel schneiden. Die Zwiebeln schälen und ebenfalls kleinwürfeln. 1 Eßlöffel Öl erhitzen. Die Zwiebelwürfel darin hellgelb braten, die Schinkenwürfel hinzufügen und ebenfalls unter Umwenden mitbraten. Die Mischung etwas abkühlen lassen und mit der Eimasse vermengen. • Die Eiweiße kleinhacken und unter die Füllung mischen. Die Gurken mit der Farce füllen und die kleineren Gurkenstücke als Deckel aufsetzen. • Das restliche Öl im Schmortopf erhitzen. Die Gurken hineinlegen, mit der Brühe umgießen und zugedeckt bei schwacher Hitze 30 Minuten schmoren lassen. • Die Gurken mit Dill garnieren. • Dazu schmecken Salzkartoffeln.

Gefüllte Kohlrabi

Die fleischlose Farce paßt gut zu Kohlrabi

4 große Knollen Kohlrabi
(etwa 1 kg)
½ l Gemüsebrühe
2 Schalotten
8 Eßl. frisch geschroteter Weizen
4 Eßl. gehackte Cashewnüsse
2 Eier
1 Teel. Salz
1 Eßl. gehackte Petersilie
100 g Crème fraîche
1 Teel. Speisestärke
1 Eßl. gehackte Pimpinelle

Vollwertrezept

Pro Person etwa 1470 Joule/
350 Kalorien · 14 g Eiweiß
18 g Fett · 32 g Kohlenhydrate

Vorbereitungszeit: 20 Minuten
Garzeit: 40 Minuten

Die Kohlrabiknollen waschen und schälen. Die zarten grünen Blättchen waschen, abtrocknen, hacken und zugedeckt beiseite stellen. • Die ganzen Kohlrabiknollen in der Gemüsebrühe zugedeckt 25 Minuten kochen, dann abtropfen und abkühlen lassen. • Das obere Drittel der Knollen abschneiden, den unteren Teil aushöhlen. Das Ausgehöhlte und die Deckel hacken. Die Schalotten schälen, ebenfalls hacken und mit den gehackten Kohlrabi, dem Schrot, den Nüssen, den Eiern, dem Salz und der Petersilie mischen. Die Masse in die Kohlrabi füllen. Die Hälfte der Gemüsebrühe zu den Kohlrabi gießen und diese zugedeckt in weiteren 15 Minuten garen. • Die Kohlrabi dann in einer vorgewärmten Schüssel warm halten. • Die Schmorflüssigkeit durchseihen und mit der Crème fraîche verrühren. Die Speisestärke in wenig kaltem Wasser anrühren, mit der Sauce mischen und diese einmal aufkochen lassen. Die Sauce mit Salz abschmecken, mit den gehackten Kohlrabiblättchen und der Pimpinelle mischen und über die Kohlrabi gießen. • Dazu paßt Kartoffelpüree.

Gefüllte Kartoffeln

Nicht ganz alltäglich, doch besonders fein

- 250 g Champignons
- 1 große Zwiebel · 2 Eßl. Keimöl
- 1 Eßl. gehackte Petersilie
- je 1 Prise Salz und weißer Pfeffer
- 1 kleines Ei
- 2 Eßl. Semmelbrösel
- 8 gleich große, mehligkochende Kartoffeln (1 kg)
- ½ l Gemüsebrühe
- 1 Eßl. Weizen-Vollkornmehl
- ⅛ l saure Sahne
- je 1 Prise Salz und weißer Pfeffer

Vollwertrezept • Preiswert

Pro Person etwa 1450 Joule/
345 Kalorien · 12 g Eiweiß
10 g Fett · 51 g Kohlenhydrate

Vorbereitungszeit: 35 Minuten
Garzeit: 35 Minuten

Die Champignons putzen, waschen und feinhacken. Die Zwiebel schälen, kleinwürfeln und in 1 Eßlöffel heißem Öl glasig braten. Die Champignons und die Petersilie untermischen und zugedeckt 5 Minuten dünsten. Das Gemüse vom Herd nehmen und mit Salz und Pfeffer abschmecken; etwas abkühlen lassen. Das Ei und so viele Semmelbrösel untermischen, daß eine geschmeidige Masse entsteht. • Die Kartoffeln dünn schälen, waschen, abtrocknen und das obere Drittel längs als Deckel abschneiden. Die unteren Teile der Kartoffeln aushöhlen und die Füllung hineingeben. Die Deckel wieder aufsetzen, mit Küchengarn zubinden und die Kartoffeln von allen Seiten in dem restlichen heißen Öl braun anbraten. Die Gemüsebrühe erhitzen, zu den Kartoffeln gießen und diese zugedeckt bei schwacher Hitze 35 Minuten schmoren lassen. • Die Kartoffeln dann aus dem Kochsud heben und warm stellen. Die Gemüsebrühe mit dem kalt angerührten Mehl binden und einige Minuten unter Rühren kochen lassen. Die saure Sahne untermischen und die Sauce mit Salz und Pfeffer abschmecken.

Gefüllte Auberginen

Eine herzhafte Mahlzeit

- 2 mittelgroße Auberginen (600 g)
- ½ Teel. Salz
- 100 g durchwachsener Speck
- 2 Zwiebeln · 1 Knoblauchzehe
- 4 Tomaten · 200 g Champignons
- 300 g gegarter Langkornreis
- je ½ Teel. Salz und Paprikapulver, edelsüß
- je 1 Messerspitze Pfeffer und gemahlener Kümmel
- 1 Eßl. gehackte Petersilie
- 4 Eßl. geriebener Emmentaler Käse
- ⅜ l heiße Gemüsebrühe
- 100 g saure Sahne
- 2 Teel. Speisestärke
- 3 Eßl. Tomatenmark
- 1 Prise Zucker

Gelingt leicht

Pro Person etwa 1680 Joule/
400 Kalorien · 13 g Eiweiß
23 g Fett · 35 g Kohlenhydrate

Vorbereitungszeit: 30 Minuten
Garzeit: 40 Minuten

Die Auberginen längs halbieren; das Fruchtfleisch aushöhlen und kleinschneiden. Die Auberginen innen salzen. Den Speck würfeln. Die Zwiebeln und die Knoblauchzehe schälen und feinhacken. Die Tomaten überbrühen, häuten und in kleine Stücke schneiden. Die Champignons putzen und blättrig schneiden. • Den Backofen auf 200° vorheizen. • Den Speck ausbraten. Die Zwiebeln, den Knoblauch, die Champignons und das Auberginenfleisch hinzufügen und unter Umwenden anbraten. Die Tomaten dazugeben und alles zugedeckt 5 Minuten dünsten. Den Reis untermischen; mit den Gewürzen und der Petersilie abschmecken, in die Auberginen füllen, mit Käse bestreuen und mit der Gemüsebrühe im Backofen in 40 Minuten garen. • Die Bratflüssigkeit mit der sauren Sahne, der angerührten Speisestärke, dem Tomatenmark und dem Zucker verquirlen; kurz aufkochen lassen.

Möhrengemüse in Varianten

Besonders schmackhafte Kombinationen für Möhren

Mangomöhren mit Schweinefilet

im Bild rechts

600 g Schweinefilet
2 Zwiebeln · 750 g Möhren
1 große reife Mangofrucht
50 g Korinthen
3 Eßl. frisch gepreßter Orangensaft · ½ l Fleischbrühe
3 Eßl. Sonnenblumenöl
1 Eßl. Mehl · je 1 Messerspitze Salz, Cayennepfeffer und Zucker

Etwas teurer • Gelingt leicht

Pro Person etwa 2140 Joule/ 510 Kalorien · 32 g Eiweiß
24 g Fett · 41 g Kohlenhydrate

Vorbereitungszeit: 30 Minuten
Garzeit: 25 Minuten

Das Fleisch waschen, abtrocknen und in kleine Würfel schneiden. Die Zwiebeln schälen und ebenfalls würfeln. Die Möhren schaben, waschen und in Scheiben schneiden. Die Mango halbieren, den Stein entfernen, die Hälften schälen und würfeln. Die Korinthen heiß waschen, abtropfen lassen und im Orangensaft einweichen. Die Fleischbrühe erwärmen. • Das Öl erhitzen. Die Zwiebelwürfel darin glasig braten, die Fleischwürfel dazugeben und unter Umwenden hellbraun anbraten. Die Möhren unter das Fleisch mischen und das Mehl darüberstäuben. Nach und nach mit der heißen Fleischbrühe auffüllen und alles zugedeckt 20 Minuten schmoren lassen. • Die Möhren mit dem Salz, dem Cayennepfeffer und dem Zucker abschmecken. Die Mangowürfel und die Korinthen mit dem Orangensaft unter die Möhren mischen und alles noch weitere 5 Minuten ziehen lassen. • Dazu passen Pariser Kartoffeln; das sind mit einem Kugelausstecher ausgestochene Kartoffelkugeln, die in Salzwasser gegart und anschließend in erhitzter Butter geschwenkt werden.

Sahnemöhren-Gemüse

im Bild links

800 g Möhren
3 Frühlingszwiebeln
500 g mehligkochende Kartoffeln
3 Eßl. Pflanzenmargarine
2 Eßl. Ahornsirup
knapp ¼ l heiße Gemüsebrühe
⅛ l Sahne
1 Teel. Salz
2 Eßl. Schnittlauchröllchen

Vollwertrezept • Preiswert

Pro Person etwa 1470 Joule/ 350 Kalorien · 6 g Eiweiß
17 g Fett · 43 g Kohlenhydrate

Vorbereitungszeit: 20 Minuten
Garzeit: 25 Minuten

Die Möhren schaben, waschen und in gleich große Würfel schneiden. Die Frühlingszwiebeln waschen, putzen und in Scheibchen schneiden. Die Kartoffeln schälen, waschen und würfeln. • Die Margarine in einem großen Topf zerlassen. Den Ahornsirup untermischen. Die Zwiebelscheibchen und die Möhren darin unter Umwenden 5 Minuten karamelisieren. Die Kartoffeln hinzufügen und alles mit der Gemüsebrühe auffüllen. Das Gemüse zugedeckt bei schwacher Hitze in 25 Minuten garen. • Die Sahne steif schlagen. Das Gemüse mit dem Salz abschmecken. Die Schlagsahne unterheben und den Schnittlauch darüberstreuen. • Dazu schmecken Frikadellen aus geschrotetem Getreide.

Unser Tip: Statt der Frühlingszwiebeln kann man auch ½ Gemüsezwiebel verwenden; das Gemüse wird dadurch noch milder im Geschmack.

Gemüsegerichte ohne Fleisch

Kräftige Gemüsemahlzeiten beleben den Speisezettel

Italienische Kürbisscheiben

im Bild hinten

- 1 Teel. Salz · 2 l Wasser
- 1 kg fester Kürbis ohne Schale
- 400 g Pecorino (Schafkäse)
- 200 g saure Sahne
- 4 Eßl. Schnittlauchröllchen
- 4 Eßl. Weizen-Vollkornmehl
- 1 Ei · 1 Eigelb
- 10 Eßl. Vollkorn-Semmelbrösel
- 6 Eßl. Olivenöl

Vollwertrezept • Braucht etwas Zeit

Pro Person etwa 2165 Joule/ 515 Kalorien · 20 g Eiweiß 36 g Fett · 28 g Kohlenhydrate

Zubereitungszeit: 50 Minuten

Das Salz mit dem Wasser zum Kochen bringen. • Den geschälten Kürbis in gleich große, etwa ½ cm dicke Scheiben schneiden und dabei alle Kerne entfernen. Die Kürbisscheiben nacheinander ins kochende Salzwasser legen, 5 Minuten blanchieren, aus dem Wasser heben und abtropfen lassen. • Den Käse reiben und mit so viel saurer Sahne verrühren, daß eine geschmeidige Masse entsteht. Die Schnittlauchröllchen unter die Käsemasse mischen. • Die Hälfte der Kürbisscheiben mit der Käsecreme bestreichen und jeweils 1 unbestrichene Kürbisscheibe darauflegen. Diese »Sandwiches« zunächst in dem Mehl wenden. Das Ei mit dem Eigelb und 1 bis 2 Eßlöffeln saurer Sahne verquirlen. Die in Mehl gewendeten Schnitten in dem Ei wenden und zuletzt in den Semmelbröseln. Die Semmelbrösel etwas andrücken und die Panade einige Minuten trocknen lassen. • Das Olivenöl erhitzen und die Kürbisscheiben darin nacheinander von beiden Seiten knusprig braun braten. • Die fertig gebratenen Kürbisscheiben auf einer vorgewärmten Platte warm halten, bis alle Scheiben gebraten sind.

Lauch-Tomaten-Pfanne

im Bild vorne

- 3 Stangen Lauch (Porree)
- 4 Fleischtomaten
- 4 gegarte Pellkartoffeln (400 g)
- 1 große Zwiebel
- 3 Eßl. Sonnenblumenöl
- ½ Teel. Salz · 2 Eier
- je 1 Messerspitze Salz und Paprikapulver, scharf
- 4 Eßl. Crème fraîche
- 3 Eßl. Schnittlauchröllchen

Preiswert • Gelingt leicht

Pro Person etwa 1405 Joule/ 335 Kalorien · 14 g Eiweiß 15 g Fett · 36 g Kohlenhydrate

Vorbereitungszeit: 20 Minuten
Garzeit: 25 Minuten

Die gelben Stücke vom Lauch gründlich waschen, abtrocknen und in Ringe schneiden. Die Tomaten überbrühen, häuten, achteln und dabei die Stielansätze entfernen. Die Kartoffeln schälen und in Scheiben schneiden. Die Zwiebel schälen und hacken. • Das Öl erhitzen. Die Zwiebelwürfel und den Lauch darin anbraten. Die Kartoffeln dazugeben. Alles mit dem Salz bestreuen und unter Umwenden etwa 8 Minuten braten. • Die Tomatenachtel untermischen und alles zugedeckt weitere 15 Minuten dünsten. • Die Eier mit dem Salz, dem Paprikapulver und der Crème fraîche verquirlen, unter das Gemüse heben und in der offenen Pfanne stocken lassen. • Die Lauch-Tomaten-Pfanne mit den Schnittlauchröllchen bestreut servieren. • Dazu passen Kalbsschnitzel.

Unser Tip: Auch die dunkelgrünen Blattspitzen vom Lauch – etwa die Hälfte der Stangen – sind nährstoff- und aromareich. Verwenden Sie sie mit Möhre, Zwiebel, Sellerie und Petersilienwurzel für eine Gemüsebrühe.

Chinakohl auf chinesische Art

Probieren Sie ihn einmal nach dem Originalrezept

- 2 getrocknete chinesische Pilze
- 1½ kg Chinakohl
- 2 grüne Paprikaschoten
- 4 Eßl. Keimöl
- ⅛ l heiße Gemüsebrühe
- 200 g frische Garnelen
- 1 Eßl. Speisestärke
- 1 Eßl. Weinessig
- 2 Eßl. ostasiatische Sojasauce
- je 1 Prise Salz und Zucker

Etwas teurer • Berühmtes Rezept

Pro Person etwa 965 Joule/ 230 Kalorien · 15 g Eiweiß 12 g Fett · 15 g Kohlenhydrate

Vorbereitungszeit: 30 Minuten
Garzeit: 25 Minuten

Die getrockneten Pilze in heißem Wasser einweichen, 20 Minuten quellen, dann abtropfen lassen und in Streifen schneiden. • Von den Kohlrippen die Blätter abstreifen und für einen Salat aufbewahren. Die Rippen waschen, abtrocknen und in etwa 2 cm breite Streifen schneiden. Die Paprikaschoten halbieren, von Rippen und Kernen befreien, waschen, abtrocknen und würfeln. • Die Hälfte des Öls erhitzen. Die Kohlstreifen darin anbraten. Die Schotenwürfel dazugeben, kurz mitbraten, mit der Gemüsebrühe auffüllen und alles zugedeckt in etwa 20 Minuten glasig dünsten. • Das Gemüse dann aus der Brühe heben und warm stellen. • Die abgetropften Pilze und die Garnelen im restlichen Öl anbraten. Die Gemüsebrühe dazugießen, alles einmal aufkochen und zugedeckt 5 Minuten bei schwacher Hitze leicht kochen lassen. • Die Speisestärke mit dem Weinessig und Sojasauce anrühren. Die Sauce damit binden und mit Salz und Zucker abschmekken. Das Gemüse hinzufügen und noch einmal gut erwärmen. • Dazu passen Petersilienkartoffeln oder körnig gekochter Reis.

Chicorée mit Fischfilet

Eine ungewöhnliche Kombination

- 600 g Seelachs- oder Schellfischfilet · 1 l Wasser
- 1 Teel. Salz · 1 Eßl. Zitronensaft
- ½ Lorbeerblatt
- 2 weiße Pfefferkörner
- 800 g Chicorée · 2 Zwiebeln
- 2 Eßl. Sonnenblumenöl
- ⅛ l Sahne
- je 1 Messerspitze Salz und weißer Pfeffer
- 2 Teel. mildes Currypulver
- 1 Eßl. gehackte Petersilie

Schnell • Etwas teurer

Pro Person etwa 1345 Joule/ 320 Kalorien · 32 g Eiweiß 17 g Fett · 10 g Kohlenhydrate

Vorbereitungszeit: 15 Minuten
Garzeit: 20 Minuten

Das Fischfilet waschen. Das Wasser mit dem Salz, dem Zitronensaft, dem Lorbeerblatt und den Pfefferkörnern zum Kochen bringen. Das Fischfilet ins kochende Wasser geben und die Hitze zurückschalten, so daß die Flüssigkeit nur noch siedet, nicht mehr sprudelnd kocht. Das Fischfilet 8 Minuten ziehen lassen. • Von den Chicoréestauden die äußeren schlechten Blätter entfernen und am Wurzelende einen Keil herausschneiden. Die Stauden waschen, abtropfen und in etwa 3 cm breite Streifen schneiden. Die Zwiebeln schälen und würfeln. • Das Fischfilet aus dem Sud heben, in etwa 4 cm große Stücke zerteilen. Vom Sud ⅛ l abmessen. • Das Öl erhitzen. Die Zwiebelwürfel darin goldgelb braten. Die Chicoréestreifen dazugeben und ebenfalls anbraten. Den Fischsud über das Gemüse gießen und dieses zugedeckt bei schwacher Hitze 8 Minuten dünsten. • Die Sahne mit dem Salz, dem Pfeffer und Currypulver verrühren; unter das Gemüse mischen. Die Fischstücke hinzufügen und alles zugedeckt noch einmal erhitzen, aber nicht mehr kochen lassen. • Vor dem Servieren mit der Petersilie bestreuen.

Fenchel mit Tomaten-Schinken-Sauce

Für Kenner südländischer Spezialitäten ein besonderer Genuß

4 Knollen Fenchel (etwa 1 kg)
2 Eßl. Öl
¼ l Geflügelbrühe
⅛ l Weißwein
3 Eßl. Tomatenmark
1 Eßl. Mehl
je 1 Messerspitze getrockneter Oregano und getrocknetes Basilikum
200 g gekochter Schinken ohne Fettrand
1 Prise weißer Pfeffer
1 Messerspitze Zucker
2 Eßl. frisch geriebener Parmesankäse

Schnell • Gelingt leicht

Pro Person etwa 1510 Joule/ 360 Kalorien · 18 g Eiweiß 18 g Fett · 25 g Kohlenhydrate

Vorbereitungszeit: 10 Minuten
Garzeit: 25 Minuten

Von den Fenchelknollen die äußeren Blätter entfernen. Das Fenchelgrün abschneiden, waschen, trockenschleudern, kleinschneiden und zugedeckt aufbewahren. Von den Fenchelknollen die Stiele kürzen und die Knollen halbieren. • Das Öl in einem Schmortopf erhitzen und die Fenchelknollen von beiden Seiten darin hellbraun anbraten. Die Geflügelbrühe erhitzen und mit dem Wein zu den Fenchelknollen gießen. Den Fenchel zugedeckt in etwa 25 Minuten garen. • Die weichen Fenchelknollen aus dem Sud nehmen und warm stellen. Das Tomatenmark mit dem Mehl mischen. Die Schmorflüssigkeit mit dem Tomatenmark verrühren und unter Umrühren 3 Minuten leicht kochen lassen. Die getrockneten Kräuter zerreiben und unter die Sauce rühren. Den Schinken kleinwürfeln und in die Sauce geben. Die Sauce mit dem Pfeffer und dem Zucker abschmecken. • Die Schinkensauce über die Fenchelknollen gießen. Den Parmesankäse darüberstreuen. • Dazu paßt mit wenig kleingeschnittenem Fenchelgrün bestreuter Reis.

Fenchel mit Kasseler

Die leichte Sauce verbindet die feinen Zutaten

- 1 kg Fenchel
- 1 l leicht gesalzenes Wasser
- 300 g Kasseler
- 2 Eßl. Butter
- 1 Eßl. Mehl
- 1 Schnapsglas Marsalawein (2 cl)
- 4 Eßl. Sahne
- je 1 Prise Salz und weißer Pfeffer

Schnell • Gelingt leicht

Pro Person etwa 1870 Joule/ 445 Kalorien · 23 g Eiweiß 28 g Fett · 25 g Kohlenhydrate

Vorbereitungszeit: 10 Minuten
Garzeit: 35 Minuten

Von den Fenchelknollen das zarte Grün entfernen, waschen, trockenschleudern, kleinschneiden und zugedeckt beiseite stellen. Die äußeren Blätter von den Fenchelknollen entfernen und die Stiele kürzen. Die Knollen vierteln und in Streifen schneiden. Die Fenchelstreifen in das kochende Salzwasser geben und in etwa 25 Minuten darin garen. • Das Kasseler in gleich dünne Streifen schneiden. Die Fenchelknollenstreifen in ein Sieb gießen und von der Kochbrühe ¾ l auffangen. • Die Butter in einem Topf zerlassen, das Mehl hineinstäuben und unter Rühren darin hellgelb anbraten. Nach und nach mit der Fenchelbrühe aufgießen und die Sauce unter kräftigem Rühren 5 Minuten kochen lassen. Die Sauce mit dem Marsala und der Sahne verrühren und mit Salz und Pfeffer abschmecken. • Die Fenchel- und die Kasselerstreifen in die Sauce geben und darin 5 Minuten ziehen lassen. • Das Gemüse mit dem Fenchelgrün bestreut servieren. • Dazu schmecken Bratkartoffeln.

Überbackene Schwarzwurzeln

Entdecken Sie Schwarzwurzeln als Delikatesse

- ½ l Wasser · 4 Eßl. Essig
- 2 Eßl. Mehl · 1 kg Schwarzwurzeln
- 1 l Wasser · 1 Teel. Salz
- 4 Eßl. Zitronensaft · 1 Zwiebel
- 200 g gekochter Schinken ohne Fettrand · 5 Tomaten
- 1 Eßl. Butter
- 1 Teel. Sardellenpaste
- je 1 Prise weißer Pfeffer und geriebene Muskatnuß
- 1 Spritzer Worcestershiresauce
- ½ Teel. getrocknetes Basilikum
- 100 g grobgeriebener Emmentaler Käse

Preiswert

Pro Person etwa 2165 Joule/ 515 Kalorien · 22 g Eiweiß 22 g Fett · 57 g Kohlenhydrate

Vorbereitungszeit: 10 Minuten
Garzeit: 45–50 Minuten

Das Wasser mit dem Essig und dem Mehl verrühren. • Die Schwarzwurzeln unter fließendem Wasser bürsten, schälen, die Enden und die dunklen Stellen abschneiden, die Wurzeln noch einmal abbrausen und sofort in das Wasser-Mehl-Gemisch legen, damit die Stangen nicht braun werden. • Das Wasser mit dem Salz und dem Zitronensaft zum Kochen bringen. Die Schwarzwurzeln darin 35 bis 40 Minuten leicht kochen lassen. • Die Zwiebel schälen und mit dem Schinken feinwürfeln. Die Tomaten überbrühen, häuten und würfeln. • Den Backofen auf 220° vorheizen. • Die Zwiebel- und die Schinkenwürfel in der erhitzten Butter anbraten. Die Tomatenwürfel, die Sardellenpaste, die Gewürze und das zerriebene Basilikum dazugeben. • Die Schwarzwurzeln abtropfen lassen und in eine feuerfeste Form legen. ⅛ l vom Kochsud abmessen und unter die Tomatenmischung rühren, diese über die Schwarzwurzeln verteilen und den Käse darüberstreuen. • Im Backofen auf der mittleren Schiene 10 Minuten überbacken.

Köstliche Kohlrouladen

Gehacktes Lammfleisch oder Geflügel ergeben zarte Füllungen

Weißkohlrouladen mit Lammhack

im Bild links

- 1 Kopf Weißkohl (etwa 800 g)
- 1 Teel. Salz
- 2 Zwiebeln
- 1 Knoblauchzehe
- 500 g gehackte Lammkeule
- 100 g gegarter Naturreis
- 1 Ei · 1 Teel. Zitronensaft
- ½ Teel. getrockneter Thymian
- je 1 Prise Salz und weißer Pfeffer · 1 Petersilienwurzel
- 2 Eßl. Sonnenblumenöl
- 1 Lorbeerblatt
- ¼ l heiße Gemüsebrühe
- 1 Zweig Rosmarin
- 1 Eßl. Weizen-Vollkornmehl
- 100 g Crème fraîche
- 2 Eßl. gehackte Petersilie

Vollwertrezept

Pro Person etwa 2375 Joule/ 565 Kalorien · 30 g Eiweiß 39 g Fett · 23 g Kohlenhydrate

Vorbereitungszeit: 20 Minuten
Garzeit: 1 Stunde

Vom Weißkohl den Strunk keilförmig herausschneiden und den Kohl von Wasser bedeckt mit dem Salz 10 Minuten blanchieren. • Die Zwiebeln und die Knoblauchzehe schälen, kleinwürfeln und mit dem Fleisch, dem Reis, dem Ei und den Gewürzen mischen. • Von 16 großen Kohlblättern die Rippen glatt schneiden. Je 2 Blätter aufeinander legen, die Füllung darauf verteilen, die Blätter über die Füllung schlagen, aufrollen und mit Küchengarn binden. • Die restlichen Kohlblätter streifig schneiden. Die Petersilienwurzel grob kleinschneiden. • Die Rouladen im erhitzten Öl anbraten. Die Petersilienwurzel, den Kohl, das Lorbeerblatt, die Gemüsebrühe und den Rosmarin dazugeben. Alles bei schwacher Hitze 50 Minuten zugedeckt schmoren lassen. • Das Mehl mit der Crème fraîche verrühren. Die Sauce zuletzt damit binden und die Rouladen mit der Petersilie bestreut servieren.

Rotkohlrouladen mit Geflügelfüllung

im Bild rechts

- 1 Kopf Rotkohl (etwa 800 g)
- 1 Teel. Salz · 1 Eßl. Essig
- 500 g Hähnchenbrust
- 1 Brötchen
- 50 g durchwachsener Speck
- 1 Zwiebel · 1 Möhre
- 1 Eßl. Butter
- je 1 Prise Nelkenpfeffer, Salz und weißer Pfeffer · 3 Eßl. Öl
- ⅛ l trockener Rotwein
- ⅛ l heiße Gemüsebrühe
- je 1 Prise Salz und Pfeffer
- 1–2 Teel. Johannisbeergelee

Braucht etwas Zeit

Pro Person etwa 1765 Joule/ 420 Kalorien · 35 g Eiweiß 19 g Fett · 20 g Kohlenhydrate

Vorbereitungszeit: 30 Minuten
Garzeit: 55 Minuten

Den Rotkohl wie in nebenstehendem Rezept beschrieben in Salzwasser mit dem Essig 15 Minuten blanchieren. 16 große Blätter für die Rouladen vorbereiten. • Den übrigen Kohl feinschneiden. Das Hähnchenfleisch feinhacken. Das Brötchen in kaltem Wasser einweichen. Den Speck, die Zwiebel und die Möhre würfeln und in der Butter anbraten. Die Gewürze, das ausgedrückte Brötchen und das Hähnchenfleisch untermischen. Die Füllung auf den Kohlblättern verteilen. Die Rouladen mit Küchengarn binden und in dem Öl anbraten. • Den Backofen auf 200° vorheizen. • Den Rotwein über die Rouladen gießen und diese im Backofen in 40 Minuten garen. • Den Bratenfond mit der Gemüsebrühe loskochen, mit dem Salz, dem Pfeffer und dem Johannisbeergelee abschmecken.

Delikates Wintergemüse

Auf die richtige Kombination kommt es bei Kohl und Rüben an

Grünkohl auf französische Art

im Bild hinten

1 kg Grünkohl
2 l Wasser
1 Teel. Salz
2 Zwiebeln
2 Eßl. Butter
½ l heiße, kräftige Fleischbrühe
½ Teel. Salz
je 1 Prise schwarzer Pfeffer und gemahlenes Piment
1 l Wasser
400 g Eßkastanien (Maronen)
2 Eßl. Butter
1 Eßl. Zucker
⅛ l Sahne

Braucht etwas Zeit

Pro Person etwa 2350 Joule/ 560 Kalorien · 20 g Eiweiß 23 g Fett · 68 g Kohlenhydrate

Vorbereitungszeit: 15 Minuten
Garzeit: 1½ Stunden

Die harten Stiele vom Grünkohl entfernen. Den Grünkohl im kochenden Salzwasser 5 Minuten blanchieren, dann abtropfen und abkühlen lassen und grobhacken. • Die Zwiebeln schälen, kleinwürfeln und in der Butter anbraten. Den Grünkohl untermischen. Die Fleischbrühe und die Gewürze hinzufügen. Den Grünkohl zugedeckt 1½ Stunden köcheln lassen. • Für die Kastanien das Wasser zum Kochen bringen. Die Kastanien am spitzen Ende kreuzweise tief einschneiden und 20 bis 25 Minuten sprudelnd kochen lassen. • Die Kastanien dann schälen. • Die Butter zerlassen, den Zucker hineinstreuen und unter Umrühren hellbraun karamelisieren lassen. Die Kastanien darin wenden und zugedeckt bei sehr schwacher Hitze heiß halten. • Den garen Grünkohl mit der Sahne mischen, abschmecken und die Kastanien unterheben. • Dazu schmecken Salzkartoffeln.

Kohlrüben mit Lammkoteletts

im Bild vorne

1½ kg Kohlrüben (Steckrüben)
3 Zwiebeln
2 Eßl. Schweineschmalz
1 Eßl. Zucker
½ l heiße Fleischbrühe
½ Teel. Salz
1 Messerspitze weißer Pfeffer
1 Teel. getrockneter Majoran
1 Eßl. gehackte Petersilie
4 Lammkoteletts zu je 100 g
2 Eßl. Öl
je Kotelett 1 Prise Salz und weißer Pfeffer

Gelingt leicht

Pro Person etwa 2835 Joule/ 675 Kalorien · 20 g Eiweiß 44 g Fett · 49 g Kohlenhydrate

Vorbereitungszeit: 15 Minuten
Garzeit: 45 Minuten

Die Kohlrüben unter fließendem kaltem Wasser bürsten, schälen, von allen holzigen Stellen befreien, abtrocknen und würfeln. Die Zwiebeln schälen und würfeln. • Das Schmalz erhitzen. Die Zwiebelwürfel darin glasig braten. Die Kohlrüben hinzufügen, mit dem Zucker bestreuen und in dem Schmalz wenden, bis der Zucker karamelisiert. Die Fleischbrühe dazugießen. Das Salz, den Pfeffer und den zerriebenen Majoran untermischen und alles zugedeckt 45 Minuten schmoren lassen. • Die Kohlrüben vor dem Servieren mit Petersilie bestreuen. • Die Lammkoteletts waschen, abtrocknen und die Ränder mehrmals einschneiden, damit sich die Koteletts beim Braten nicht wölben. Die Koteletts im heißen Öl von jeder Seite 4 Minuten braten, dann würzen. • Dazu paßt Kartoffelpüree.

Bohneneintopf mit Rindfleisch

Am besten mit jungen grünen Bohnen

500 g grüne Bohnen
500 g Kartoffeln · 2 Zwiebeln
600 g Schulterspitz vom Rind
2 Eßl. Öl
¼ l heiße Fleischbrühe
½ Teel. Salz
1 Messerspitze weißer Pfeffer
3 Eßl. Tomatenmark
2 Zweige Bohnenkraut
500 g Tomaten
½ Teel. getrockneter Rosmarin
2 Eßl. gehackte Petersilie

Braucht etwas Zeit

Pro Person etwa 1930 Joule/ 460 Kalorien · 39 g Eiweiß 17 g Fett · 38 g Kohlenhydrate

Vorbereitungszeit: 30 Minuten
Garzeit: 45 Minuten

Wenn nötig die Fäden von den Bohnen abziehen. Die Bohnen kalt abbrausen und in etwa 4 cm lange Stücke schneiden. Die Kartoffeln schälen, waschen und würfeln. Die Zwiebeln schälen und würfeln. Das Rindfleisch waschen, abtrocknen und in gleich große Würfel schneiden. • Das Öl in einem großen Topf erhitzen. Die Zwiebelwürfel darin glasig braten. Die Fleischwürfel dazugeben und unter Umwenden in 7 bis 8 Minuten von allen Seiten braun anbraten. Die Fleischbrühe über das Fleisch gießen. Das Salz, den Pfeffer und das Tomatenmark unterrühren. Das Bohnenkraut dazugeben und alles zugedeckt 15 Minuten kochen lassen. • Dann die grünen Bohnen und die Kartoffelwürfel zum Fleisch geben und alles weitere 20 Minuten kochen lassen. • Inzwischen die Tomaten überbrühen, häuten, vierteln, vom harten Stielansatz befreien und die Tomatenviertel noch einmal halbieren. Die Tomatenstücke mit dem zerriebenen Rosmarin zum Gemüse geben und alles weitere 10 Minuten kochen lassen. • Das Bohnenkraut herausnehmen und den Eintopf mit Petersilie bestreut servieren.

Gurkeneintopf mit Geflügelklößchen

Eine sehr schmackhafte Kombination

1 kg Gemüsegurken
500 g Kartoffeln · 2 Zwiebeln
2 Knoblauchzehen
600 g Geflügelbrüste
je 1 Prise Salz und Paprikapulver, scharf · 1 Ei
5 Eßl. Vollkorn-Semmelbrösel
2 Eßl. Sonnenblumenöl
½ l heiße Gemüsebrühe
½ Teel. Salz
1 Messerspitze schwarzer Pfeffer
2 Eßl. Tomatenketchup
4 Eßl. Crème fraîche
2 Eßl. gehackte Petersilie

Vollwertrezept • Gelingt leicht

Pro Person etwa 1955 Joule/ 465 Kalorien · 45 g Eiweiß 13 g Fett · 42 g Kohlenhydrate

Vorbereitungszeit: 20 Minuten
Garzeit: 30 Minuten

Die Gemüsegurken schälen, längs halbieren, die Kerne herausschaben und die Gurkenhälften in Scheiben schneiden. Die Kartoffeln schälen, waschen und würfeln. Die Zwiebeln und die Knoblauchzehen schälen und kleinwürfeln. • Das Geflügelfleisch durch den Fleischwolf drehen, mit dem Salz und dem Paprikapulver würzen, mit dem Ei und den Semmelbröseln verkneten und zugedeckt etwas ruhen lassen. • Das Öl erhitzen. Die Zwiebel- und die Knoblauchwürfel darin glasig braten. Die Gurkenstücke dazugeben und unter Umwenden mitbraten, dann mit den Kartoffelwürfeln und der Gemüsebrühe mischen. Alles zugedeckt 30 Minuten kochen lassen. • Aus dem Geflügelhack walnußgroße Kugeln formen und diese in leicht kochendem Salzwasser 10 Minuten ziehen lassen. • Das Gemüse mit dem Salz und dem Pfeffer abschmecken; das Ketchup und die Crème fraîche unterrühren. • Die Geflügelklößchen auf das Gemüse geben; mit Petersilie bestreuen.

Zarte Knollen in feiner Begleitung

Frische Kräuter sind »das Tüpfelchen auf dem i« des reizvollen Würzens

Mairübeneintopf mit Hähnchenkeulen

im Bild rechts

- 1 kg Mairüben (weiße Rübchen)
- 1 Bund Suppengrün
- ¾ l Gemüsebrühe
- 4 Hähnchenkeulen zu je 180 g
- 600 g mehligkochende Kartoffeln
- ½ Teel. Salz
- je 1 Messerspitze weißer Pfeffer und Cayennepfeffer
- 4 Schalotten
- 2 Eßl. Keimöl
- 2 Eßl. gehackte Pimpinelle oder Petersilie

Vollwertrezept • Preiswert • Gelingt leicht

Pro Person etwa 1805 Joule/
430 Kalorien · 44 g Eiweiß
12 g Fett · 36 g Kohlenhydrate

Vorbereitungszeit: 10 Minuten
Garzeit: 40 Minuten

Die Rüben schälen, waschen, abtrocknen und nicht zu groß würfeln. Das Suppengrün putzen, waschen und grob kleinschneiden. Die Rüben mit dem Suppengrün und der Gemüsebrühe zum Kochen bringen und zugedeckt 10 Minuten kochen lassen. • Die Hähnchenkeulen waschen und abtrocknen. Die Kartoffeln schälen, waschen und würfeln. Nach 20 Minuten Kochzeit die Hähnchenkeulen und die Kartoffelwürfel mit dem Salz, dem Pfeffer und dem Cayennepfeffer unter die Rüben mischen. Alles zugedeckt weitere 20 Minuten kochen lassen. • Die Schalotten schälen und in Ringe schneiden. • Das Öl erhitzen. Die Schalottenringe darin goldbraun braten und vor dem Servieren mit der gehackten Pimpinelle oder der Petersilie über den Eintopf geben.

Kohlrabi-Eintopf mit Käse

im Bild links

- 4 große Knollen Kohlrabi (800 g)
- 2 Zwiebeln
- 500 g neue Kartoffeln
- 2 Eßl. Öl · ¼ l Gemüsebrühe
- 1 Eßl. Mehl · ½ Teel. Salz
- je 1 Prise weißer Pfeffer und Zucker · 2 Eigelbe · ⅛ l Sahne
- 100 g frisch geriebener Goudakäse
- 2 Eßl. gehacktes Liebstöckel

Gelingt leicht

Pro Person etwa 1890 Joule/
450 Kalorien · 16 g Eiweiß
26 g Fett · 38 g Kohlenhydrate

Vorbereitungszeit: 20 Minuten
Garzeit: 30 Minuten

Die Kohlrabiknollen schälen, waschen und in Stifte schneiden. Die zarten grünen Blätter vom Kohlrabi waschen, abtrocknen, hacken und zugedeckt beiseite stellen. Die Zwiebeln schälen und würfeln. Die Kartoffeln bürsten und gesondert in 30 Minuten garen. • Das Öl erhitzen. Die Zwiebelwürfel darin glasig braten. Die Kohlrabistifte dazugeben, kurz mitbraten und mit ⅛ l Gemüsebrühe übergießen. Die Kohlrabi zugedeckt bei schwacher Hitze 15 Minuten dünsten. • Das Mehl mit der restlichen kalten Gemüsebrühe anrühren und die Dünstflüssigkeit damit binden. Das Gemüse noch einige Minuten leicht kochen lassen und ab und zu umrühren. • Die Kartoffeln abgießen, pellen, in Scheiben schneiden und unter die Kohlrabi mischen. Den Eintopf mit dem Salz, dem Pfeffer und dem Zucker abschmecken. • Die Eigelbe mit der Sahne und dem Käse mischen und unter das Gemüse rühren. Den Kohlrabi-Eintopf mit dem Liebstöckel und den gehackten Kohlrabiblättern bestreut servieren. • Dazu schmekken Frikadellen.

Gefüllte Spinatrollen

Spinat, wie man ihn nur selten serviert bekommt

400 g Champignons
1 Eßl. Butter
1 Messerspitze Salz
1 Spritzer Tabascosauce
⅛ l Gemüsebrühe
50 g Weißbrot ohne Rinde
1 Ei · 600 g möglichst große Spinatblätter · 1 Zwiebel
1 Eßl. Butter
1 Messerspitze Salz
1 Prise geriebene Muskatnuß
100 g Crème fraîche
2 Eßl. frisch geriebener Parmesankäse

Etwas schwierig

Pro Person etwa 1175 Joule/ 280 Kalorien · 13 g Eiweiß 17 g Fett · 19 g Kohlenhydrate

Vorbereitungszeit: 45 Minuten
Garzeit: 15 Minuten

Die Champignons putzen, waschen, hacken und in der Butter unter Umwenden anbraten; dann salzen und mit der Tabascosauce würzen. 6 Eßlöffel von der Gemüsebrühe zu den Pilzen geben. Diese im geöffneten Topf 5 Minuten dünsten. • Das Weißbrot zerkrümeln und mit der restlichen Gemüsebrühe tränken. Die Brotkrümel zur Champignonmasse geben. Das Ei untermischen und die Füllung beiseite stellen. • Vom Spinat die groben Stiele entfernen, die Blätter waschen und dann in kochendem Salzwasser 5 Minuten blanchieren. Die Spinatblätter abtropfen lassen und jeweils mehrere große Blätter zu acht Rechtecken von 10 × 15 cm zusammenlegen. Den restlichen Spinat grobhacken. • Die Zwiebel schälen, feinwürfeln und in der Butter glasig braten. Den gehackten Spinat dazugeben, mit dem Salz und dem Muskat würzen, kurz dünsten und in eine feuerfeste Form füllen. • Den Backofen auf 200° vorheizen. • Die Champignonfüllung auf die Spinatblätter verteilen, diese aufrollen, seitlich einschlagen und auf den Spinat in die Form legen. Die Cremè fraîche und den Käse darübergeben. • Die Spinatrollen 15 Minuten überbacken. • Dazu schmecken Kartoffelplätzchen.

Spargelauflauf

Spargel kann man nicht oft genug genießen!

1 kg Spargel · 2 l Wasser
1 Teel. Salz
1 Stück Würfelzucker
200 g gekochter Schinken ohne
Fettrand · 1 Eßl. Butter
1 Eßl. Mehl · ⅛ l Milch
½ Teel. Salz
je 1 Messerspitze weißer Pfeffer
und Paprikapulver, scharf
100 g frisch geriebener
Emmentaler Käse · 2 Eigelbe
Für die Form: Butter

Etwas teurer

Pro Person etwa 1555 Joule/ 370 Kalorien · 25 g Eiweiß 24 g Fett · 13 g Kohlenhydrate

Vorbereitungszeit: 30 Minuten
Garzeit: 30 Minuten

Den Spargel von oben nach unten schälen und die holzigen Enden abschneiden. Den Spargel zu 4 Bündeln binden. Das Wasser mit dem Salz und dem Zucker zum Kochen bringen. Die Spargelbündel einlegen und zugedeckt 10 Minuten schwach kochen lassen. • Den Schinken in Streifen schneiden. • Eine Auflaufform mit Butter ausstreichen. Den Backofen auf 200° vorheizen. • Den Spargel abtropfen lassen, vom Küchengarn befreien; dann in die Auflaufform legen und die Schinkenstreifen darüber streuen. • Die Butter in einem Topf zerlassen. Das Mehl hineinstäuben und unter Rühren in der Butter goldgelb braten, mit ⅛ l von dem Spargel-Kochsud aufgießen, dann die Milch hinzufügen. Das Salz, den Pfeffer und das Paprikapulver untermischen und die Sauce unter Rühren 5 Minuten köcheln lassen. Den geriebenen Käse unterrühren. Die Sauce vom Herd nehmen, etwas abkühlen lassen, mit den Eigelben mischen und über den Spargel gießen. Den Auflauf im Backofen 20 Minuten überbacken. • Dazu schmeckt Tomatensalat mit Zwiebeln und Schnittlauch.

Zucchini-Auflauf mit Schrotkruste

Bei diesem Auflauf sorgen Wildkräuter für die feine Würze

1 Zwiebel
2 Knoblauchzehen
600 g Fleischtomaten
50 g junge Löwenzahnblätter
3 Eßl. Sonnenblumenöl
1 Teel. Salz
1 Teel. gehackter Rosmarin
1 Teel. Honig
1 Prise Cayennepfeffer
1 kg kleine Zucchini
100 g Crème fraîche
200 g frisch geschroteter Roggen

Vollwertrezept • Gelingt leicht

Pro Person etwa 1575 Joule/ 375 Kalorien · 13 g Eiweiß 11 g Fett · 55 g Kohlenhydrate

Vorbereitungszeit: 30 Minuten
Garzeit: 20 Minuten

Die Zwiebel und die Knoblauchzehen schälen und feinwürfeln. Die Tomaten überbrühen, häuten, kleinschneiden und dabei die harten Stielansätze entfernen. Den Löwenzahn waschen, trockenschleudern und streifig schneiden. • 1 Eßlöffel Öl erhitzen. Die Zwiebel- und die Knoblauchwürfel darin glasig braten. Die Tomatenstücke dazugeben. Alles mit dem Salz, dem Rosmarin, dem Honig und dem Cayennepfeffer würzen und bei schwacher Hitze im offenen Topf 10 Minuten kochen lassen; dabei öfter umrühren. Danach den Löwenzahn untermischen. • Die Zucchini waschen, abtrocknen, die Stielansätze abschneiden und die Früchte in etwa 2 cm große Würfel schneiden. Die Zucchiniwürfel im restlichen Öl von allen Seiten hellgelb anbraten. • Den Backofen auf 200° vorheizen. • Die Crème fraîche mit dem Roggenschrot mischen. Die Zucchiniwürfel abwechselnd mit der Tomatenmasse in eine feuerfeste Form füllen. Die Schrotmischung über das Gemüse geben. • Den Auflauf auf der mittleren Schiene des Backofens in 20 Minuten garen.

Tomaten-Eier-Auflauf

Leicht und bekömmlich auch als Zwischenmahlzeit

2 Scheiben Vollkorn-Toastbrot
2 Eßl. Butter
500 g Champignons
2 Zwiebeln
1 große Knoblauchzehe
1 Teel. Salz
1 Messerspitze schwarzer Pfeffer
2 Eßl. gehackte Petersilie
4 hartgekochte Eier
4 große Tomaten
⅛ l saure Sahne
3 Eßl. frisch geriebener Emmentaler Käse

Preiswert • Schnell

Pro Person etwa 1240 Joule/ 495 Kalorien · 17 g Eiweiß 16 g Fett · 20 g Kohlenhydrate

Vorbereitungszeit: 15 Minuten
Garzeit: 30 Minuten

Das Toastbrot in gleich kleine Würfel schneiden und in 1 Eßlöffel Butter knusprig braun braten. Die Brotwürfel dann in eine feuerfeste Form geben. • Die Champignons putzen, waschen und blättrig schneiden. Die Zwiebeln und die Knoblauchzehe schälen, kleinwürfeln und in der restlichen Butter glasig braten. Die Champignons, das Salz und den Pfeffer hinzufügen und unter Umwenden 8 Minuten braten. • Die Hälfte der Petersilie unter die Champignons mischen und diese auf die Brotwürfel in die feuerfeste Form geben. • Den Backofen auf 200° vorheizen. • Die Eier schälen, in Scheiben schneiden und auf die Champignons legen. Die Tomaten waschen, abtrocknen, in Scheiben schneiden und kranzförmig um die Eischeiben verteilen. Die saure Sahne mit dem geriebenen Käse verrühren und über die Eischeiben gießen. • Den Auflauf 20 Minuten im Backofen auf der mittleren Schiene überbacken. • Die Tomatenscheiben kurz vor dem Servieren mit der restlichen Petersilie bestreuen. • Dazu passen ein frischer grüner Salat und Stangenweißbrot.

Kartoffelauflauf mit Schinken

Mit gemischtem Salat ein komplettes Essen

800 g mehligkochende Kartoffeln
300 g gekochter Schinken ohne Fettrand
2 Eßl. Butter · 1 Eßl. Mehl
½ l warme Milch · ½ Teel. Salz
1 Messerspitze weißer Pfeffer
1 Prise geriebene Muskatnuß
2 Eigelbe
3 Eßl. frisch geschroteter Weizen
50 g frisch geriebener Emmentaler Käse
1 große Zwiebel

Gelingt leicht

Pro Person etwa 2435 Joule/ 580 Kalorien · 29 g Eiweiß 31 g Fett · 46 g Kohlenhydrate

Vorbereitungszeit: 10 Minuten
Garzeit: 55 Minuten

Die Kartoffeln unter fließendem kaltem Wasser bürsten, 30 Minuten kochen, dann abkühlen lassen, schälen und in Würfel schneiden. • Den Schinken ebenfalls würfeln und mit den Kartoffeln mischen. • 1 Eßlöffel Butter in einem Topf zerlassen. Das Mehl hineinstäuben und unter Rühren hellgelb braten. Nach und nach mit der Milch auffüllen, stets kräftig dabei rühren und die Sauce einige Minuten kochen lassen. • Die Sauce mit dem Salz, dem Pfeffer und dem Muskat abschmecken, dann vom Herd nehmen und mit den Eigelben mischen. • Die Kartoffel- und die Schinkenwürfel unter die Sauce mischen und in eine feuerfeste Form füllen. • Den Backofen auf 220° vorheizen. • Den Weizenschrot mit dem geriebenen Käse mischen und über die Kartoffelmasse streuen. • Den Auflauf im Backofen auf der unteren Schiene 25 Minuten überbacken. • Inzwischen die Zwiebel schälen und in Ringe schneiden. Die restliche Butter erhitzen und die Zwiebelringe darin goldbraun braten. • Den Auflauf mit den gebräunten Zwiebelringen, eventuell etwas Petersilie und Tomatenachteln garnieren.

Schöne Melusine

Blumenkohl aus dem Tontopf

1 Kopf Blumenkohl (etwa 1 kg)
500 g Tomaten
½ Brötchen
500 g Hackfleisch, halb und halb
2 kleine Zwiebeln
2 Eier
½ Teel. Pfeffer
1 Teel. Salz
100 g frisch geriebener Parmesankäse
4 Eßl. Butter
2 Eßl. gehackte Petersilie

Berühmtes Rezept

Pro Person etwa 2630 Joule/ 625 Kalorien · 39 g Eiweiß 35 g Fett · 19 g Kohlenhydrate

Vorbereitungszeit: 20 Minuten
Garzeit: 1 Stunde

Einen Tontopf von kaltem Wasser bedeckt 20 Minuten im Wasser liegen lassen. • Den Blumenkohl putzen, in Röschen teilen und die Röschen waschen. Die Tomaten überbrühen, häuten, vierteln und dabei die Stielansätze entfernen. Die Brötchenhälfte in kaltem Wasser einweichen. Das Hackfleisch in eine Schüssel geben. Die Zwiebeln schälen, kleinwürfeln und mit den Eiern, dem Pfeffer und ½ Teelöffel Salz zum Hackfleisch geben. Das Brötchen ausdrücken, ebenfalls zum Hackfleisch geben und den Fleischteig gut mischen. • Die Blumenkohlröschen und das Hackfleisch schichtweise in die gewässerte Tonform geben, mit Hackfleisch abschließen. Die Tomatenstücke darübergeben und salzen. Die Tomaten mit dem geriebenen Parmesan bestreuen und mit der Butter in Flöckchen belegen. • Die Tonform schließen und auf den Rost auf den Boden des kalten Backofens stellen. Den Backofen auf 220° schalten. Den Blumenkohl darin in 1 Stunde garen. • Den Kohl vor dem Servieren mit der Petersilie bestreuen. • Dazu schmeckt frisch aufgebackenes Stangenweißbrot oder Kartoffelpüree.

Überkrustet aus dem Backofen

Einmal sehr exotisch, einmal von vertrautem Geschmack

Maisauflauf aus Chile

im Bild hinten

Zutaten für 6 Personen:
- 75 g Sultaninen
- 3 große Zwiebeln
- 2 Eßl. Sonnenblumenöl
- 800 g Hackfleisch, halb und halb · ½–1 Tasse Fleischbrühe
- 1 Teel. Salz
- einige Spritzer Tabascosauce
- 1 kg Maiskörner aus der Dose
- je 1 Messerspitze Salz und Zucker · 50 g Butter
- 1 Eßl. gehackte Petersilie

Braucht etwas Zeit

Pro Person etwa 2960 Joule/ 705 Kalorien · 34 g Eiweiß 40 g Fett · 52 g Kohlenhydrate

Vorbereitungszeit: 30 Minuten
Garzeit: 40 Minuten

Die Sultaninen heiß waschen und in lauwarmem Wasser einweichen. Die Zwiebeln schälen und feinwürfeln. • Das Öl erhitzen. Die Zwiebelwürfel unter Umwenden darin hellgelb braten. Das Hackfleisch dazugeben und unter Zerstoßen mitbraten, dann mit etwas Fleischbrühe mischen und mit dem Salz und der Tabascosauce kräftig abschmecken. Die Sultaninen abgießen und unter das Hackfleisch mischen. • Das Fleisch in eine feuerfeste Form füllen. Den Backofen auf 200° vorheizen. • Die Maiskörner durch den Fleischwolf drehen, in einem Haarsieb noch abtropfen lassen und mit Salz und Zucker abschmecken. Das Maispüree auf das Hackfleisch füllen und mit der Butter in Flöckchen belegen. • Den Auflauf im Backofen etwa 40 Minuten backen. • Vor dem Servieren mit der gehackten Petersilie bestreuen.

Unser Tip: Die Sultaninen kann man auch weglassen; man würzt statt dessen etwas stärker mit Salz und Tabascosauce.

Lauchgratin

im Bild vorne

- 400 g gekochte Rinderschulter
- 1 kg Lauch (Porree) · 1 Teel. Salz
- 500 g Kartoffeln · 6 Eßl. Butter
- 2 Eigelbe · 1 Teel. Salz
- 1 Messerspitze weißer Pfeffer
- 1 Prise geriebene Muskatnuß
- knapp ⅛ l kochendheiße Milch
- 2 Eßl. gehackte Petersilie
- 5 Eßl. saure Sahne
- 5 Eßl. Semmelbrösel
- Für die Form: Butter

Braucht etwas Zeit

Pro Person etwa 2120 Joule/ 505 Kalorien · 32 g Eiweiß 24 g Fett · 40 g Kohlenhydrate

Vorbereitungszeit: 20 Minuten
Garzeit: 1 Stunde

Das Fleisch in kleine Würfel schneiden. • Vom Lauch die Wurzelenden und die dunkelgrünen Blatteile abschneiden. Die Lauchstangen längs halbieren, gründlich waschen und in 3 cm lange Stücke schneiden. Den Lauch 10 Minuten in Salzwasser blanchieren und abtropfen lassen. • Die Kartoffeln schälen, waschen, würfeln und von Salzwasser bedeckt in 25 bis 30 Minuten weich kochen. • Die Kartoffeln dann abgießen, ausdämpfen lassen, zerstampfen und mit 2 Eßlöffeln Butter, den Eigelben, dem Salz, dem Pfeffer, dem Muskat und der Milch mischen; dabei kräftig mit dem Schneebesen schlagen. • Den Backofen auf 200° vorheizen. • Eine feuerfeste Form mit etwas Butter ausstreichen. Das Kartoffelpüree hineinfüllen und mit 2 Eßlöffeln Butter in Flöckchen belegen. Das Püree 15 Minuten überbacken. • Das Fleisch, den Lauch und die Petersilie auf dem Kartoffelpüree verteilen. Die saure Sahne darübergießen. Alles noch 5 Minuten überbacken. • Die Semmelbrösel in der restlichen Butter goldbraun braten; über den Gratin streuen.

Lauchrisotto

Läßt sich ebenso mit vielen anderen Gemüsearten bereiten

- 1 kg Lauch (Porree)
- 400 g Tomaten
- 1 große Zwiebel
- 50 g durchwachsener Speck
- 2 Eßl. Butter · 200 g Reis
- ½ l Fleischbrühe · ½ Teel. Salz
- 1 Messerspitze schwarzer Pfeffer
- 1 Prise getrockneter Thymian
- 2 Eßl. gehackte Petersilie

Preiswert • Gelingt leicht

Pro Person etwa 1765 Joule/ 420 Kalorien · 11 g Eiweiß 15 g Fett · 60 g Kohlenhydrate

Vorbereitungszeit: 30 Minuten
Garzeit: 20–25 Minuten

Vom Lauch die dunkelgrünen Blattspitzen und die Wurzelenden abschneiden. Die Stangen längs halbieren, gründlich waschen und in Scheibchen schneiden. Die Tomaten überbrühen, häuten, vierteln, dabei die harten Stielansätze herausschneiden und die Tomaten in große Würfel schneiden. Die Zwiebel schälen und kleinwürfeln. Den Speck ebenfalls würfeln. • Die Butter in einem großen Topf zerlassen. Die Zwiebelwürfel unter Umwenden darin glasig braten, den Reis hinzufügen und ebenfalls glasig braten. Die Fleischbrühe erhitzen. Die Lauchscheibchen zum Reis geben, kurz mitbraten und mit der heißen Fleischbrühe auffüllen. Alles bei schwacher Hitze 20 bis 25 Minuten kochen lassen; nach Bedarf etwas Wasser dazugießen. • 10 Minuten vor Ende der Garzeit die Tomatenwürfel untermischen und das Gericht mit dem Salz, dem Pfeffer und dem zerriebenen Thymian abschmecken. Den Risotto dann völlig garen und vor dem Servieren mit der Petersilie bestreuen. Die Speckwürfelchen in einer kleinen, trockenen Pfanne knusprig braun braten und ebenfalls vor dem Servieren unter den Risotto mischen. • Nach Belieben kann man über den Risotto noch geriebenen Parmesan geben.

Auberginen-Reisauflauf

Statt Hackfleisch kann man auch Schafkäse nehmen

- 200 g Langkornreis · 2 l Wasser
- 1 Teel. Salz · 500 g Auberginen
- 1 Teel. Salz · 2 Zwiebeln
- 1 Knoblauchzehe
- 3 Eßl. Sonnenblumenöl
- 400 g Hackfleisch, halb und halb · je 1 Messerspitze Salz, schwarzer Pfeffer und Paprikapulver, edelsüß
- ½ Teel. getrocknetes Basilikum
- 4 Tomaten · ⅛ l Gemüsebrühe
- 2 Eßl. gehackte Petersilie

Braucht etwas Zeit

Pro Person etwa 2540 Joule/ 605 Kalorien · 29 g Eiweiß 28 g Fett · 60 g Kohlenhydrate

Vorbereitungszeit: 30 Minuten
Garzeit: 30 Minuten

Den Reis in dem Salzwasser 15 Minuten kochen lassen. • Die Auberginen waschen, abtrocknen und die Stiele entfernen. Die Früchte in runde Scheiben schneiden, diese mit dem Salz bestreuen und 15 Minuten ziehen lassen. • Die Zwiebeln und die Knoblauchzehe schälen und feinwürfeln. • 1 Eßlöffel Öl erhitzen. Die Zwiebel- und die Knoblauchwürfel darin glasig braten. Das Hackfleisch dazugeben, unter Umwenden gut durchbraten und mit dem Salz, dem Pfeffer, dem Paprikapulver und dem zerriebenen Basilikum würzen. • Die Auberginenscheiben trockentupfen und im restlichen Öl von beiden Seiten anbraten. • Den Backofen auf 200° vorheizen. • Den Reis abtropfen lassen. Eine Schicht Reis in eine feuerfeste Form füllen. • Auf den Reis die Hälfte der Auberginen geben, darauf das Hackfleisch, die zweite Hälfte der Auberginen und den restlichen Reis. Die Tomaten waschen, abtrocknen, in Scheiben schneiden und auf den Reis legen. Die Gemüsebrühe über den Auflauf gießen. • Den Auflauf im Backofen in 30 Minuten garen. • Mit der Petersilie bestreut servieren.

Wirsingeintopf mit geröstetem Schrot

Wirsing oder Weißkohl – beides schmeckt so zubereitet

1 kg Wirsingkohl	
600 g Kartoffeln	
1 großer säuerlicher Apfel	
1 Teel. Zitronensaft	
1 große Zwiebel	
2 Eßl. Sonnenblumenöl	
½ l heiße Gemüsebrühe	
½ Teel. Salz	
1 Teel. Ingwer- oder Ahornsirup	
¼ l saure Sahne	
50 g frisch grobgeschroteter Weizen	
2 Eßl. Sonnenblumenöl	

Vollwertrezept • Gelingt leicht

Pro Person etwa 1850 Joule/ 440 Kalorien · 14 g Eiweiß 18 g Fett · 55 g Kohlenhydrate

Vorbereitungszeit: 20 Minuten
Garzeit: 30 Minuten

Vom Wirsing die äußeren schlechten Blätter entfernen und den Kohl vierteln. Den Strunk herausschneiden und die Kohlviertel in Streifen schneiden, diese waschen und abtropfen lassen. Die Kartoffeln schälen, waschen und würfeln. Den Apfel vierteln, schälen, vom Kerngehäuse befreien, würfeln und mit dem Zitronensaft beträufeln. Die Zwiebel schälen und würfeln. • Das Öl erhitzen. Die Zwiebelwürfel darin glasig braten. Die Kohlstreifen, die Apfel- und die Kartoffelwürfel dazugeben, alles mit der Gemüsebrühe auffüllen und zugedeckt 30 Minuten dünsten. • Das Gemüse mit dem Salz und dem Sirup abschmecken und die saure Sahne unterrühren. • Den Weizenschrot in dem Öl unter Umrühren hellbraun braten und über das Gemüse streuen. • Dazu schmecken Vollkornbrötchen.

Unser Tip: Probieren Sie den Wirsingeintopf einmal statt mit Apfelwürfeln mit Würfeln von frischer Ananas.

Rosenkohlauflauf

Eine köstliche Gemüsemahlzeit

800 g Rosenkohl
2 l Wasser
1 Teel. Salz
350 g gekochter Schinken ohne Fettrand
⅛ l heiße Fleischbrühe
3 Eier
⅛ l Milch
1 Teel. Salz
1 Messerspitze weißer Pfeffer
1 Prise geriebene Muskatnuß
100 g frisch geriebener Goudakäse

Schnell • Gelingt leicht

Pro Person etwa 2185 Joule/ 520 Kalorien · 39 g Eiweiß 33 g Fett · 16 g Kohlenhydrate

Vorbereitungszeit: 10 Minuten
Garzeit: 35 Minuten

Den Rosenkohl putzen und waschen. Das Wasser mit dem Salz zum Kochen bringen. Den Rosenkohl hineinschütten und zugedeckt bei schwacher Hitze 10 Minuten kochen lassen. Den Rosenkohl dann in ein Sieb schütten und abtropfen lassen. • Den Schinken in Streifen schneiden. • Den Rosenkohl mit der Hälfte des Schinkens in eine Auflaufform füllen und die heiße Fleischbrühe darübergießen. • Den Backofen auf 220° vorheizen. • Die Eier mit der Milch, dem Salz, dem Pfeffer und dem Muskat verquirlen und über den Rosenkohl gießen. Die restlichen Schinkenstreifen in der Mitte auf den Rosenkohl geben und mit dem geriebenen Käse bestreuen. • Die Auflaufform mit Alufolie abdecken und auf die mittlere Schiene des Backofens geben. Den Auflauf 15 Minuten backen. • Danach die Alufolie entfernen und den Auflauf weitere 10 Minuten überbacken. • Dazu passen frisches Weißbrot oder Bratkartoffeln.

Paprika-Auflauf

Ob mit roten oder grünen Schoten: immer ein herzhafter Genuß

800 g mehligkochende Kartoffeln
150 g Mortadella
2 Knoblauchzehen
1 Eßl. Sonnenblumenöl
2 Eßl. gehackte Petersilie
4 grüne Paprikaschoten (800 g)
2 Eier · ⅛ l Milch · ½ Teel. Salz
1 Messerspitze weißer Pfeffer
1 Bund gemischte Kräuter wie Oregano, Salbei und Thymian
50 g frisch geriebener Parmesankäse
1 Eßl. Sonnenblumenöl

Braucht etwas Zeit

Pro Person etwa 2035 Joule/ 485 Kalorien · 21 g Eiweiß 25 g Fett · 43 g Kohlenhydrate

Vorbereitungszeit: 20 Minuten
Garzeit: 1 Stunde und 10 Minuten

Die Kartoffeln in 35 Minuten garen; abgießen und abkühlen lassen. • Die Wurst würfeln. Die Knoblauchzehen schälen und feinhacken. • Das Öl erhitzen. Die Mortadella mit den Knoblauchstückchen unter Umwenden im Öl knusprig braun braten. Die Petersilie untermischen und alles beiseite stellen. • Die Paprikaschoten vierteln, von Rippen und Kernen befreien, waschen, abtrocknen und in Streifen schneiden. Die Kartoffeln schälen und in Scheiben schneiden. • Den Backofen auf 220° vorheizen. • Die Eier mit der Milch, dem Salz und dem Pfeffer verquirlen. • Abwechselnd die Kartoffelscheiben, die Paprikastreifen und das Wurstgemisch in eine feuerfeste Form füllen; alles mit der Eiermilch übergießen. • Den Auflauf mit Alufolie zudecken und auf der mittleren Schiene im Backofen 30 Minuten backen. • Inzwischen die Kräuter waschen, trockenschleudern und kleinschneiden. • Nach 30 Minuten Garzeit die gehackten Kräuter und den Parmesan über den Auflauf streuen und das Öl darüberträufeln. • Den Auflauf ohne Alufolie noch 5 Minuten überbacken.

Eintöpfe, die im Winter schmecken

Das wärmt an frostig-kalten Tagen und stärkt nach jedem Wintersport

Schwarzwurzel-Hähnchen-Topf

im Bild links

- 1 Hähnchen von etwa 1 kg
- 1 Bund Suppengrün
- 2 l Wasser · 1 Teel. Salz
- 1 Zwiebel · 1 Lorbeerblatt
- 2 Nelken
- 800 g Schwarzwurzeln
- 6 Eßl. Essig
- 4 Kartoffeln (400 g)
- 2 Eßl. Mehl · 4 Eßl. Milch
- 2 Eßl. kleine Kapern
- ⅛ l saure Sahne · ½ Teel. Salz
- 1 Messerspitze weißer Pfeffer
- 1 Spritzer Worcestershiresauce
- 4 Eßl. Schnittlauchröllchen

Braucht etwas Zeit

Pro Person etwa 2710 Joule/ 645 Kalorien · 59 g Eiweiß 19 g Fett · 59 g Kohlenhydrate

Vorbereitungszeit: 30 Minuten
Garzeit: etwa 1½ Stunden

Das Hähnchen kalt waschen. Das Suppengrün ebenfalls waschen, putzen und grob kleinschneiden. • Das Wasser mit dem Salz zum Kochen bringen und das Hähnchen mit dem Herz, der Leber und dem Suppengrün ins kochende Wasser legen. Während der ersten 15 Minuten Kochzeit wiederholt den sich bildenden Schaum abschöpfen. • Die Zwiebel schälen und das Lorbeerblatt mit den Nelken auf die Zwiebel stecken. Die Zwiebel zum Hähnchen geben und alles weitere 30 Minuten schwach kochen lassen. • Die Schwarzwurzeln bürsten, schälen, noch einmal abbrausen und sofort in Essigwasser legen, dann in 5 cm lange Stücke schneiden und mit dem Hähnchen in 30 Minuten weich kochen. • Die Kartoffeln schälen, waschen, würfeln und 20 Minuten mit dem Hähnchen garen. • Das Hähnchen aus der Brühe nehmen, häuten, entbeinen und in Stücke schneiden. • Von der Brühe ¼ l durchseihen. (Die übrige Brühe für eine Suppe verwenden.) • Das Mehl mit der Milch anrühren, unter die abgemessene Brühe mischen und unter Rühren 10 Minuten leicht kochen lassen. • Das Hähnchenfleisch, die Kartoffeln, die Schwarzwurzeln und die Kapern in der Sauce erhitzen. Die saure Sahne und die Gewürze untermischen. • Den Eintopf mit dem Schnittlauch bestreut servieren.

Süß-saurer Linseneintopf

im Bild rechts

- 350 g Linsen · 1½ l Wasser
- 4 Schalotten · 1 große Möhre
- 400 g mehligkochende Kartoffeln
- je 2 Eßl. Butter und Farinzucker
- 3 geräucherte Bratwürste (300 g)
- ½ Teel. Salz · 2 Eßl. Essig

Braucht etwas Zeit

Pro Person etwa 2940 Joule/ 700 Kalorien · 33 g Eiweiß 30 g Fett · 74 g Kohlenhydrate

Vorbereitungszeit: 10 Minuten
Garzeit: 1 Stunde

Die Linsen waschen und dabei verlesen, indem man die schlechten, oben schwimmenden Kerne entfernt. Die Linsen dann in ein Sieb schütten und mit dem Wasser bedeckt im offenen Topf bei schwacher Hitze 30 Minuten kochen lassen. • Die Schalotten, die Möhre und die Kartoffeln schälen und würfeln. • Die Butter mit dem Zucker unter Rühren karamelisieren lassen. Die Schalotten- und die Möhrenwürfel darin anbraten. Die Linsen mit der Kochflüssigkeit dazuschütten. Die Kartoffelwürfel und die Bratwürste in Scheiben zu den Linsen geben. Alles 30 Minuten köcheln lassen. • Die Linsen mit dem Salz, dem Essig und eventuell 1 Prise Farinzucker kräftig süß-sauer abschmecken.

Hülsenfrüchte: Tradition an kalten Tagen

Mit Kräutern und vielen frischen Zutaten schmecken Bohnen und Erbsen besonders gut

Erbseneintopf mit Speck

im Bild hinten

400 g getrocknete, grüne Erbsen
2 l Wasser
500 g mehligkochende Kartoffeln
2 Stangen Lauch (Porree)
200 g Knollensellerie
je ⅓ Teel. getrocknetes Bohnenkraut und Thymian
1 Messerspitze weißer Pfeffer
½–1 Teel. Salz
2 Zwiebeln
100 g durchwachsener Speck

Gelingt leicht • Braucht etwas Zeit

Pro Person etwa 2690 Joule/ 640 Kalorien · 30 g Eiweiß 18 g Fett · 89 g Kohlenhydrate

Einweichzeit: 12 Stunden
Vorbereitungszeit: 15 Minuten
Garzeit: 2 Stunden

Die getrockneten Erbsen waschen, verlesen und von dem Wasser bedeckt 12 Stunden quellen lassen. • Die Erbsen dann im Einweichwasser zugedeckt 2 Stunden leicht kochen lassen. • Die Kartoffeln schälen, waschen und in Würfel schneiden. Den Lauch längs halbieren, waschen, die dunkelgrünen Blattenden abschneiden und die gelben Stücke in Scheibchen schneiden. Den Knollensellerie schälen, waschen und kleinwürfeln. Die Kartoffeln, den Lauch, den Sellerie, das Bohnenkraut, den Thymian, den Pfeffer und das Salz nach 1½ Stunden Kochzeit zu den Erbsen geben und alles in weiteren 30 Minuten garen. • Inzwischen die Zwiebeln schälen und in Ringe schneiden. Den Speck in Scheiben schneiden. • Die Speckscheiben in einer Pfanne ausbraten. Die Zwiebelringe unter Umwenden im Speckfett goldbraun braten. Mit den Zwiebelringen, dem Speck und gehacktem Selleriegrün belegt sevieren.

Bohnentopf mit Knoblauchcroûtons

im Bild vorne

350 g weiße Bohnenkerne
1½ l Wasser
2 große Zwiebeln (etwa 400 g)
3 Knoblauchzehen
2 Stangen Staudensellerie
2 große Möhren
2 Eßl. Olivenöl · 1 Teel. Salz
1 Messerspitze weißer Pfeffer
1 Prise getrockneter Majoran
2 Scheiben Vollkorn-Toastbrot
2 Eßl. Pflanzenmargarine
je 1 Eßl. gehackter Thymian und gehackte Petersilie

Braucht etwas Zeit • Vollwertrezept

Pro Person etwa 2015 Joule/ 480 Kalorien · 23 g Eiweiß 11 g Fett · 72 g Kohlenhydrate

Einweichzeit: 12 Stunden
Vorbereitungszeit: 10 Minuten
Garzeit: 2 Stunden

Die Bohnen waschen, verlesen und in dem Wasser 12 Stunden quellen lassen. • Dann im Einweichwasser zugedeckt in 1½ Stunden bei schwacher Hitze garen. • Die Zwiebeln und 2 Knoblauchzehen schälen und würfeln. Den Sellerie in Scheibchen schneiden. Die Möhren schaben, waschen und würfeln. • Das Gemüse in dem Öl 5 Minuten anbraten, dann zu den Bohnen geben. • Die Bohnen mit dem Salz, dem Pfeffer und dem zerriebenen Majoran abschmecken und zugedeckt weitere 30 Minuten kochen lassen. • Die restliche Knoblauchzehe hacken und zerdrücken. Die Brotscheiben in 12 Quadrate schneiden. • Die Margarine mit dem zerdrückten Knoblauch, dem Thymian und der Petersilie mischen. Die Brotstücke damit bestreichen. • Den Backofen auf 220° vorheizen. • Die Croûtons überbacken und vor dem Servieren auf den Eintopf legen.

Salate und reizvolle Beilagen

Die Auswahl führt durch alle Jahreszeiten und berücksichtigt auch die Gemüsearten, die ganzjährig aus den Importländern auf unsere Märkte kommen.

Gemischte Salatplatte

Erfrischende Beilage oder leichtes Abendessen

400 g Knollensellerie
250 g Blumenkohl
4 kleine Tomaten
300 g Salatgurke
4 kleine Möhren
1 rote Paprikaschote
1 Zwiebel
je 100 g Feldsalat und Radicchio
12 gefüllte Oliven
1 Messerspitze grobgemahlener, schwarzer Pfeffer
4 Eßl. Olivenöl
3 Eßl. Weinessig
½ Teel. Salz
1 Eßl. gemischte, frisch gehackte Kräuter
1 Becher Magerjoghurt (150 g)
1 hartgekochtes Ei

Vollwertrezept

Pro Person etwa 1115 Joule/ 265 Kalorien · 9 g Eiweiß 15 g Fett · 24 g Kohlenhydrate

Vorbereitungszeit: 20 Minuten
Garzeit: 20 Minuten

Die Sellerieknolle waschen und zugedeckt 20 Minuten in Salzwasser kochen. • Den Blumenkohl in Röschen zerteilen und 10 Minuten in Salzwasser kochen. • Die Tomaten waschen, abtrocknen und vierteln. Die Salatgurke waschen und in Scheiben schneiden. Die Möhren schaben, waschen und raspeln. Die Paprikaschote halbieren, von Rippen und Kernen befreien und die Schotenhälften in Streifen schneiden. Die Zwiebel schälen und in Ringe schneiden. Den Feldsalat und den Radicchio putzen, waschen, abtropfen lassen und den Radicchio in Blätter zerpflücken. Die Oliven halbieren. Den gegarten Knollensellerie schälen und mit dem Buntmesser in Scheiben schneiden. Die Blumenkohlröschen abtropfen lassen. • Alle Salatzutaten portionsweise auf einer Platte anrichten und mit Pfeffer bestreuen. Die Oliven darüber verteilen. • Das Öl mit dem Essig, dem Salz, den Kräutern und dem Joghurt verrühren. Die Sauce über den Salat träufeln. • Das Ei schälen, achteln und den Salat damit garnieren.

Wildkräutersalat mit Croûtons

Für Sammler und Naturkost-Fans

200 g gemischte Wildkräuter wie junge Löwenzahn-, Sauerampfer-, Taubnessel- und Spitzwegerichblätter
1 Kopfsalatherz (150 g)
1 kleiner Apfel
1 Teel. Ahornsirup
1 Teel. Zitronensaft
3 Eßl. Walnußöl
1 Eßl. Obstessig
1 Eßl. Apfelsaft
1 Messerspitze Salz
2 Eßl. Schnittlauchröllchen
2 Scheiben Vollkorn-Toastbrot
1 Knoblauchzehe
2 Eßl. Pflanzenmargarine

Vollwertrezept • Schnell

Pro Person etwa 670 Joule/
160 Kalorien · 3 g Eiweiß
8 g Fett · 19 g Kohlenhydrate

Zubereitungszeit: 30 Minuten

Die Wildkräuter gründlich waschen, lange Stiele abschneiden und die Kräuter abtropfen lassen. Den Kopfsalat in einzelne Blätter zerlegen, diese ebenfalls gut waschen und abtropfen lassen. Große Blätter in Stücke reißen. Die abgetropften Kräuter grob kleinschneiden und in einer Schüssel mit dem Kopfsalat mischen. • Den Apfel vierteln, schälen, vom Kerngehäuse befreien und in dünne Stifte schneiden. Die Apfelstifte mit dem Sirup, dem Zitronensaft, dem Öl, dem Essig, dem Apfelsaft und dem Salz mischen. Die Sauce mit den Schnittlauchröllchen unter den Salat heben. • Das Toastbrot in etwa 1 cm große Würfel schneiden. Die Knoblauchzehe schälen, würfeln und zerdrücken. Die Margarine mit den Knoblauchstückchen mischen, in einer Pfanne zerlassen und die Brotwürfel darin goldgelb braten. • Die Croûtons über den Salat streuen.

Spinatsalat mit Orange

Würzige Vorspeise oder Beilage

400 g möglichst junge Spinatblätter
2 unbehandelte Orangen
1 Apfel
1 Eßl. Walnußöl
1 Messerspitze Salz
½ Teel. Ingwersirup
1 Becher Magerjoghurt (150 g)
4 Eßl. grobgeraspelter Topinambur

Vollwertrezept • Gelingt leicht

Pro Person etwa 545 Joule/
130 Kalorien · 5 g Eiweiß
4 g Fett · 19 g Kohlenhydrate

Zubereitungszeit: 20 Minuten

Die Spinatblätter verlesen, gründlich waschen, trockenschleudern; die langen Stiele entfernen und große Spinatblätter halbieren. 1 Orange schälen und filetieren, dabei eventuelle Kerne entfernen. Von der zweiten Orange 1 Stück dünn abgeschälte Orangenschale in feine Streifen (Julienne) schneiden. Den Saft auspressen. Den Apfel schälen, vierteln, das Kerngehäuse entfernen und die Apfelviertel in Scheibchen schneiden. • Den Orangensaft, das Öl, das Salz, den Ingwersirup und den Joghurt miteinander verrühren und unter die Salatzutaten heben. Den Salat mit dem grobgeraspelten Topinambur und der Orangenschale in Streifen bestreuen.

Unser Tip: Wenn gerade kein Topinambur auf dem Markt angeboten wird, so können Sie den Salat auch mit Kokosraspeln bestreuen. Das Filetieren der Orange geschieht folgendermaßen: Man schält die Orange und teilt sie in Spalten. Danach ritzt man mit einem spitzen Messer die Haut in der Mitte der Fruchtspalten ein und löst die einzelnen Segmente des Fruchtfleisches heraus.

Spargelsalat

Nur mit frischem Spargel zu empfehlen

- 500 g Spargel
- 3 l Wasser
- ½ Teel. Salz
- ½ Teel. Zucker
- 3 Tomaten
- 3 hartgekochte Eier
- 4 Eßl. Keimöl
- 2 Eßl. Apfelessig
- ½ Teel. Salz
- 1 Prise weißer Pfeffer
- 2 Eßl. gehackte Petersilie

Braucht etwas Zeit

Pro Person etwa 860 Joule/ 205 Kalorien · 9 g Eiweiß 15 g Fett · 8 g Kohlenhydrate

Vorbereitungszeit: 10 Minuten
Garzeit: 20–30 Minuten
Ruhezeit: 20 Minuten

Den Spargel von oben nach unten dünn schälen, die holzigen Enden abschneiden und die Spargelstangen mit Küchengarn zu 2 Bündeln binden. Das Wasser mit dem Salz und dem Zucker zum Kochen bringen. Die Spargelbündel hineinlegen und zugedeckt bei schwacher Hitze je nach Dicke der Spargelstangen in 20 bis 30 Minuten garen. • Die Tomaten überbrühen, häuten, vierteln und dabei die harten Stielansätze entfernen. Die Tomatenviertel in kleine Würfel schneiden. • Den Spargel aus dem Wasser heben, kalt abbrausen und auf einem Küchentuch abtropfen lassen. Das Küchengarn entfernen und die Spargelstangen in etwa 5 cm lange Stücke schneiden. Die Eier schälen und achteln. Die Spargelstücke, die Eispalten und die Tomatenwürfel auf einer Platte anrichten. • Das Öl mit dem Essig, dem Salz und dem Pfeffer verrühren und über den Salat träufeln. • Den Salat zugedeckt 20 Minuten im Kühlschrank durchziehen lassen. • Den Spargelsalat vor dem Servieren mit der gehackten Petersilie bestreuen.

Salade niçoise

Eine von vielen möglichen Varianten

- 1 kleiner Kopf grüner Salat
- 500 g Tomaten
- 1 große Zwiebel
- 200 g Thunfisch aus der Dose
- 12 schwarze Oliven
- 3 Eßl. Olivenöl
- 1½ Eßl. Weinessig
- ½ Teel. Salz
- 1 Messerspitze weißer Pfeffer
- 1 Eßl. frisches, gehacktes Basilikum
- 2 hartgekochte Eier

Berühmtes Rezept

Pro Person etwa 1240 Joule/ 295 Kalorien · 18 g Eiweiß 22 g Fett · 6 g Kohlenhydrate

Zubereitungszeit: 20 Minuten

Vom Kopfsalat die äußeren schlechten Blätter entfernen. Den Salat in einzelne Blätter zerlegen, große Rippen herausschneiden, die Salatblätter waschen, gut trockentupfen und grob zerkleinern. • Die Tomaten waschen, abtrocknen und in Achtel schneiden; dabei die harten Stielansätze entfernen. Die Zwiebel schälen und in dünne Ringe schneiden. Den Thunfisch in etwa 3 cm große Stücke zerteilen und dabei das Öl abtropfen lassen. Die Tomatenachtel, die Zwiebelringe, den Thunfisch, die Salatblätter und die Oliven locker mischen. • Das Olivenöl mit dem Essig, dem Salz und dem Pfeffer verrühren und über den Salat träufeln. • Den Salat mit dem gehackten Basilikum bestreuen. Die Eier schälen und achteln. Den Salat mit den Eiachteln garnieren.

Unser Tip: Für den Salade niçoise gibt es eine ganze Menge Rezepte, die sich durch Nuancen unterscheiden. Statt mit frischem Basilikum kann man den Nizzaer Salat auch mit getrockneten Provence-Kräutern (herbes de provence) würzen.

Verschiedene Bohnensalate

Je zarter die Bohnen, desto delikater der Salat

Wachsbohnensalat

im Bild hinten

- 500 g Wachsbohnen
- 1 Teel. Salz
- 2 Zweige Bohnenkraut
- 100 g gepalte Zuckererbsen
- 2 Eigelbe · 2 Eßl. Apfelessig
- 2 Teel. milder Senf
- ½ Teel. Salz
- 1 Prise weißer Pfeffer
- 1 Teel. Friate (Apfeldicksaft)
- 4 Eßl. Keimöl

Vollwertrezept • Schnell

Pro Person etwa 735 Joule/
175 Kalorien · 5 g Eiweiß
12 g Fett · 11 g Kohlenhydrate

Vorbereitungszeit: 10 Minuten
Garzeit: 15 Minuten

Die Wachsbohnen waschen, putzen und mit dem Salz und dem Bohnenkraut von Wasser bedeckt in etwa 15 Minuten weich kochen. • Die Erbsen gesondert in wenig Salzwasser 5 bis 10 Minuten dünsten und abtropfen lassen. • Für die Sauce die Eigelbe mit dem Essig, dem Senf, dem Salz, dem Pfeffer, dem Apfeldicksaft und dem Öl verrühren. • Die Bohnen abgießen, abtropfen lassen und noch lauwarm mit den Erbsen mischen. Die Sauce darübergießen.

Bohnensalat mit Mais

im Bild links

- 500 g Prinzeßbohnen · 2 Zweige Bohnenkraut · 1 Teel. Salz
- 2 Frühlingszwiebeln
- 2 hartgekochte Eier
- 100 g Maiskörner aus der Dose
- 2 Eßl. Sherryessig · ½ Teel. Salz
- 4 Eßl. Olivenöl
- 2 Eßl. kleingeschnittener Dill

Schnell • Gelingt leicht

Pro Person etwa 905 Joule/
215 Kalorien · 7 g Eiweiß
14 g Fett · 15 g Kohlenhydrate

Vorbereitungszeit: 10 Minuten
Garzeit: 10 Minuten

Die Bohnen waschen, putzen und mit dem Bohnenkraut und dem Salz von Wasser bedeckt 10 Minuten kochen, dann abgießen und kalt werden lassen. • Die Frühlingszwiebeln putzen, waschen und in feine Scheibchen schneiden. Die Eier schälen und achteln. Die Maiskörner abtropfen lassen. • Den Essig mit dem Salz und dem Öl verrühren. Die Sauce mit den Frühlingszwiebeln, den Maiskörnern und den Bohnen mischen. • Die Eiachtel auf dem Salat anrichten und den Salat mit dem Dill bestreuen.

Salat aus dicken Bohnen

im Bild rechts

- 1 kg dicke Bohnen · 1 Teel. Salz
- 2 Zweige Bohnenkraut
- 2 Knoblauchzehen
- 2 Eßl. Apfelessig · ½ Teel. Salz
- 1 Prise weißer Pfeffer
- 5 Eßl. Walnußöl
- 5 frische Pfefferminzblättchen

Preiswert • Vollwertrezept

Pro Person etwa 1195 Joule/
285 Kalorien · 12 g Eiweiß
13 g Fett · 30 g Kohlenhydrate

Vorbereitungszeit: 10 Minuten
Garzeit: 25 Minuten
Ruhezeit: 1 Stunde

Die dicken Bohnen aus den Schalen palen und mit dem Salz und dem Bohnenkraut von Wasser bedeckt in 25 Minuten garen. • Die Bohnen dann abgießen und abkühlen lassen. Die Knoblauchzehen schälen und feinhakken. • Den Essig mit dem Salz, dem Knoblauch, dem Pfeffer und dem Öl verrühren und mit den streifig geschnittenen Pfefferminzblättchen unter den Salat mischen. • Den Salat zugedeckt 1 Stunde durchziehen lassen.

Gurkensalat mit Joghurtsauce

Ein Salat, der jede Schlankheitskur ergänzt

1 große Salatgurke (etwa 1 kg)	
1 Becher Magerjoghurt (150 g)	
½ Teel. Salz	
1 Prise weißer Pfeffer	
1 Eßl. Zitronensaft	
2 Teel. Ahornsirup	
½ Kästchen Kresse	

Vollwertrezept • Schnell

Pro Person etwa 355 Joule/
85 Kalorien · 3 g Eiweiß
4 g Fett · 9 g Kohlenhydrate

Zubereitungszeit: 10 Minuten

Die Salatgurke waschen, abtrocknen, längs halbieren und die Gurkenhälften in etwa ½ cm dicke Scheiben schneiden. • Den Joghurt mit dem Salz, dem Pfeffer, dem Zitronensaft und dem Ahornsirup mischen und unter die Gurkenscheiben heben. • Die Kresse mit einer Küchenschere vom Beet abschneiden, kalt abbrausen, gut abtropfen lassen und auf den Salat verteilen.

Unser Tip: Den Gurkensalat kann man geschmacklich verändern, indem man statt Ahornsirup 1 gehackte Ingwerpflaume und 1 Teelöffel Ingwersirup unter die Joghurtsauce mischt. Statt der Kresseblättchen wird der Salat dann mit Dillspitzen bestreut. Wer die süß-saure Note nicht so sehr liebt, würzt die Joghurtsauce mit Salz, Pfeffer, Paprikapulver und wenig kleingeschnittenem Rosmarin. Den Salat zuletzt mit frisch gehacktem Borretsch bestreuen. – Üppiger wird der Gurkensalat, wenn Sie statt des Magerjoghurts für die Sauce Crème fraîche verwenden.

Paprikasalat mit Schafkäse

Farbenfroh, würzig, vitaminreich

Je 1 gelbe, grüne und rote Paprikaschote	
1 große Zwiebel	
100 g Schafkäse	
1 große Knoblauchzehe	
½ Teel. mittelscharfer Senf	
je 1 gute Prise Salz, weißer Pfeffer und Zucker	
1 Eßl. Obstessig	
3 Eßl. Olivenöl	
2 Eßl. gehackte Petersilie	

Vollwertrezept • Schnell

Pro Person etwa 965 Joule/
230 Kalorien · 9 g Eiweiß
16 g Fett · 13 g Kohlenhydrate

Zubereitungszeit: 10 Minuten

Die Paprikaschoten halbieren, von Rippen und Kernen befreien, die Schotenhälften waschen, abtrocknen und in Streifen schneiden. Die Zwiebel schälen und würfeln. Den Schafkäse in kleine Würfel schneiden. • Die Knoblauchzehe schälen, feinhacken und mit dem Senf, dem Salz, dem Pfeffer, dem Zucker, dem Essig und dem Öl verrühren. • Die Sauce mit den Zwiebel- und den Schafkäsewürfeln unter die Schotenstreifen heben. • Den Salat mit der gehackten Petersilie bestreuen.

Unser Tip: Geschmacklich läßt sich der Paprikasalat verändern, indem man statt der roten Paprikaschote 2 mittelgroße gehäutete Tomaten würfelt und mit den Schotenstreifen mischt. Statt Schafkäse kann man 200 g gegartes, gewürfeltes Geflügelfleisch unter den Salat heben.

Tomatensalate mit frischen Kräutern

Am besten mit sonnenreifen Freilandtomaten

Tomatensalat mit Artischockenherzen

im Bild vorne

- 4 mittelgroße Tomaten
- 6 frisch gekochte Artischockenherzen
- 2 Frühlingszwiebeln
- 1 Teel. Salz
- 1 Messerspitze weißer Pfeffer
- 2 Eßl. Estragonessig
- 4 Eßl. kaltgepreßtes Olivenöl
- einige Blätter Zitronenmelisse

Etwas teurer • Schnell

Pro Person etwa 525 Joule/ 125 Kalorien · 2 g Eiweiß 11 g Fett · 6 g Kohlenhydrate

Zubereitungszeit: 15 Minuten

Die Tomaten überbrühen, häuten, in Achtel schneiden und dabei die Stielansätze entfernen. Die Artischockenherzen abtropfen lassen und achteln. Beides auf einer Platte anrichten. Die Zwiebeln waschen, putzen und in Scheibchen schneiden. • Das Salz, den Pfeffer, den Essig und das Olivenöl mischen und mit den Frühlingszwiebeln über den Salat geben. Vor dem Servieren mit Zitronenmelisse bestreuen.

Tomatensalat mit Basilikum

im Bild hinten

- 6 mittelgroße Tomaten
- 1 Teel. Salz · 2 Schalotten
- 3 Teel. frisch gehacktes Basilikum
- 1 Eßl. Basilikumessig
- 1 Messerspitze schwarzer Pfeffer
- 4 Eßl. kaltgepreßtes Olivenöl

Vollwertrezept • Schnell

Pro Person etwa 565 Joule/ 135 Kalorien · 2 g Eiweiß 11 g Fett · 7 g Kohlenhydrate

Zubereitungszeit: 10 Minuten

Die Tomaten waschen, abtrocknen, in Scheiben schneiden, auf einer Platte anrichten und salzen. Die Schalotten schälen, sehr klein würfeln und mit dem Basilikum über die Tomaten streuen. • Den Essig mit dem Pfeffer und dem Öl mischen. Die Sauce über die Tomaten träufeln.

Kartoffelsalate besonderer Art

Wer Pikantes mag, sollte diese Salate einmal probieren

Salat mit Bamberger Hörnchen

im Bild links

- 800 g Bamberger Hörnchen (kleine längliche Salatkartoffeln)
- 200 g in Sahne eingelegte Heringsfilets
- 4 Cornichons
- 2 Schalotten
- 1 Eßl. Apfelessig
- 1 Teel. Zitronensaft
- ½ Teel. Salz
- ½ Teel. Friate (Apfeldicksaft)
- 1 Eßl. Walnußöl
- 2 hartgekochte Eier

Vollwertrezept • Gelingt leicht

Pro Person etwa 1325 Joule/ 315 Kalorien · 14 g Eiweiß 13 g Fett · 35 g Kohlenhydrate

Vorbereitungszeit: 20 Minuten
Garzeit: 12–15 Minuten

Die Bamberger Hörnchen unter fließendem kaltem Wasser bürsten und mit der Schale in 12 bis 15 Minuten, je nach Größe, garen. • Die Kartoffeln abgießen, abkühlen lassen, pellen und in Scheiben schneiden. • Die Sahneheringe in etwa 2 cm breite Streifen, die Cornichons in kleine Würfel schneiden. Die Schalotten schälen und würfeln. Die Kartoffeln mit den Cornichon- und den Schalottenwürfeln, den Heringsstreifen und der Sahnesauce mischen. • Den Essig mit dem Zitronensaft, dem Salz, dem Apfeldicksaft und dem Öl verrühren. Die Sauce unter den Salat heben. • Die Eier schälen, achteln und den Salat damit garnieren.

Kartoffelsalat mit Gurke

im Bild rechts

- 600 g festkochende Salatkartoffeln
- ½ Salatgurke (etwa 400 g)
- 1 Apfel
- 1 große Zwiebel
- 1 Teel. Salz
- 2 Eßl. Zitronensaft
- 3 Teel. Ahornsirup
- 5 Eßl. Crème fraîche
- 3 Eßl. Schnittlauchröllchen

Vollwertrezept • Braucht etwas Zeit

Pro Person etwa 860 Joule/ 205 Kalorien · 5 g Eiweiß 5 g Fett · 35 g Kohlenhydrate

Vorbereitungszeit: 20 Minuten
Garzeit: 25–30 Minuten

Die Kartoffeln unter fließendem kaltem Wasser bürsten und mit der Schale in 25 bis 30 Minuten, je nach Größe, garen. • Die Kartoffeln dann abgießen, abkühlen lassen, pellen und in Scheiben schneiden. Die Salatgurke waschen, abtrocknen und in dünne Scheiben hobeln. Den Apfel achteln, schälen, vom Kerngehäuse befreien und die Achtel in Scheibchen schneiden. Die Zwiebel schälen und würfeln. • Alle Salatzutaten mit dem Salz, dem Zitronensaft, dem Ahornsirup und der Crème fraîche mischen. • Den Salat mit den Schnittlauchröllchen bestreut servieren.

Unser Tip: Zu einem Kartoffelsalat mit leicht süß-saurer Note paßt scharfer Zwiebelgeschmack nicht sehr gut. Wenn man die Zwiebel aber bereits gewürfelt im Sieb mit kaltem Wasser überbraust, schmeckt sie mild und ist auch bekömmlicher.

Salate für die kalte Jahreszeit

Abwechslungsreiche Beilagen für die Wintermonate

Chicoréesalat

im Bild links

4 mittelgroße Stauden Chicorée
1 Orange
2 hartgekochte Eier
6 Eßl. Magerjoghurt
2 Eßl. Crème fraîche
je 1 Messerspitze Salz und Paprikapulver, halbsüß
6 Eßl. Kresseblättchen

Schnell • Gelingt leicht

Pro Person etwa 460 Joule/ 110 Kalorien · 8 g Eiweiß
5 g Fett · 9 g Kohlenhydrate

Zubereitungszeit: 15 Minuten

Vom Chicorée die äußeren schlechten Blätter entfernen, die Stauden waschen, abtrocknen und in etwa 1 cm breite Streifen schneiden. Die Orange schälen, filetieren und dabei die Kerne entfernen. Die Eier schälen und würfeln. • Den Joghurt mit der Crème fraîche, dem Salz und dem Paprikapulver verrühren und mit den Eiwürfeln und den Orangenstükken unter die Chicoréestreifen heben. • Den Salat vor dem Servieren mit den Kresseblättchen bestreuen.

Blumenkohlsalat

im Bild vorne

1 kleiner Kopf Blumenkohl
je ¼ l Milch und Wasser
3 Eßl. Obstessig
½ Teel. Kräutersalz
1 Messerspitze weißer Pfeffer
1 Teel. Honig
½ Teel. milder Senf
4 Eßl. Leinöl
1 Eßl. gehackte Sellerieblättchen
2 Eßl. gehackte Petersilie

Vollwertrezept • Gelingt leicht

Pro Person etwa 800 Joule/ 190 Kalorien · 7 g Eiweiß
13 g Fett · 12 g Kohlenhydrate

Vorbereitungszeit: 20 Minuten
Garzeit: 12 Minuten

Vom Blumenkohl die äußeren grünen Blätter entfernen, den Kohlkopf 10 Minuten mit den Röschen nach unten in kaltes Wasser legen, damit Schmutz und Ungeziefer ausgeschwemmt werden, dann in Röschen zerteilen und die Strünke etwas kürzen. Die Milch mit dem Wasser zum Kochen bringen. Den Blumenkohl hineingeben und 12 Minuten kochen, dann abgießen und abkühlen lassen. • Den Obstessig mit dem Kräutersalz, dem Pfeffer, dem Honig und dem Senf verrühren. Das Leinöl hinzufügen und die Salatsauce mit den Blumenkohlröschen mischen. Den Salat zugedeckt etwa 30 Minuten durchziehen lassen. • Den Blumenkohlsalat mit den Sellerieblättchen und der gehackten Petersilie bestreut servieren.

Staudenselleriesalat

im Bild rechts

500 g Staudensellerie
1 großer roter Apfel
1 Eßl. Zitronensaft
1 Teel. milder Senf · ½ Teel. Salz
1 Teel. Ingwersirup · ⅛ l Sahne

Vollwertrezept • Schnell

Pro Person etwa 630 Joule/ 150 Kalorien · 2 g Eiweiß
10 g Fett · 13 g Kohlenhydrate

Zubereitungszeit: 15 Minuten

Die Selleriestangen in Scheibchen schneiden. Den Apfel achteln, vom Kerngehäuse befreien und ebenfalls in Scheibchen schneiden. • Den Zitronensaft mit dem Senf, dem Salz und dem Sirup mischen und mit den Apfelscheiben unter den Sellerie mengen. Die Sahne halbsteif schlagen und unter den Salat heben. • Den Salat mit gehacktem Selleriegrün bestreuen.

Möhren-Apfel-Rohkost

Mit Vollkornbrot ein bekömmliches Abendessen

600 g Möhren	
2 große Äpfel	
50 g Walnußkerne	
1 Becher Magerjoghurt (150 g)	
2 Eßl. Zitronensaft	
2 Teel. Friate (Apfeldicksaft)	
1 Messerspitze Salz	

Vollwertrezept • Preiswert

Pro Person etwa 985 Joule/
235 Kalorien · 5 g Eiweiß
10 g Fett · 33 g Kohlenhydrate

Zubereitungszeit: 30 Minuten
Ruhezeit: 30 Minuten

Die Möhren schaben, waschen und grobraspeln. Die Äpfel vierteln, vom Kerngehäuse befreien, schälen und ebenfalls grobraspeln. Die Möhren- und die Apfelraspel in einer Schüssel locker mischen. Die Walnußkerne grobhacken. 2 Walnußkernhälften zum Garnieren zurückbehalten. • Den Joghurt mit dem Zitronensaft, dem Apfeldicksaft und dem Salz verrühren und mit den gehackten Nüssen unter die Rohkost heben. Die Rohkost zugedeckt etwa 30 Minuten im Kühlschrank durchziehen lassen. • Mit den Walnüssen garniert servieren.

Unser Tip: Etwas kräftiger wird die Rohkost, wenn Sie statt des Joghurts Sahne oder Crème fraîche für die Sauce verwenden. 1 bis 2 in feine Scheibchen geschnittene Stangen Staudensellerie unter die Möhren-Apfel-Rohkost gemischt ergibt eine herzhafte Variante.

Möhren-Lauch-Rohkost

Kalorienarm, aber vitaminreich

300 g Lauch (Porree)
400 g Möhren
1 großer säuerlicher Apfel
1 Kästchen Kresse
1 Eßl. Zitronensaft
2 Eßl. gehackte, frische Kräuter wie Petersilie, Pimpinelle, Schnittlauch, Zitronenmelisse
1/8 l saure Sahne
1 Messerspitze Salz
1/2 Teel. Birnendicksaft

Schnell • Vollwertrezept

Pro Person etwa 545 Joule/
130 Kalorien · 4 g Eiweiß
4 g Fett · 19 g Kohlenhydrate

Zubereitungszeit: 20 Minuten

Vom Lauch die dunkelgrünen Blattspitzen und die Wurzelenden abschneiden. Die Lauchstangen längs halbieren, gründlich waschen, trockentupfen und in dünne Scheibchen schneiden. Die Möhren schaben, waschen und in dünne Stifte schneiden. Den Apfel schälen, vierteln, vom Kerngehäuse befreien und die Apfelviertel grobraspeln. Die Kresse mit der Küchenschere vom Beet abschneiden, in einem Sieb kalt abbrausen und gut abtropfen lassen. • Die Lauchscheibchen, die Möhrenstifte und die Apfelraspel auf einer Platte anrichten und mit dem Zitronensaft beträufeln. • Die Kräuter mit der sauren Sahne, dem Salz und dem Birnendicksaft verrühren und die Sauce über den Salat geben. • Den Salat mit Kressebüscheln garnieren.

Unser Tip: Wer die Rohkost als leichtes Abendessen servieren möchte, kann gegartes, in Streifen geschnittenes Geflügelfleisch unter das Gemüse mischen. Wem die Kresse zu geschmacksintensiv ist, der ersetzt sie durch 1 Handvoll Rapunzelsalat (Feldsalat).

Avocadosalat

Vitaminreich, schmackhaft und bekömmlich

2 Avocados
1 rote Paprikaschote
1 Stange Staudensellerie
½ Zwiebel
4 Cornichons
100 g Magerquark
1 Eigelb
2 Eßl. Keimöl
1 Eßl. Zitronensaft
1 Teel. Senf
1 Spritzer Worcestershiresauce
1 Teel. Salz
1 Messerspitze weißer Pfeffer
2 Eßl. kleine Kapern

Schnell • Gelingt leicht

Pro Person etwa 1220 Joule/ 290 Kalorien · 7 g Eiweiß 25 g Fett · 9 g Kohlenhydrate

Zubereitungszeit: 10 Minuten

Die Avocados vierteln. Die Steine entfernen, die Fruchtviertel schälen und in Scheibchen schneiden. Die Paprikaschote halbieren, von Rippen und Kernen befreien; die Schotenhälften waschen, abtrocknen und würfeln. Den Sellerie waschen und in Scheibchen schneiden. Die Zwiebel schälen und würfeln. Die Cornichons ebenfalls würfeln. • Den Quark mit dem Eigelb, dem Öl, dem Zitronensaft, dem Senf, der Worcestershiresauce, dem Salz, dem Pfeffer und den Kapern mischen. • Die Avocadoscheibchen und die Paprikawürfel, die Selleriescheibchen, die Zwiebel- und die Cornichonwürfel mit der Sauce mischen.

Unser Tip: Wenn Sie Avocados für ein Essen planen, kaufen Sie sie rechtzeitig vor der Zubereitung ein. Den typischen, feinen Avocadogeschmack haben nur vollreife Früchte, die auf Fingerdruck etwas nachgeben müssen. Noch harte Avocados reifen bei Raumtemperatur in 2 bis 3 Tagen nach.

Rote-Bete-Rohkost

Nur ungegarte rote Bete verwenden!

600 g kleine rote Bete	
2 große Äpfel	
2 kleine Zwiebeln	
2 Eßl. Zitronensaft	
1 Eßl. Rübensirup	
je 1 Prise Salz, weißer Pfeffer und gemahlener Kümmel	
2 Eßl. Walnußöl	

Vollwertrezept • Schnell

Pro Person etwa 800 Joule/ 190 Kalorien · 3 g Eiweiß 6 g Fett · 31 g Kohlenhydrate

Zubereitungszeit: 20 Minuten

Die roten Bete unter fließendem lauwarmem Wasser gründlich bürsten, schälen und in Scheiben hobeln. Die Scheiben dann in Stifte schneiden. Die rote-Bete-Stifte in eine Salatschüssel geben. Die Äpfel schälen, achteln, das Kerngehäuse entfernen und die Apfelachtel in Scheibchen schneiden. Die Zwiebeln schälen und feinhacken. • Den Zitronensaft mit dem Sirup, dem Salz, dem Pfeffer und dem Kümmel mischen und mit den Zwiebelwürfeln und den Apfelscheibchen unter die rote-Bete-Stifte heben. • Den Salat zuletzt mit dem Walnußöl beträufeln.

Unser Tip: Wenn die Rohkost herzhafter schmecken soll, so geben Sie noch 100 g geraspelten Knollensellerie dazu und würzen die Sauce zusätzlich mit 1 bis 2 Teelöffeln frisch geriebenem Meerrettich.

Sellerie-Rohkost mit Ananas

Auch als Vorspeise geeignet

500 g Knollensellerie	
2 Eßl. Zitronensaft	
1 großer säuerlicher Apfel	
2 etwa 1 cm dicke Scheiben frische Ananas (200 g)	
je 1 gute Prise Salz und weißer Pfeffer	
2 Teel. Ahornsirup	
⅛ l Sahne	
50 g Walnußkerne	

Vollwertrezept • Schnell

Pro Person etwa 1260 Joule/ 300 Kalorien · 5 g Eiweiß 19 g Fett · 28 g Kohlenhydrate

Zubereitungszeit: 20 Minuten

Die Sellerieknolle schälen, waschen, in Scheiben hobeln und die Scheiben in feine Streifen schneiden. Die Selleriestreifen sofort mit dem Zitronensaft beträufeln. Den Apfel schälen, vierteln, vom Kerngehäuse befreien und in streichholzfeine Stifte schneiden. Die Apfelstifte unter die Selleriestreifen mischen. Die Ananasscheiben schälen und in sehr dünne Spalten schneiden. Die Ananasspalten ebenfalls unter den Sellerie mischen. • Das Salz, den Pfeffer, den Ahornsirup und die Sahne miteinander verrühren und unter die Rohkost heben. • Die Walnußkerne feinhacken und über den Salat streuen.

Unser Tip: Wem die Sellerie-Rohkost zu süß ist, der kann sie noch zusätzlich mit etwas Zitronensaft abschmecken. – Wenn Sie für den Salat extra eine frische Ananas kaufen müßten, und Ihnen dieser Aufwand zu groß erscheint, sollten Sie die Rohkost einmal mit 200 bis 300 g hellen, halbierten und entkernten Weintrauben versuchen. Der Ahornsirup wird dann durch Johannisbeergelee ersetzt.

Roher Champignonsalat

Zuchtchampignons schmecken am besten ungegart

400 g Champignons
200 g frische Garnelen
1 Eßl. Weinessig
1 Eßl. Zitronensaft
3 Eßl. Walnußöl
je 1 Messerspitze Salz und Zucker
1 Prise weißer Pfeffer
2 Eßl. Sherry
1 Eßl. gehackte Petersilie
1 Eßl. Schnittlauchröllchen

Etwas teurer

Pro Person etwa 610 Joule/ 145 Kalorien · 11 g Eiweiß 11 g Fett · 4 g Kohlenhydrate

Zubereitungszeit: 15 Minuten
Ruhezeit: 30 Minuten

Die Champignons putzen, waschen, gut abtropfen lassen und blättrig schneiden. Die Garnelen kurz abbrausen, abtropfen lassen und mit den Champignons in einer Schüssel mischen. • Den Essig, den Zitronensaft, das Öl, das Salz, den Zucker, den Pfeffer und den Sherry miteinander verrühren und die Sauce unter den Salat mischen. • Den Champignonsalat 30 Minuten zugedeckt im Kühlschrank durchziehen lassen. • Den Salat vor dem Servieren mit den Kräutern bestreuen.

Unser Tip: Statt mit Garnelen können Sie den Salat auch mit kleingewürfeltem Lachsschinken zubereiten. Wenn Sie die Salatsauce etwas milder mögen, ersetzen Sie den Essig durch Ananas- oder Apfelsaft.

Kohlrabi-Rohkost

Die beste Art, Kohlrabi zu genießen

2 große Knollen Kohlrabi (etwa 700 g)
2 Eßl. Zitronensaft
1 Stange Staudensellerie
1 großer säuerlicher Apfel
1 Becher Magerjoghurt (150 g)
je 1 gute Prise Salz und weißer Pfeffer
2 Teel. Zuckerrohr-Melasse
1 Eßl. gehackte Pimpinelle

Vollwertrezept • Preiswert

Pro Person etwa 485 Joule/ 115 Kalorien · 6 g Eiweiß 0,5 g Fett · 23 g Kohlenhydrate

Zubereitungszeit: 10 Minuten

Die Kohlrabiknollen schälen, waschen und abtrocknen. Die grünen Herzblätter waschen, feinhacken und zugedeckt aufbewahren. Die Kohlrabi grobraspeln und mit dem Zitronensaft mischen. Den Staudensellerie vom Wurzelende befreien, das Blattgrün waschen, feinhacken und mit dem Kohlrabigrün aufbewahren. Von der Selleriestange grobe Rippen abziehen, die Stange waschen, abtrocknen und in dünne Scheibchen schneiden. Den Apfel schälen, achteln, das Kerngehäuse entfernen und die Apfelachtel in Scheibchen schneiden. Die Selleriescheibchen und die Apfelscheibchen mit dem geraspelten Kohlrabi mischen. • Den Joghurt mit dem Salz, dem Pfeffer und der Melasse verrühren, unter die Rohkost heben und diese mit dem Blattgrün und der gehackter Pimpinelle bestreuen.

Unser Tip: Statt des Staudenselleries und des Apfels können Sie auch 1 Salatgurke zur Kohlrabi-Rohkost geben. In diesem Fall Kohlrabi und Gurke in bleistiftdünne Stifte schneiden und den Salat statt mit Pimpinelle mit reichlich Schnittlauchröllchen bestreuen.

Varianten mit Chinakohl

Sein zartes Aroma erlaubt beliebige Ergänzungen

Chinakohl-Rettich-Salat

im Bild links

600 g Chinakohl · 1 kleiner Rettich · 1 rote Paprikaschote
1 kleine Zwiebel
4 Eßl. Grapefruitsaft
3 Eßl. kaltgepreßtes Distelöl
1 Teel. milder Senf
1 gute Prise Salz
½ Teel. Ingwersirup
2 Eßl. Schnittlauchröllchen

Vollwertrezept • Schnell

Pro Person etwa 525 Joule/ 125 Kalorien · 3 g Eiweiß
8 g Fett · 10 g Kohlenhydrate

Zubereitungszeit: 15 Minuten

Vom Chinakohl die äußeren schlechten Blätter entfernen, den Kohl gründlich waschen, trockenschleudern und die Blätter in Streifen schneiden. Den Rettich schälen, waschen und grobraspeln. Die Paprikaschote halbieren, von Rippen und Kernen befreien, die Schotenhälften waschen und in kleine Würfel schneiden. Die Zwiebel schälen und ebenfalls kleinwürfeln. • Den Grapefruitsaft mit dem Öl, dem Senf, dem Salz und dem Sirup mischen. Die Sauce unter den Salat heben und den Salat mit den Schnittlauchröllchen bestreuen.

Chinakohlsalat mit Schinkenspeck

im Bild hinten

600 g Chinakohl
1 große Zwiebel · ½ Teel. Salz
1 Prise schwarzer Pfeffer
2 Teel. Birnendicksaft
3 Eßl. Apfelessig
2 Eßl. Apfelsaft
3 Eßl. kaltgepreßtes Leinöl
100 g Schinkenspeck
2 Eßl. frisch gehackte Petersilie

Preiswert • Gelingt leicht

Pro Person etwa 945 Joule/ 225 Kalorien · 7 g Eiweiß
17 g Fett · 10 g Kohlenhydrate

Zubereitungszeit: 20 Minuten

Den Chinakohl wie im Rezept für Chinakohl-Rettich-Salat beschrieben vorbereiten und in Streifen schneiden. Die Zwiebel schälen und kleinwürfeln. • Das Salz, den Pfeffer, den Birnendicksaft, den Essig, den Apfelsaft und das Öl mischen und unter den Salat heben. • Den Schinkenspeck kleinwürfeln, ausbraten und mit dem Speckfett ebenfalls unter den Salat heben. • Den Salat mit der Petersilie bestreuen.

Chinakohlsalat mit Früchten

im Bild rechts

600 g Chinakohl
2 Kiwis
2 Orangen
3 Eßl. Crème fraîche
3 Eßl. Vollmilchjoghurt
1 Eßl. Zitronensaft
je 1 gute Prise Salz und Pfeffer
4 Eßl. Kresseblättchen

Vollwertrezept • Gelingt leicht

Pro Person etwa 335 Joule/ 80 Kalorien · 3 g Eiweiß
4 g Fett · 9 g Kohlenhydrate

Zubereitungszeit: 20 Minuten

Den Chinakohl wie im Rezept für Chinakohl-Rettich-Salat beschrieben vorbereiten und in Streifen schneiden. Die Kiwis und die Orangen schälen. Die Kiwis in etwa ½ cm dicke Scheiben schneiden und diese vierteln. Die Orangen filetieren. • Die Crème fraîche mit dem Joghurt, dem Zitronensaft, dem Salz, dem Pfeffer und der Kresse verrühren. Die Sauce unter die Salatzutaten heben.

Weißkohlsalat mit Speck

Kann gut vorbereitet werden

1 kleiner Kopf Weißkohl (etwa 1 kg)	
2 l Wasser	
1 Teel. Salz	
200 g durchwachsener Speck	
1 Teel. Salz	
2 Teel. Rübensirup	
2 Teel. zerstoßener Kümmel	
1 Prise weißer Pfeffer	
2–3 Eßl. Weinessig	
3 Eßl. Weißwein	
2 Eßl. Walnußöl	

Braucht etwas Zeit

Pro Person etwa 1805 Joule/ 430 Kalorien · 8 g Eiweiß
38 g Fett · 13 g Kohlenhydrate

Zubereitungszeit: 30 Minuten
Ruhezeit: 1 Stunde

Die äußeren schlechten Blätter vom Weißkohl entfernen. Den Kohl vierteln, die Strünke herausschneiden und die Kohlviertel in Streifen schneiden. Das Wasser mit dem Salz zum Kochen bringen. Die Weißkohlstreifen in ein Sieb geben und 4 Minuten im Salzwasser blanchieren. Die Kohlstreifen dann etwas abtropfen lassen. • Den Speck kleinwürfeln und in einer Pfanne knusprig braun ausbraten. • Das Salz mit dem Rübensirup, dem Kümmel, dem Pfeffer, dem Essig, dem Weißwein und dem Öl verrühren. • Die gut abgetropften Kohlstreifen in einer Schüssel mit der Salatsauce mischen. Die Speckwürfel mit dem Speckfett darübergeben. • Den Kohlsalat 1 Stunde zugedeckt bei Raumtemperatur durchziehen lassen.

Unser Tip: Wundern Sie sich nicht über den Rübensirup. Alle Siruparten bieten außer Süße noch Aroma- und Wertstoffe. Sie sind daher in der modernen Küche – wenn auch noch ungewöhnliche – so doch willkommene Würzzutaten für vielerlei Speisen.

Pikanter Sauerkrautsalat

Die ideale Ergänzung einer Mahlzeit

800 g Sauerkraut (aus dem Reformhaus)	
1 große Zwiebel	
1 große Gewürzgurke	
3 Scheiben frische Ananas	
⅛ l naturreiner Ananassaft	
4 Eßl. Gurken-Einlegflüssigkeit	
2 Eßl. Distelöl	

Vollwertrezept • Schnell

Pro Person etwa 755 Joule/ 180 Kalorien · 5 g Eiweiß
6 g Fett · 28 g Kohlenhydrate

Zubereitungszeit: 10 Minuten
Ruhezeit: 20 Minuten

Das Sauerkraut mit zwei Gabeln in einer großen Schüssel lockern. Die Zwiebel schälen und sehr fein hacken. Die Gewürzgurke kleinwürfeln. Die Ananasscheiben schälen und in feine Spalten schneiden. • Den Ananassaft mit der Gurkenflüssigkeit und dem Distelöl verrühren. Die Zwiebelwürfel, die Gurkenwürfel und die Ananasspalten mit der Salatsauce unter das Sauerkraut heben. • Den Salat bei Raumtemperatur zugedeckt etwa 20 Minuten durchziehen lassen.

Unser Tip: Wenn Sie den Sauerkrautsalat von besonders lieblicher Geschmacksrichtung bevorzugen, so mischen Sie noch 100 g heiß gewaschene, abgetropfte Rosinen unter das Kraut. Möchten Sie den Salat aber eher würziger und sättigender, so lassen Sie die Ananas weg und geben 200 g Thunfisch aus der Dose mit dem Öl unter das Sauerkraut. Das Distelöl und den Ananassaft läßt man dann ebenfalls weg. Für die pikante, säuerliche Note 6 Eßlöffel von der Gurkenflüssigkeit verwenden und nach Geschmack noch mit Apfelessig würzen.

Rotkohl-Fruchtsalat

Eine echte Rohkost-Spezialität

700 g Rotkohl	
2 l Wasser	
1 Teel. Salz	
5 Eßl. Obstessig	
1 Eßl. Zitronensaft	
2 Eßl. Birnendicksaft	
½ Teel. Salz	
1 Apfel	
1 große Orange	
1 Banane	
250 g frische Ananas	
3 Eßl. Walnußöl	

Braucht etwas Zeit

Pro Person etwa 1155 Joule/ 275 Kalorien · 4 g Eiweiß 8 g Fett · 47 g Kohlenhydrate

Zubereitungszeit: 30 Minuten
Ruhezeit: 30 Minuten

Vom Rotkohl die äußeren schlechten Blätter entfernen. Den Kohl vierteln, die groben Strünke keilförmig ausschneiden und die Kohlviertel streifig schneiden. Das Wasser mit dem Salz und 3 Eßlöffeln Obstessig zum Kochen bringen. Die Kohlstreifen in ein Sieb geben, 4 Minuten im kochenden Wasser blanchieren, dann abtropfen lassen. • Den Zitronensaft mit dem restlichen Essig, dem Birnendicksaft und dem Salz verrühren. Die Sauce unter leichtem Stampfen in einer großen Schüssel mit dem Kohl mischen. • Den Apfel schälen, achteln, das Kerngehäuse entfernen und die Achtel in Scheibchen schneiden. Die Orange schälen und filetieren. Die Banane schälen, längs halbieren und in Scheiben schneiden. Die Ananas schälen und erst in Scheiben, dann in kleine Stücke schneiden. Das gesamte Obst mit dem Walnußöl unter den Rotkohl heben. • Den Salat zugedeckt bei Raumtemperatur 30 Minuten durchziehen lassen.

Rosenkohlsalat mit Topinambur

Gut als Abendessen geeignet

800 g Rosenkohl	
1 Teel. Salz	
100 g durchwachsener Speck	
2 Schalotten	
50 g Topinambur	
2 Eßl. Sonnenblumenöl	
2 Eßl. Weißweinessig	
6 Eßl. Gemüsebrühe	
2 Eßl. gehackte Petersilie	

Gelingt leicht

Pro Person etwa 1365 Joule/ 325 Kalorien · 13 g Eiweiß 23 g Fett · 16 g Kohlenhydrate

Vorbereitungszeit: 10 Minuten
Garzeit: 20 Minuten

Die äußeren schlechten Blätter von den Kohlröschen entfernen und die Strünke kürzen. Die Röschen waschen und in einen Topf geben. Das Salz über den Rosenkohl streuen und so viel Wasser dazugeben, daß die Röschen gerade von Wasser bedeckt sind. Die Kohlröschen je nach Größe etwa 20 Minuten dünsten und dann in einem Sieb abtropfen lassen. • Den Speck in kleine Würfel schneiden. Die Schalotten schälen und ebenfalls feinwürfeln. Den Topinambur schälen, waschen, raspeln und beiseite stellen. • Das Öl erhitzen. Die Speckwürfel unter Umwenden darin knusprig braun braten und mit dem Schaumlöffel aus dem Speckfett heben. Die Schalottenwürfel unter Umwenden im verbliebenen Fett hellgelb anbraten. • Den Weinessig und die Gemüsebrühe mit den Schalottenwürfeln, dem Speckfett und dem geraspelten Topinambur unter die Kohlröschen mischen. Die Speckwürfel und die gehackte Petersilie über den Salat streuen.

Leichte Broccolisalate

So köstlich läßt sich Broccoli als Salat bereiten

Broccolisalat mit Putenfleisch

im Bild links

800 g Broccoli · 1 Teel. Salz
1 Zwiebel · 200 g Putenschnitzel
4 Eßl. Walnußöl
je 1 Prise Salz und weißer Pfeffer
2 Eßl. Weißweinessig
1 Becher Vollmilchjoghurt (150 g)
8 Walnußkerne

Vollwertrezept • Etwas teurer

Pro Person etwa 1195 Joule/
285 Kalorien · 20 g Eiweiß
17 g Fett · 13 g Kohlenhydrate

Vorbereitungszeit: 10 Minuten
Garzeit: 12 Minuten

Den Broccoli wie im Rezept für Broccolisalat mit Kokosraspeln beschrieben vorbereiten, in Salzwasser garen, abtropfen und abkühlen lassen. • Die Zwiebel schälen und würfeln. Das Putenfleisch waschen, abtrocknen und in etwa 2 cm große Würfel schneiden. • 2 Eßlöffel vom Öl erhitzen. Die Zwiebelwürfel darin hellgelb braten. Die Putenwürfel dazugeben und unter Umwenden etwa 4 Minuten braten. Das Fleisch salzen und pfeffern. • Das restliche Öl mit dem Weißweinessig und dem Joghurt mischen und mit den Zwiebel- und Putenfleischwürfeln unter den Broccoli heben. • Die Walnußkerne grobhacken und über den Salat streuen.

Broccolisalat mit Garnelen

im Bild vorne

200 g tiefgefrorene Garnelen
800 g Broccoli · 1 Teel. Salz
1 großer Apfel · ½ Teel. Salz
1 Prise weißer Pfeffer
1 Teel. Zucker · 2 Eßl. Zitronensaft
3 Eßl. Pfirsichsaft · 4 Eßl. Distelöl
2 Eßl. Schnittlauchröllchen

Etwas teurer

Pro Person etwa 1010 Joule/
240 Kalorien · 16 g Eiweiß
11 g Fett · 18 g Kohlenhydrate

Vorbereitungszeit: 10 Minuten
Garzeit: 12 Minuten

Die Garnelen zugedeckt auftauen lassen. • Den Broccoli wie in nebenstehendem Rezept beschrieben vorbereiten und in Salzwasser garen. • Den Apfel schälen und in dünne Stifte schneiden, mit dem Salz, dem Pfeffer, dem Zucker, dem Zitronen- und dem Pfirsichsaft und dem Öl mischen. • Die Salatsauce mit den Garnelen unter den Broccoli heben.

Broccolisalat mit Kokosraspeln

im Bild rechts

800 g Broccoli · 1 Teel. Salz
3 hartgekochte Eier · 1 Zwiebel
1 Prise weißer Pfeffer
1 Spritzer Tabascosauce
4 Eßl. Orangensaft
4 Eßl. Keimöl · 50 g Kokosraspel

Vollwertrezept • Schnell

Pro Person etwa 1240 Joule/
295 Kalorien · 14 g Eiweiß
22 g Fett · 14 g Kohlenhydrate

Vorbereitungszeit: 15 Minuten
Garzeit: 12 Minuten

Den Broccoli putzen, waschen und in Röschen zerteilen. Die Stiele abschneiden, schälen, in gleich große Stücke schneiden und mit dem Salz und von Wasser bedeckt 6 Minuten kochen lassen. Die Röschen dann hinzufügen und alles zugedeckt in weiteren 6 Minuten garen. • Den Broccoli abtropfen und abkühlen lassen. Die Eier schälen und kleinwürfeln. • Die Zwiebel schälen, reiben und mit dem Pfeffer, der Tabascosauce, dem Orangensaft und dem Keimöl mischen. Die Sauce unter den Broccoli heben. • Die Eier mit den Kokosraspeln darüberstreuen.

Blattspinat mit Frühlingskräutern

Die Wahl der Kräuter wird vom Sammlerglück bestimmt

- 300 g Blätter von Breitwegerich, Huflattich, Malve, Sauerampfer, Vogelmiere, weißer Melde und Taubnessel
- 500 g möglichst junger Spinat
- 4 l Wasser
- 2 Teel. Salz
- 1 große Zwiebel
- 2 Knoblauchzehen
- 2 Eßl. Distelöl
- 1 Prise Salz
- 1 Teel. Honig
- ⅛ l saure Sahne
- 50 g Pinienkerne

Vollwertrezept • Braucht etwas Zeit

Pro Person etwa 1135 Joule/ 270 Kalorien · 9 g Eiweiß
16 g Fett · 22 g Kohlenhydrate

Zubereitungszeit: 1 Stunde

Die Wildkräuter und die Spinatblätter gründlich waschen und grobe Stiele entfernen. • Das Wasser mit dem Salz zum Kochen bringen. Die Wildkräuter und den Spinat ins Wasser geben und 3 Minuten blanchieren. • Das Gemüse dann in einem Sieb abtropfen lassen und grobhacken. Die Zwiebel und die Knoblauchzehen schälen und beides sehr klein würfeln. • Das Distelöl erhitzen. Die Zwiebel- und Knoblauchwürfel darin glasig braten. Das gehackte Gemüse hinzufügen und bei schwacher Hitze zugedeckt 5 Minuten dünsten. • Das Gemüse mit dem Salz, dem Honig und der sauren Sahne mischen. Etwas von der Flüssigkeit bei schwacher Hitze im offenen Topf in wenigen Minuten verdampfen lassen. • Inzwischen die Pinienkerne hacken und über das Gemüse streuen. • Schmeckt gut zu Salzkartoffeln und Spiegeleiern, Getreidefrikadellen oder -bratlingen.

Mangold in Sahnesauce

Eine delikate Art, Mangold zu servieren

- 1 kg Mangold
- ¼ l heiße Gemüsebrühe
- 2 Teel. Weizen-Vollkornmehl
- 2 Eßl. naturreiner Ananassaft
- je 1 Prise Salz und geriebene Muskatnuß
- 2 Eßl. Mandelmus
- einige Tropfen Zitronensaft
- ⅛ l Sahne

Vollwertrezept • Schnell

Pro Person etwa 840 Joule/ 200 Kalorien · 8 g Eiweiß
14 g Fett · 11 g Kohlenhydrate

Vorbereitungszeit: 20 Minuten
Garzeit: 10 Minuten

Den Mangold gründlich waschen, von den grünen Blättern etwa 1 Handvoll abstreifen und zugedeckt beiseite stellen. • Den übrigen Mangold feinstreifig schneiden, in die heiße Gemüsebrühe geben und zugedeckt bei schwacher Hitze 10 Minuten dünsten. • Das Mehl mit dem Ananassaft anrühren. Das Gemüse damit binden. Den Mangold mit dem Salz, dem Muskat, dem Mandelmus und dem Zitronensaft abschmecken. Die Sahne unter das Gemüse rühren. Im offenen Topf bei schwacher Hitze noch etwas Flüssigkeit verdampfen lassen. • Inzwischen die zurückbehaltenen Mangoldblätter feinwiegen und über das angerichtete Gemüse streuen. • Schmeckt gut zu Kartoffelpüree und pochierten Eiern oder Lammkoteletts.

Unser Tip: Mandelmus und naturreine Fruchtsäfte gibt es im Reformhaus oder im Naturkostladen. Die feine Paste unterstützt die Konsistenz der samtigen Sauce und spendet dezentes Aroma.

Erbsen und Schoten auf Feinschmeckerart

Besondere Beilagen für festliche Anlässe

Zuckerschoten in Weinsauce

im Bild vorne

- 700 g Zuckerschoten
- 2 Eßl. Butter
- ⅛ l heiße Gemüsebrühe
- 3 Eigelbe
- 1 Eßl. Speisestärke
- je 1 Prise Salz und weißer Pfeffer
- ⅛ l trockener Weißwein
- einige Tropfen Zitronensaft
- 1 Messerspitze abgeriebene Zitronenschale
- 4 Eßl. Sahne
- 3 Eiweiße
- 2 Eßl. kleingeschnittener Dill

Schnell • Etwas schwierig

Pro Person etwa 905 Joule/ 215 Kalorien · 11 g Eiweiß 12 g Fett · 15 g Kohlenhydrate

Vorbereitungszeit: 15 Minuten
Garzeit: 10–15 Minuten

Die Schoten waschen, von den Stielen befreien und abtropfen lassen. • Die Butter zerlassen und die Zuckerschoten darin schwenken. Die Gemüsebrühe über die Schoten gießen und diese zugedeckt 10 bis 15 Minuten dünsten; dann abgießen und die Dünstflüssigkeit dabei auffangen. • Die Eigelbe mit der Speisestärke, dem Salz und dem Pfeffer verquirlen und im heißen Wasserbad unter ständigem Rühren erhitzen. Nach und nach den Weißwein unter die Sauce rühren, mit dem Zitronensaft und der Zitronenschale abschmecken. Die Sauce mit der Sahne sowie mit der Dünstflüssigkeit von den Erbsen verrühren. • Die Eiweiße zu Schnee schlagen und unter die Sauce heben. Die Schoten mit der Sauce mischen und alles mit den Dillspitzen bestreuen. • Schmecken gut zu Putenschnitzel und Kartoffelpüree.

Erbsen auf Pommes duchesse

im Bild hinten

- 800 g mehligkochende Kartoffeln
- 2 Teel. Salz
- 500 g gepalte, junge Erbsen
- ⅛–¼ l Gemüsebrühe
- 1 Messerspitze Zucker
- 50 g Butter
- 2 Eigelbe
- je 1 Prise weißer Pfeffer und geriebene Muskatnuß
- 1 Eigelb · 2 Eßl. Milch
- 4 Eßl. frisch geriebener Emmentaler Käse
- 2 Eßl. Butter
- Für das Backblech: Öl

Etwas schwierig

Pro Person etwa 1595 Joule/ 380 Kalorien · 15 g Eiweiß 15 g Fett · 46 g Kohlenhydrate

Vorbereitungszeit: 30 Minuten
Garzeit: 35–40 Minuten

Die Kartoffeln schälen, waschen, würfeln und von Wasser bedeckt mit 1 Teelöffel Salz in etwa 25 Minuten garen. • Die Erbsen mit der Gemüsebrühe, ½ Teelöffel Salz und dem Zucker zugedeckt 20 Minuten dünsten. • Die garen Kartoffeln abgießen, ab kühlen lassen und durch die Kartoffelpresse drücken. • Den Backofen auf 200° vorheizen. Ein Backblech mit Öl bestreichen. • ½ Teelöffel Salz, die Butter, die Eigelbe, den Pfeffer und den Muskat mit der durchgepreßten Kartoffelmasse mischen. Von der Kartoffelmasse 8 gleich große Portionen auf das Backblech spritzen und in jede Portion eine Mulde drücken. Das Eigelb mit der Milch verquirlen und die Kartoffelnester damit bepinseln. • Die Erbsen abtropfen lassen und in die Kartoffelnester füllen. Die Portionen mit dem Käse bestreuen und mit der Butter in Flöckchen belegen. • Im Backofen auf der mittleren Schiene 10 bis 15 Minuten überbacken.

Alles mit frischen Bohnen

Bohnen gewinnen durch feines Würzen noch an Geschmack

Dicke Bohnen in Béchamelsauce

im Bild hinten

1½ kg dicke Bohnen
½ l Gemüsebrühe
2 Zweige Bohnenkraut
2 Eßl. Butter
1 Eßl. Mehl
1 kleine Zwiebel
½ Lorbeerblatt
2 Gewürznelken
je 1 Prise Salz, Pfeffer und geriebene Muskatnuß
⅛ l Sahne
1 Teel. Sardellenpaste
2 Eßl. gehackte Petersilie

Braucht etwas Zeit • Gelingt leicht

Pro Person etwa 1220 Joule/ 290 Kalorien · 12 g Eiweiß 15 g Fett · 26 g Kohlenhydrate

Vorbereitungszeit: 15 Minuten
Garzeit: 1 Stunde

Die Bohnen aus den Hülsen palen, kalt abbrausen und abtropfen lassen. Die Gemüsebrühe mit dem Bohnenkraut zum Kochen bringen. Die Bohnen hineingeben und zugedeckt 30 Minuten kochen lassen. • Die Bohnen dann abgießen, dabei ⅜ l der Kochflüssigkeit auffangen und aufbewahren. • Die Butter zerlassen. Das Mehl hineinstäuben, unter Rühren darin hellgelb anbraten und nach und nach mit der Gemüsebrühe auffüllen. • Die Zwiebel schälen, mit dem Lorbeerblatt und den Gewürznelken bestecken und in die Sauce geben. Die Sauce unter öfterem Umrühren 30 Minuten köcheln lassen. • Die Zwiebel dann wieder entfernen und die Sauce mit Salz, Pfeffer und Muskat abschmecken. Die Sahne mit der Sardellenpaste verrühren und unter die Sauce mischen. Die dicken Bohnen in die Sauce geben. • Das Gemüse mit der Petersilie bestreut servieren.

Grüne Bohnen mit Crème fraîche

im Bild vorne

800 g grüne Bohnen
1 Zwiebel
1 Knoblauchzehe
2 mittelgroße Möhren
2 Eßl. Keimöl
⅛ l heiße Gemüsebrühe
2 Zweige Bohnenkraut
1 Teel. Arrowroot (Pfeilwurzelmehl)
4 Eßl. Crème fraîche
2 Teel. gehackte Thymianblättchen

Vollwertrezept • Gelingt leicht

Pro Person etwa 775 Joule/ 185 Kalorien · 7 g Eiweiß 10 g Fett · 19 g Kohlenhydrate

Vorbereitungszeit: 20 Minuten
Garzeit: 10–20 Minuten

Die Bohnen putzen, wenn nötig von Fäden befreien und waschen. Große Bohnen halbieren oder vierteln. Die Zwiebel schälen und würfeln. Den Knoblauch sehr fein schneiden. Die Möhren schaben, waschen und kleinwürfeln. • Das Öl erhitzen. Die Zwiebelwürfel und den Knoblauch unter Umwenden darin anbraten. Die Bohnen und die Möhrenstücke dazugeben und rasch im Fett wenden. Das Gemüse mit der Gemüsebrühe auffüllen und das Bohnenkraut hinzufügen. Je nach Dicke der Bohnen das Gemüse 10 bis 20 Minuten kochen lassen. • Das Arrowroot in wenig kaltem Wasser anrühren und mit der Crème fraîche mischen. Die Sauce der grünen Bohnen damit binden. Das Bohnenkraut entfernen. Das Gemüse mit dem Thymian bestreuen. • Die grünen Bohnen mit Crème fraîche schmecken gut zu Lammkoteletts und Pellkartoffeln.

Kohlrabi in köstlichen Varianten

Gemüse, das durch feine Ergänzungen noch abwechslungsreicher wird

Kohlrabi mit Möhren

im Bild links

3 Knollen Kohlrabi (etwa 600 g)
2 große Möhren · 4 mittelgroße Kartoffeln · 2 kleine Zwiebeln
50 g durchwachsener Speck
2 Eßl. Butter · ½ l Fleischbrühe
je 1 Prise Salz und Paprikapulver
2 Eßl. Kresseblättchen

Preiswert • Gelingt leicht

Pro Person etwa 1195 Joule/ 285 Kalorien · 6 g Eiweiß
14 g Fett · 32 g Kohlenhydrate

Vorbereitungszeit: 30 Minuten
Garzeit: 20–25 Minuten

Die Kohlrabi, die Möhren, die Kartoffeln und die Zwiebeln schälen; alles würfeln. Den Speck in kleine Würfel schneiden. Die zarten Blätter vom Kohlrabi waschen und kleinschneiden. • Die Speckwürfel in der Butter ausbraten, dann aus dem Fett heben. • Die Zwiebelwürfel im verbliebenen Fett glasig braten. Das übrige Gemüse mit anbraten, mit der Fleischbrühe auffüllen und zugedeckt 20 bis 25 Minuten dünsten. • Das Gemüse abschmecken und mit der Kresse, dem Kohlrabigrün und den Speckwürfeln bestreuen.

Kohlrabischeiben in Sahnesauce

im Bild vorne

1 Knollen Kohlrabi (etwa 800 g)
3 Eßl. Keimöl
⅛ l heiße Gemüsebrühe
⅛ l Sahne
je 1 Prise Salz und weißer Pfeffer · 2 Eßl. gehackte Petersilie

Vollwertrezept • Schnell

Pro Person etwa 985 Joule/ 235 Kalorien · 5 g Eiweiß
18 g Fett · 13 g Kohlenhydrate

Vorbereitungszeit: 10 Minuten
Garzeit: 10–15 Minuten

Die Kohlrabiknollen schälen und in etwa ½ cm dicke Scheiben schneiden. Die zarten Blätter waschen und hacken. • Die Kohlrabischeiben im Öl anbraten, mit der Gemüsebrühe aufgießen und 10 bis 15 Minuten dünsten. • Das Kohlrabigemüse mit der Sahne mischen, abschmecken und mit der Petersilie und dem Kohlrabigrün bestreuen.

Kohlrabi mit Schinken

im Bild rechts

5 Knollen Kohlrabi (etwa 1 kg)
3 Eßl. Butter
¼ l heiße Fleischbrühe
1 Zweig Liebstöckel
je 1 Prise Zucker, Salz, schwarzer Pfeffer und geriebene Muskatnuß
100 g gekochter Schinken ohne Fettrand · 50 g durchwachsener Speck in dünnen Scheiben
2 Teel. Öl · 1 Teel. Liebstöckel

Schnell • Gelingt leicht

Pro Person etwa 1510 Joule/ 360 Kalorien · 17 g Eiweiß
25 g Fett · 17 g Kohlenhydrate

Vorbereitungszeit: 15 Minuten
Garzeit: 20 Minuten

Die Kohlrabi schälen, in dünne Scheiben schneiden und die Scheiben vierteln. Das Kohlrabigrün waschen, kleinhacken und zugedeckt aufbewahren. • Den Kohlrabi in der zerlassenen Butter anbraten. Die Fleischbrühe, den Liebstöckelzweig, den Zucker, das Salz, den Pfeffer und den Muskat hinzufügen. • Die Kohlrabi zugedeckt bei schwacher Hitze 20 Minuten dünsten. • Den Schinken in Streifen schneiden und unter das Gemüse mischen. Den Speck in dem Öl knusprig braun braten. • Das gegarte Gemüse mit dem gehackten Liebstöckel und dem Kohlrabigrün bestreuen, mit den Speckscheiben belegen.

Auberginen mit Tomatensauce

Das schmeckt nach südlichem Sommer

- 1 kg kleine Auberginen
- 2 Teel. Salz
- 1 Zwiebel
- 2 Knoblauchzehen
- 6 Tomaten
- 4 Eßl. Weizen-Vollkornmehl
- ⅛ l Olivenöl
- 1 Teel. gehackter Rosmarin
- je 1 Prise Salz und weißer Pfeffer
- 1 Teel. Weizen-Vollkornmehl
- 1 Eßl. Apfelessig

Vollwertrezept • Braucht etwas Zeit

Pro Person etwa 1785 Joule/ 420 Kalorien · 7 g Eiweiß 32 g Fett · 26 g Kohlenhydrate

Vorbereitungszeit einschließlich Ruhezeit: 40 Minuten
Garzeit: 35 Minuten

Die Auberginen dünn schälen, längs in 1 cm dicke Scheiben schneiden, mit dem Salz bestreuen und zugedeckt 30 Minuten ziehen lassen. • Die Zwiebel und die Knoblauchzehen schälen und beides würfeln. Die Tomaten häuten, achteln und die Stielansätze entfernen. • Von den Auberginen die gezogene Flüssigkeit abgießen, die Scheiben abtupfen und im Mehl wenden. • Das Öl erhitzen. Die Auberginenscheiben nach und nach von beiden Seiten goldbraun braten, abtropfen lassen und warm stellen. • Die Hälfte des Öls entfernen. Die Zwiebel- und die Knoblauchwürfel im verbliebenen Fett goldgelb braten. Die Tomaten hinzufügen und 2 Minuten mitbraten. Den Rosmarin, das Salz und den Pfeffer dazugeben und alles zugedeckt etwa 5 Minuten dünsten. • Das Mehl mit dem Essig anrühren. Die Tomatensauce damit binden; noch 5 Minuten leicht kochen lassen. • Dazu schmecken körnig gekochter Reis, Maisgrießschnitten oder kurz gebratenes Fleisch.

Geschmorte Zucchini

Harmonieren gut mit geräuchertem Speck

- 800 g kleine Zucchini
- 2 Knoblauchzehen · 1 Teel. Salz
- 1 Messerspitze schwarzer Pfeffer
- 100 g durchwachsener Speck
- 2 Eßl. Olivenöl
- ⅛ l heiße Gemüsebrühe
- 1 Eßl. gehackte Salbeiblätter
- 6 Eßl. Sahne
- 1 Prise Paprikapulver, scharf
- 2 Eßl. Schnittlauchröllchen

Preiswert • Gelingt leicht

Pro Person etwa 1365 Joule/ 325 Kalorien · 6 g Eiweiß 27 g Fett · 14 g Kohlenhydrate

Vorbereitungszeit: 30 Minuten
Garzeit: 20 Minuten

Die Zucchini waschen, abtrocknen, die Stielenden abschneiden und die Früchte in etwa 2 cm große Würfel schneiden. Die Knoblauchzehen schälen, würfeln und mit dem Salz und dem Pfeffer zerdrücken. Die Zucchiniwürfel in einer Schüssel mit dem Knoblauchsalz mischen. • Den Speck würfeln, in dem Öl ausbraten und die Speckwürfel mit einem Schaumlöffel aus dem Fett heben. • Die Zucchiniwürfel von allen Seiten im Speckfett anbraten. Die Gemüsebrühe und den Salbei hinzufügen und alles zugedeckt bei schwacher Hitze 15 Minuten schmoren lassen. • Die Sahne mit dem Paprikapulver verrühren, unter die Zucchini mischen und im offenen Topf bei schwacher Hitze noch etwas Flüssigkeit verdampfen lassen. • Die Zucchini mit den Speckwürfeln und den Schnittlauchröllchen bestreut servieren. • Dazu schmecken italienische Kartoffelplätzchen.

Unser Tip: Wer Speck nicht mag, kann das Gemüse statt dessen mit mageren Schinkenwürfeln oder 200 g gewürfeltem, gegartem Geflügelfleisch anreichern. Die Joule-/Kalorienzahl reduziert sich dadurch um etwa 420 Joule/ 100 Kalorien pro Person.

Gemüsebeilage Nummer 1: Möhren

Mild gewürzt schmecken sie am besten

Glasierte Möhren

im Bild hinten

- 800 g Möhren
- 3 Eßl. Weizenkeimöl
- 1 Eßl. Ahornsirup
- ⅛ l Gemüsebrühe
- 2 Teel. Arrowroot (Pfeilwurzelmehl)
- 3 Eßl. Sahne · 1 Prise Salz
- 1 Eßl. gehackte Pfefferminze

Vollwertrezept • Preiswert

Pro Person etwa 775 Joule/ 185 Kalorien · 4 g Eiweiß 10 g Fett · 20 g Kohlenhydrate

Vorbereitungszeit: 20 Minuten
Garzeit: 20 Minuten

Die Möhren unter fließendem kaltem Wasser gründlich bürsten und in 1 cm große Würfel schneiden. • Das Öl erhitzen. Den Ahornsirup untermischen und die Möhrenwürfel darin 5 Minuten unter Umwenden anbraten. Die Gemüsebrühe dazugießen. Das Gemüse zugedeckt bei schwacher Hitze 20 Minuten dünsten; wenn nötig etwas Gemüsebrühe hinzufügen. • Das Pfeilwurzelmehl mit der Sahne anrühren. Die Flüssigkeit der garen Möhren damit binden. Die Möhren salzen und mit der Minze bestreuen.

Möhren in Marsala

im Bild vorne

- 800 g Möhren · 3 Eßl. Butter
- ⅛ l Marsalawein · ½ Teel. Salz
- 2 Eßl. gehackte Petersilie

Gelingt leicht

Pro Person etwa 755 Joule/ 180 Kalorien · 2 g Eiweiß 7 g Fett · 22 g Kohlenhydrate

Vorbereitungszeit: 10 Minuten
Garzeit: 20–30 Minuten

Die Möhren schaben, waschen und in Scheiben schneiden. • Die Butter zerlassen und die Möhrenscheibchen unter Umwenden 5 Minuten darin anbraten. Den Marsalawein und das Salz hinzufügen, alles gut durchmischen. • Die Möhren zugedeckt in 20 bis 30 Minuten garen. • Das Gemüse mit der Petersilie bestreuen.

Gratiniertes Gemüse

Die feinste Zubereitung für zarte Gemüsearten

Fenchel mit Käsekruste

im Bild vorne

800 g Fenchel · 1 Teel. Salz
50 g Butter · 2 Eßl. Mehl
⅛ l warme Milch
je 1 Prise Salz, weißer Pfeffer und geriebene Muskatnuß
4 Eßl. frisch geriebener Parmesankäse
Für die Form: Butter

Etwas teurer • Braucht etwas Zeit

Pro Person etwa 1115 Joule/ 265 Kalorien · 10 g Eiweiß 15 g Fett · 22 g Kohlenhydrate

Vorbereitungszeit: 20 Minuten
Garzeit: 50 Minuten

Die Fenchelknollen putzen, waschen und vierteln. Das feine Fenchelgrün feinhacken und beiseite stellen. • Den Fenchel von Salzwasser bedeckt 40 Minuten kochen lassen. • Eine feuerfeste Form mit Butter ausstreichen. Den Backofen auf 220° vorheizen. • Den Fenchel abgießen; ⅛ l vom Kochsud abmessen. 25 g Butter zerlassen. Das Mehl hineinstäuben, unter Umrühren hellgelb anbraten und mit dem Kochsud aufgießen. Die Milch hinzufügen und alles unter Rühren einige Minuten kochen lassen; mit dem Salz, dem Pfeffer und dem Muskat abschmecken. • Den Fenchel in der Form mit dem Fenchelgrün und der Sauce bedekken. Den Käse darüberstreuen und die restliche Butter in Flöckchen daraufsetzen. Den Fenchel 10 Minuten überbacken.

Variante: Staudensellerie mit Käsekruste
im Bild hinten

1 kg Staudensellerie putzen, in 6 cm lange Stücke schneiden und 30 Minuten zugedeckt in Salzwasser kochen. Die zarten Sellerieblätter hacken. • Den Sellerie in eine feuerfeste Form füllen und wie den Fenchel in der Béchamelsauce gratinieren. Mit dem Selleriegrün bestreut servieren.

Süß-saures Gurkengemüse

Sahnig, leicht und magenschonend

1 kg Gemüsegurken	
2 Eßl. Pflanzenmargarine	
1 Teel. milder Senf	
½ Teel. Salz	
1 Teel. Ahornsirup	
1–2 Eßl. Zitronensaft	
⅛ l heiße Gemüsebrühe	
1 Eigelb	
6 Eßl. Sahne	
2 Eßl. kleingeschnittener Dill	

Preiswert • Vollwertrezept

Pro Person etwa 590 Joule/
140 Kalorien · 3 g Eiweiß
11 g Fett · 7 g Kohlenhydrate

Vorbereitungszeit: 15 Minuten
Garzeit: 20 Minuten

Die Gurken schälen, längs halbieren, die Kerne herausschaben und die Gurken in etwa ½ cm dicke Scheiben schneiden. • Die Margarine zerlassen. Die Gurkenstücke unter Umwenden darin anbraten. Den Senf, das Salz, den Sirup und den Zitronensaft untermischen. Die Gemüsebrühe dazugießen und alles zugedeckt bei schwacher Hitze 20 Minuten schmoren lassen. • Das Eigelb mit der Sahne verquirlen. • Nach 20 Minuten Garzeit den Topf öffnen und bei schwacher Hitze in einigen Minuten etwas Flüssigkeit von den Gurken verdampfen lassen. Das Gemüse vom Herd nehmen. 2 Eßlöffel von der heißen Schmorflüssigkeit unter die Eigelb-Sahne ziehen. Das Gemüse damit legieren, kräftig süß-sauer abschmecken und mit den Dillspitzen bestreut servieren. • Paßt gut zu Kartoffelpüree und Getreidebratlingen.

Unser Tip: Wer das Gemüse gebunden bevorzugt, der kann es mit 1 bis 2 Teelöffeln kalt angerührter Speisestärke kurz aufkochen lassen und danach mit der Eigelb-Sahne verfeinern.

Gemüse aus weißen Rüben

Zugreifen, wenn weiße Rüben Saison haben

800 g weiße Rüben	
1 Teel. Salz	
2 Eßl. Butter	
2 Eßl. Mehl	
1 Eßl. Butter	
2 Eßl. Zucker	
2 Schnapsgläser Portwein (4 cl)	

Gelingt leicht

Pro Person etwa 610 Joule/
145 Kalorien · 2 g Eiweiß
7 g Fett · 17 g Kohlenhydrate

Vorbereitungszeit: 30 Minuten
Garzeit: 20 Minuten

Die Rüben schälen, gründlich waschen, abtrocknen und in kleine Würfel schneiden. Die Rübenwürfel mit dem Salz von Wasser bedeckt zum Kochen bringen und etwa 20 Minuten kochen lassen. • Die Rüben dann in ein Sieb schütten; ½ l von der Kochbrühe abmessen und aufbewahren. • Die Butter in einem großen Topf schmelzen lassen. Das Mehl hineinstäuben und unter kräftigem Rühren hellgelb anbraten. Den Kochsud von den Rüben nach und nach dazugießen; dabei die Sauce kräftig mit dem Schneebesen rühren und einige Minuten gut durchkochen lassen. • Die Rübenwürfel in die Sauce geben. • Die Butter in einem kleinen Topf erhitzen. Den Zucker darin unter Rühren karamelisieren lassen. Den Portwein dazugießen, alles gründlich durchrühren und zu den weißen Rüben geben. • Das Gemüse noch bei äußerst schwacher Hitze 5 Minuten köcheln lassen. • Schmeckt gut zu Petersilienkartoffeln und Schweinekoteletts.

Unser Tip: Probieren Sie die weißen Rüben einmal in einer Béchamelsauce zubereitet, wobei die Hälfte der Kochbrühe durch Milch ersetzt und mit Salz, 1 Prise weißem Pfeffer und Muskat gewürzt wird. Statt Zuckerkaramel 3 bis 4 Eßlöffel Schnittlauchröllchen hinzufügen.

Blumenkohl in Sahnesauce

Vorsicht: Der Blumenkohl muß »Biß« behalten

1 kg Blumenkohl
½ l Milch · ½ l Wasser
3 Eßl. Pflanzenmargarine
1 Eßl. Weizen-Vollkornmehl
⅛ l Sahne · 2 Eigelbe
½ Teel. Salz
1 Prise geriebene Muskatnuß
2 Eßl. Schnittlauchröllchen

Vollwertrezept • Braucht etwas Zeit

Pro Person etwa 1070 Joule/ 255 Kalorien · 9 g Eiweiß 18 g Fett · 14 g Kohlenhydrate

Vorbereitungszeit: 35 Minuten
Garzeit: 30–35 Minuten

Vom Blumenkohl die äußeren grünen Blätter entfernen, den Strunk kürzen und kreuzweise einschneiden; dadurch gart er zur gleichen Zeit wie die zarteren Röschen. Den Blumenkohl mit den Röschen nach unten 15 Minuten in kaltes Wasser legen, damit Schmutz und Ungeziefer ausgeschwemmt werden. • Die Milch mit dem Wasser zum Kochen bringen. Den Kohlkopf mit den Röschen nach oben zugedeckt in 20 bis 25 Minuten weich kochen. • Den Blumenkohl dann abtropfen lassen, in Röschen zerteilen und heiß halten. • ¼ l vom Kochsud abmessen. • Die Margarine zerlassen. Das Mehl unter Rühren hineinstäuben, darin hellgelb anbraten und nach und nach mit dem Sud vom Blumenkohl aufgießen. Die Sauce unter Rühren 10 Minuten leicht kochen lassen. • Die Sahne mit den Eigelben, dem Salz und dem Muskat verquirlen und 2 Eßlöffel von der heißen Sauce unter die Eigelb-Sahne mischen. Die Sauce vom Herd nehmen und die Eigelb-Sahne unterrühren. Die Blumenkohlröschen in die heiße Sauce geben und alles noch einmal erwärmen, aber nicht mehr kochen lassen. • Den Blumenkohl vor dem Servieren mit den Schnittlauchröllchen bestreuen. • Paßt gut zu Kartoffelpüree und gegrillten Tomaten.

Glasierte Bataten

Unbedingt probieren, wenn Bataten auf den Markt kommen

800 g Bataten (Süßkartoffeln)
1 Teel. Salz
⅛ l Ahornsirup
1 Teel. Angostura Bitter
1 Teel. Zitronensaft
3 Eßl. Butter

Spezialität aus Amerika

Pro Person etwa 1595 Joule/ 380 Kalorien · 4 g Eiweiß 7 g Fett · 75 g Kohlenhydrate

Vorbereitungszeit: 15 Minuten
Garzeit: 30 Minuten

Die Bataten unter fließendem kaltem Wasser bürsten und von Wasser bedeckt in etwa 30 Minuten weich kochen. • Die Kartoffeln dann anstechen, um zu prüfen, ob sie weich sind. Die Bataten abgießen, etwas abkühlen lassen, schälen, vierteln und mit dem Salz bestreuen. • Den Ahornsirup mit dem Angostura Bitter, dem Zitronensaft und der Butter unter ständigem Rühren erhitzen. Die Bataten in der Sirupmischung bei schwacher Hitze unter öfterem Umwenden wieder heiß werden lassen und dabei glasieren. • Schmecken gut zu Lammbraten.

Unser Tip: Aus gegarten Bataten läßt sich auch ein pikanter Kartoffelsalat herstellen: Die Süßkartoffeln mit Scheibchen von frischem Staudensellerie, mit Apfelstückchen, Orangenfilets, gehackten Cashewnüssen, einigen Rosinen und einer mit Curry gewürzten Sauce aus Mayonnaise und Joghurt mischen.

Cardy und Stielmangold: schmackhafte Außenseiter

Nur selten zu bekommen, doch besonders köstlich

Überbackener Cardy

im Bild hinten

2 kg Cardy
1 l Wasser
1 Teel. Salz
3 Eßl. Essig
⅜ l Gemüsebrühe
3 Schalotten
2 Eßl. Pflanzenmargarine
1 Eßl. Weizen-Vollkornmehl
2 Eier · 1 Prise Salz
50 g frisch geriebener Emmentaler Käse
Für die Form: Pflanzenmargarine

Vollwertrezept

Pro Person etwa 965 Joule/ 230 Kalorien · 14 g Eiweiß 12 g Fett · 16 g Kohlenhydrate

Vorbereitungszeit: 40 Minuten
Garzeit: 50 Minuten

Die Cardystaude in Stangen teilen, gründlich waschen, die grünen Blätter abstreifen, die Enden und die stacheligen Ränder abschneiden und die Stangen in 5 cm lange Stücke schneiden. • Das Wasser mit dem Salz und dem Essig zum Kochen bringen. Die Cardystücke hineingeben und 5 Minuten darin blanchieren. • Den Cardy dann in ein Sieb gießen, etwas abkühlen lassen und die faserige Haut abziehen. Die Gemüsebrühe erhitzen. Die Cardystücke darin 30 Minuten zugedeckt kochen lassen; dann abgießen und die Gemüsebrühe dabei auffangen. • Die Schalotten schälen und würfeln. • Die Margarine zerlassen. Die Schalottenwürfel darin glasig braten. Das Mehl darüberstäuben und hellgelb anbraten. Die Gemüsebrühe nach und nach dazugießen, alles unter Umrühren 5 Minuten kochen lassen, und die Sauce vom Herd nehmen. • Den Backofen auf 220° vorheizen. Eine feuerfeste Form mit Margarine ausstreichen. • Die Eier in Eigelbe und Eiweiße trennen. Die Eigelbe unter die Sauce ziehen. Die Eiweiße mit dem Salz zu Schnee schlagen und unter die Sauce heben. • Die Cardystücke in die Form legen, mit der Sauce überziehen und den geriebenen Käse darüberstreuen. • Den Cardy im Backofen 20 Minuten überbacken.

Stielmangold mit Butterbröseln

im Bild vorne

1½ kg Stielmangold
1½ l Wasser
2 Teel. Salz
1 Zwiebel
4 Eßl. Butter
5 Eßl. Semmelbrösel

Gelingt leicht

Pro Person etwa 905 Joule/ 215 Kalorien · 10 g Eiweiß 10 g Fett · 21 g Kohlenhydrate

Vorbereitungszeit: 10 Minuten
Garzeit: 15–20 Minuten

Den Stielmangold gründlich kalt waschen, trockenschleudern und die Stiele von den grünen Blättern befreien. Von den Stielen und den dicken Rippen die Fäden und die Haut abziehen und die Stiele und Rippen in 5 cm lange Stücke schneiden. • Das Wasser mit dem Salz zum Kochen bringen. Die Mangoldstücke darin 15 bis 20 Minuten kochen lassen. • Die Zwiebel schälen und würfeln. Von dem Mangoldgrün etwa 2 Händevoll grobhacken. • 1 Eßlöffel Butter zerlassen. Die Zwiebelwürfel darin glasig braten. Das Mangoldgrün dazugeben und zugedeckt 5 Minuten dünsten lassen. • Die restliche Butter zerlassen und die Semmelbrösel darin goldbraun braten. • Den Mangold gut abtropfen lassen, auf eine vorgewärmte Platte geben und mit dem Mangoldgrün und den Butterbröseln bestreuen.

Fritierter Chicorée

Festliche Beilage, aber auch Zwischengericht

8 mittelgroße Stauden Chicorée	
2 Zitronen · 2 l Wasser	
2 Teel. Salz	
150 g Mehl · 2 Eier	
⅛ l helles Bier	
1 Teel. Salz	
1 Teel. Zucker	
1 Bund Petersilie	
Zum Fritieren: 1 l Öl	

Schnell • Gelingt leicht

Pro Person etwa 1720 Joule/ 410 Kalorien · 11 g Eiweiß 24 g Fett · 37 g Kohlenhydrate

Vorbereitungszeit: 20 Minuten
Garzeit: 10 Minuten

Vom Chicorée die äußeren schlechten Blätter entfernen, die Strünke etwas kürzen und mit einem spitzen Messer einen Keil aus dem Strunk schneiden. Die Zitronen auspressen. • Das Wasser mit dem Salz und dem Zitronensaft zum Kochen bringen. Die Chicoréestauden hineinlegen und 10 Minuten kochen lassen. • Den Chicorée dann abtropfen und abkühlen lassen. • Für den Ausbackteig das Mehl in eine Schüssel sieben. Die Eier in Eigelbe und Eiweiße trennen. Die Eigelbe mit dem Bier, dem Salz und dem Zukker unter das Mehl mischen. • Das Öl in einer Friteuse oder im Fritiertopf auf 180° erhitzen. • Die Eiweiße zu steifem Schnee schlagen und unter den Ausbackteig heben. Die Petersilie waschen und gut trockenschleudern. • Die Chicoréestauden nacheinander im Ausbackteig wenden und ins heiße Fritieröl legen. Die Stauden unter Umwenden von allen Seiten knusprig braun braten, mit einem Schaumlöffel aus dem Öl heben und auf saugfähigem Papier abtropfen lassen. Vor dem Einlegen weiterer Stauden jeweils darauf achten, daß die Temperatur des Öls stets wieder 180° erreicht hat. • Die fritierten Chicoréestauden auf einer vorgewärmten Platte warm halten. Die Petersilie 2 bis 3 Minuten in das heiße Fett geben, kurz abtropfen lassen und die Chicoréestauden damit garnieren. • Paßt gut zu Kartoffel-Heringssalat oder gebratenen Schinkenscheiben.

Pastinakenküchlein

Das Comeback eines delikaten Gemüses

600 g Pastinaken	
⅛ l Gemüsebrühe	
75 g frisch geschroteter Weizen	
2 Eier	
1 Eßl. Hefe-Extrakt	
½ Teel. Salz	
2 Eßl. gehackte Petersilie	
5 Eßl. Distelöl	

Vollwertrezept • Braucht etwas Zeit

Pro Person etwa 1365 Joule/ 325 Kalorien · 8 g Eiweiß
17 g Fett · 35 g Kohlenhydrate

Vorbereitungszeit: 10 Minuten
Garzeit: 1 Stunde

Die Pastinaken schälen oder schaben, gründlich waschen, abtrocknen und in Scheiben schneiden; dann in der Gemüsebrühe in 40 Minuten weich dünsten. Wenn nötig während des Garens wenig Gemüsebrühe oder Wasser nachfüllen. • Die gegarten Pastinaken mit dem Kochsud pürieren. Den Weizenschrot über das Püree streuen. Die Eier, den Hefe-Extrakt, das Salz und die gehackte Petersilie hinzufügen und alles zu einem geschmeidigen Teig verarbeiten. Mit nassen Händen aus der Masse knapp handtellergroße Küchlein formen. • Das Öl erhitzen. Die Pastinakenküchlein nacheinander von beiden Seiten im Öl goldgelb braten. Die fertigen Küchlein warm stellen, bis die ganze Masse verarbeitet ist. • Dazu schmeckt Rapunzelsalat.

Unser Tip: Die Pastinaken können nach dem Garen auch abgetropft durch einen Ausbackteig, wie im Rezept für fritierten Chicorée beschrieben, gezogen und in reichlich Öl in der Pfanne goldgelb gebraten werden. – Eine leichte Gemüsebeilage sind gedünstete, mit Sahne abgerundete Pastinaken.

Topinambur-Fritters

Die Entdeckung für die feine Küche

600 g Topinambur	
1 Teel. Salz	
1 l Wasser	
½ rote Paprikaschote	
100 g frisch geschroteter Weizen	
½ Teel. Salz	
1 Eßl. Paprikapulver, edelsüß	
2 Eier	
5 Eßl. Weizenkeimöl	

Vollwertrezept • Etwas schwierig

Pro Person etwa 1490 Joule/ 355 Kalorien · 10 g Eiweiß
17 g Fett · 40 g Kohlenhydrate

Vorbereitungszeit: 30 Minuten
Garzeit: 30 Minuten

Den Topinambur waschen, schälen und in Scheiben schneiden. Das Salz mit dem Wasser zum Kochen bringen. Die Topinamburscheibchen darin in 20 Minuten weich kochen. • Die Paprikaschote waschen, von den Kernen und weißen Rippen befreien und sehr fein hacken. Den Weizenschrot in eine Schüssel geben und mit dem Salz, dem Paprikapulver und der gehackten Paprikaschote mischen. Die Eier in Eigelbe und Eiweiße trennen. Die Eigelbe unter das Mehl mischen. Den Topinambur gut abtropfen lassen, kleinschneiden und ebenfalls unter den Teig mengen. Die Eiweiße zu steifem Schnee schlagen und unter den Teig heben. • Das Öl in einer Pfanne erhitzen. Nach und nach jeweils 1 Eßlöffel vom Teig ins Öl geben und etwas breit streichen. Die Fritters von beiden Seiten knusprig braun braten. Die garen Fritters heiß stellen, bis der gesamte Teig verarbeitet ist. • Topinambur-Fritters schmekken gut zu pochiertem Hähnchen und Rosenkohlgemüse.

Knollensellerie auf verschiedene Art

Köstliche Gemüse-Alternativen zu Altbekanntem

Selleriegemüse

im Bild hinten

- 800 g Knollensellerie
- 2 Eßl. Pflanzenmargarine
- ¼ l heißes Wasser
- 1 Teel. Salz
- ½ Teel. Rübensirup
- 1 Messerspitze weißer Pfeffer
- 1 Eßl. Weizen-Vollkornmehl
- ½ Tasse heiße Gemüsebrühe
- 2 Messerspitzen Kräutersalz
- 1 Eigelb
- 4 Eßl. saure Sahne

Preiswert • Vollwertrezept

Pro Person etwa 630 Joule/ 150 Kalorien · 5 g Eiweiß 6 g Fett · 17 g Kohlenhydrate

Vorbereitungszeit: 10 Minuten
Garzeit: 30 Minuten

Von den Sellerieknollen das Grün abschneiden und beiseite stellen. Die Sellerieknollen unter fließendem Wasser bürsten, schälen, nochmals abspülen und in dicke Scheiben schneiden. Die Scheiben würfeln. • Die Margarine zerlassen, die Selleriewürfel unter Umwenden darin anbraten, bis sie leicht Farbe angenommen haben. Das Wasser mit dem Salz, dem Sirup und dem Pfeffer hinzufügen und das Gemüse zugedeckt bei schwacher Hitze in etwa 25 Minuten weich dünsten. • Das Mehl über den Sellerie stäuben und unter Rühren die Gemüsebrühe und das Kräutersalz hinzufügen. Das Gemüse aufkochen und bei sehr schwacher Hitze noch weitere 5 Minuten köcheln lassen. • Das Selleriegrün waschen und feinhacken. Das Eigelb mit der sauren Sahne verquirlen. • Das Gemüse vom Herd nehmen, mit der Eigelb-Sahne verfeinern und mit dem Selleriegrün bestreut servieren.

Selleriescheiben mit Rindermark

im Bild vorne

- 1 große Knolle Sellerie (etwa 700 g)
- Saft von 1 Zitrone
- 1 Teel. Zucker
- 1 Teel. Salz
- 2 große Zwiebeln
- 50 g Butter
- 2 große Rindermarkknochen
- 2 Prisen Salz
- 2 Messerspitzen grobgemahlener schwarzer Pfeffer
- 2 Eßl. gehackte Petersilie

Schnell • Preiswert

Pro Person etwa 945 Joule/ 225 Kalorien · 6 g Eiweiß 12 g Fett · 23 g Kohlenhydrate

Vorbereitungszeit: 10 Minuten
Garzeit: 20 Minuten

Die Sellerieknolle unter fließendem Wasser bürsten, schälen, abbrausen und in Scheiben schneiden. Die Scheiben von Wasser bedeckt mit dem Zitronensaft, dem Zucker und dem Salz 20 Minuten kochen und dann abtropfen lassen. • Die zarten Sellerieblätter waschen, feinhacken und zugedeckt aufbewahren. • Die Zwiebeln schälen, hacken und in der Butter braun braten. • Die Markknochen 3 Minuten in sprudelnd kochendes Wasser legen, abgießen und das Mark aus den Knochen schieben. Das Mark einmal quer durchschneiden. • Die Selleriescheiben anrichten, die Zwiebelmasse darauf verteilen und je 1 Markscheibe darauflegen. Das Rindermark mit Salz und Pfeffer würzen und mit der Petersilie und dem Selleriegrün bestreuen. • Dazu passen Grütze, Grünkernbratlinge oder Kartoffeln und grüner Salat.

Delikate Gemüsepürees

Gemüsepürees – der Hit der feinen Küche

Kohlrabipüree

im Bild links

800 g Kohlrabi · 1 große Zwiebel · 1 Knoblauchzehe
¼ l Gemüsebrühe
4 Eßl. Kresseblättchen
1 Eßl. Butter · 4 Eßl. Sahne
1 Messerspitze Salz · 1 Prise geriebene Muskatnuß

Gelingt leicht • Preiswert

Pro Person etwa 525 Joule/ 125 Kalorien · 6 g Eiweiß
4 g Fett · 15 g Kohlenhydrate

Vorbereitungszeit: 15 Minuten
Garzeit: 25 Minuten

Die Kohlrabi schälen und würfeln. Die Herzblätter vom Kohlrabi waschen, grob kleinschneiden und beiseite legen. Die Zwiebel und die Knoblauchzehe schälen, beides kleinwürfeln und mit den Kohlrabiwürfeln und der Gemüsebrühe 25 Minuten kochen lassen. • In den letzten 5 Minuten die Kresse und das Kohlrabigrün mitkochen lassen. • Die Kohlrabi pürieren und unter Rühren zu einer geschmeidigen Masse einkochen. Zuletzt mit der Butter und der Sahne mischen, mit Salz und Muskat würzen.

Variante: Selleriepüree
im Bild rechts

1 kg Knollensellerie putzen, würfeln, mit 1 Eßlöffel Zitronensaft beträufeln. Mit 1 gewürfelten Zwiebel in ¼ l Gemüsebrühe 20 Minuten garen. Den Sellerie mit der Garflüssigkeit, 6 Eßlöffeln Sahne, ½ Teelöffel Salz und etwas weißem Pfeffer pürieren. Mit gebräunten Zwiebelringen garnieren.

Linsenpüree

im Bild hinten

300 g Linsen · 1 l Wasser
1 Bund Suppengrün
1 Zwiebel · ½ Lorbeerblatt
1 Eßl. Butter · 2 Eßl. Sahne
1 Messerspitze Salz
1 Prise weißer Pfeffer

Braucht etwas Zeit

Pro Person etwa 1195 Joule/ 285 Kalorien · 18 g Eiweiß
4 g Fett · 44 g Kohlenhydrate

Vorbereitungszeit: 20 Minuten
Garzeit: 1½ Stunden

Die Linsen waschen, dabei verlesen und in einem Sieb abtropfen lassen. Das Wasser mit den Linsen zum Kochen bringen. Das Suppengrün putzen, die Zwiebel schälen und vierteln, mit dem Lorbeerblatt zu den Linsen geben und alles zugedeckt 1½ Stunden kochen lassen. • Die Linsen durch ein Sieb passieren, zurück in den Topf geben und unter ständigem Rühren kochen lassen, bis ein geschmeidiges Püree entsteht. Das Püree mit der Butter und der Sahne verrühren, mit Salz und Pfeffer abschmecken.

Erbsenpüree

im Bild vorne

1½ kg Erbsen in den Schoten
⅜ l Wasser
1 Teel. Salz
1 Teel. Zucker
Je 1 Zweig Dill, Kerbel und Petersilie
6 Eßl. Sahne
2 Eßl. Butter

Gelingt leicht

Pro Person etwa 1195 Joule/ 285 Kalorien · 16 g Eiweiß
10 g Fett · 33 g Kohlenhydrate

Vorbereitungszeit: 10 Minuten
Garzeit: 20 Minuten

Die Erbsen palen und mit dem Wasser, dem Salz, dem Zucker und den Kräutern zugedeckt 20 Minuten kochen lassen. • Die Kräuter dann entfernen. Die Erbsen mit der Kochflüssigkeit und der Sahne pürieren und mit der Butter verrühren.

Glasierte Teltower Rahmrübchen

Goethes Lieblingsgemüse schmeckt auch uns

800 g	Teltower Rübchen
3 Eßl.	Butter
2 Eßl.	Zucker
¼ l	Gemüsebrühe
1–2	Messerspitzen Salz
1 Prise	weißer Pfeffer
1 Teel.	Speisestärke
2 Eßl.	Sahne
2 Eßl.	gehackte Petersilie

Berühmtes Rezept

Pro Person etwa 545 Joule/ 130 Kalorien · 2 g Eiweiß 7 g Fett · 14 g Kohlenhydrate

Vorbereitungszeit: 15 Minuten
Garzeit: 35 Minuten

Die Rübchen unter fließendem Wasser gründlich bürsten, schälen, noch einmal abspülen und abtrocknen. Kleine Rübchen ganz lassen, größere Rübchen halbieren oder vierteln. • Die Butter in einem großen Topf zerlassen. Den Zucker unter Rühren in der Butter schmelzen und leicht bräunen lassen. Die Gemüsebrühe erhitzen. Die Rübchen in dem gebräunten Zucker unter Wenden 5 Minuten anbraten, bis die Rübchen sich leicht braun gefärbt haben. Die heiße Gemüsebrühe dazugießen und die Rübchen zugedeckt bei schwacher Hitze in etwa 30 Minuten weich dünsten. • Das Gemüse dann mit dem Salz und dem Pfeffer abschmecken. Die Speisestärke in der Sahne anrühren und die Dünstflüssigkeit damit binden. • Die Teltower Rübchen in einer vorgewärmten Schüssel anrichten und mit der Petersilie bestreuen. •Schmecken gut zu Pellkartoffeln und knusprig ausgebratenen Speckscheiben.

Unser Tip: Teltower Rübchen sind leider nur selten zu bekommen. Von Mai bis August werden aber die weißen Mairüben angeboten, die man wie Teltower Rübchen zubereiten kann.

Broccoli mit Butterbröseln

Kann gut vorbereitet werden

1 kg	Broccoli
⅛ l	Gemüsebrühe
⅛ l	trockener Weißwein
1 Teel.	Salz
50 g	Butter
100 g	Semmelbrösel

Gelingt leicht

Pro Person etwa 1155 Joule/ 275 Kalorien · 12 g Eiweiß 11 g Fett · 29 g Kohlenhydrate

Vorbereitungszeit: 15 Minuten
Garzeit: 15 Minuten

Den Broccoli gründlich unter fließendem lauwarmem Wasser waschen, trockentupfen und alle schlechten Stellen entfernen. Die Stiele wie Spargel von oben nach unten dünn schälen und von den Röschen trennen. • Die Gemüsebrühe mit dem Wein und dem Salz zum Kochen bringen. Die Stiele 5 Minuten darin dünsten, danach die Röschen dazugeben und das Gemüse in weiteren 10 Minuten garen. • Die Butter in einem kleinen Topf erhitzen. Die Semmelbrösel darin unter Rühren goldbraun braten. Vor dem Servieren über den Broccoli streuen.

Unser Tip: Je nachdem, welches Hauptgericht der Broccoli begleiten soll, kann man statt der gebräunten Semmelbrösel ⅛ l Sahne, mit 100 g frisch geriebenem Käse gemischt, über den Broccoli geben. In diesem Fall den Broccoli in dem auf 220° vorgeheizten Backofen etwa 10 Minuten überbacken.

Rosenkohl mit Kastanien

Eine besonders feine, aber auch sehr sättigende Gemüsebeilage

- 800 g Rosenkohl
- 1½ l Wasser
- 1 Teel. Salz
- 400 g Eßkastanien (Maronen)
- 1 l Wasser
- 50 g Butter
- 2 Eßl. Honig
- ¼ l Gemüsebrühe
- je 1 Prise Salz und geriebene Muskatnuß

Braucht etwas Zeit

Pro Person etwa 1825 Joule/ 435 Kalorien · 13 g Eiweiß 14 g Fett · 64 g Kohlenhydrate

Vorbereitungszeit: 20 Minuten
Garzeit: 30 Minuten

Vom Rosenkohl die äußeren schlechten Blättchen entfernen, die Strünke kürzen und die Kohlröschen waschen. • Das Wasser mit dem Salz zum Kochen bringen. Den Rosenkohl einlegen und zugedeckt bei schwacher Hitze 20 Minuten kochen lassen. • Für die Kastanien das Wasser zum Kochen bringen. Die Kastanien am spitzen Ende kreuzweise einschneiden, ins kochende Wasser geben und zugedeckt bei starker Hitze 20 Minuten kochen lassen. • Den Rosenkohl in ein Sieb gießen und abtropfen lassen. • Die Kastanien abgießen, schälen und die innere Haut abziehen. • Die Butter mit dem Honig unter ständigem Rühren erhitzen. Die Kastanien hinzufügen und darin wenden. Die Gemüsebrühe erhitzen, zu den Kastanien gießen und alles zugedeckt 10 Minuten dünsten. • Den Rosenkohl zu den Kastanien geben, bei äußerst schwacher Hitze darin noch einmal gut erwärmen und mit dem Salz und dem Muskat abschmecken. • Paßt gut zu Lammkoteletts oder Wildbraten.

Unser Tip: Wenn Sie für ein Essen einen Braten und Rosenkohl mit Kastanien ohne weitere Beilagen planen, so erhöhen Sie den Anteil der Kastanien auf 750 g.

Kohl in seiner besten Form

Kümmel und Speck passen gut zu Weißkohl und Wirsing

Gedünsteter Kümmelkohl

im Bild hinten

1 kg Weißkohl
⅛ l Gemüsebrühe
100 g Butterschmalz
2 Teel. Farinzucker
2 Teel. Kümmel
½ Teel. Salz

Braucht etwas Zeit

Pro Person etwa 1260 Joule/ 300 Kalorien · 4 g Eiweiß 25 g Fett · 14 g Kohlenhydrate

Vorbereitungszeit: 15 Minuten
Garzeit: 40 Minuten

Vom Kohl die äußeren schlechten Blätter entfernen. Den Kohlkopf vierteln, die Strunkteile herausschneiden und die Kohlviertel in einzelne Blätter zerlegen. Die Blätter in breite Streifen schneiden. • Die Gemüsebrühe erhitzen. • Das Butterschmalz in einem breiten großen Topf zerlassen und den Farinzucker darin schmelzen lassen. In Portionen die Weißkohlstreifen unter das Schmalz heben und jede Lage gut anbraten, ehe die nächste Lage Kohlstreifen dazukommt. Nach und nach die heiße Gemüsebrühe hinzufügen, den Kümmel dazugeben und den Kohl zugedeckt bei schwacher Hitze 40 Minuten dünsten. • Wenn nötig während der Dünstzeit noch etwas Gemüsebrühe oder Wasser hinzufügen. Den Kohl zuletzt mit Salz abschmekken. • Schmeckt gut zu Schweinebraten oder Schweinekoteletts, Hackbraten, Frikadellen oder Bratwürsten.

Unser Tip: Wer keinen Kümmel mag, erhöht den Zuckeranteil und würzt den Kohl statt dessen mit etwas frisch geriebenem Ingwer und ostasiatischer Sojasauce. Nach Belieben kann man den Weißkohl auch mit 1 bis 2 Eßlöffeln Speisestärke, kalt angerührt in etwas Weinessig, binden.

Wirsing mit Speck

im Bild vorne

1 kg Wirsing
2 l Wasser
1 Teel. Salz
¼ l Gemüsebrühe
4 Eßl. Crème fraîche
2 Teel. eingelegter grüner Pfeffer aus dem Glas
50 g durchwachsener Speck in 4 dünnen Scheiben
1 Eßl. Öl

Preiswert • Gelingt leicht

Pro Person etwa 905 Joule/ 215 Kalorien · 8 g Eiweiß 15 g Fett · 11 g Kohlenhydrate

Vorbereitungszeit: 10 Minuten
Garzeit: 25 Minuten

Vom Wirsing die äußeren schlechten Blätter entfernen; den Wirsing vierteln. Die Viertel kalt abbrausen. • Das Wasser mit dem Salz zum Kochen bringen. Den Wirsing hineingeben und 10 Minuten darin blanchieren. Die Gemüsebrühe erhitzen. • Den Backofen auf 220° vorheizen. • Die Wirsingviertel nach dem Blanchieren gut abtropfen lassen und in eine feuerfeste Form legen. Die Gemüsebrühe über die Kohlviertel gießen. Die Crème fraîche mit dem etwas zerdrückten grünen Pfeffer mischen und die Kohlviertel damit überziehen. • Die Kohlviertel im Backofen auf der mittleren Schiene 15 Minuten überbakken. • Inzwischen die Speckscheiben in dem Öl knusprig braun ausbraten. • Die Kohlviertel mit den gebratenen Speckscheiben belegt servieren. • Paßt gut zu Petersiliekartoffeln und gebratenen Hähnchenbrüsten.

Kohl und Kraut auf klassische Art

Die besten Beilagen zu feinen Braten und zu Wildgerichten

Rotkohl mit Äpfeln

im Bild links

1 kg Rotkohl
2 säuerliche Äpfel
2 Eßl. Butterschmalz
⅛ l Gemüsebrühe
1 Teel. Salz
3 Gewürznelken
3 Eßl. Rotweinessig
2 Eßl. Johannisbeergelee

Braucht etwas Zeit

Pro Person etwa 755 Joule/180 Kalorien · 4 g Eiweiß 6 g Fett · 27 g Kohlenhydrate

Vorbereitungszeit: 20 Minuten
Garzeit: 1 Stunde

Vom Rotkohl die schlechten äußeren Blätter entfernen. Den Kohl vierteln, die dicken Strunkteile keilförmig herausschneiden und die Kohlviertel in Streifen schneiden. Die Kohlstreifen in einem Sieb kalt abbrausen und gut abtropfen lassen. Die Äpfel vierteln, schälen, vom Kerngehäuse befreien und in Scheibchen schneiden. • Das Butterschmalz zerlassen. Die Gemüsebrühe erhitzen. Die Kohlstreifen unter Umwenden 5 Minuten im Butterschmalz anbraten. Die heiße Gemüsebrühe, das Salz und die Gewürznelken hinzufügen und den Kohl zugedeckt bei schwacher Hitze 1 Stunde dünsten. Nach Bedarf während der Dünstzeit etwas Wasser oder Gemüsebrühe zum Kohl gießen. • Nach 30 Minuten Garzeit die Äpfel mit dem Essig unter den Kohl mischen. • Den garen Kohl mit dem Johannisbeergelee und nötigenfalls noch mit etwas Salz und Rotweinessig zart süß-sauer abschmecken. • Schmeckt gut zu gebratenem Wild oder Wildgeflügel, Hausgeflügel, Schweinebraten oder Koteletts.

Champagnerkraut

im Bild rechts

1 kg Sauerkraut
1 große Zwiebel
1 Lorbeerblatt
2 Gewürznelken
100 g fetter Speck
2 Eßl. Öl
⅛ l Fleischbrühe
⅛ l trockener Weißwein
je 1 Prise Salz und Zucker
⅛ l Champagner oder Sekt

Braucht etwas Zeit

Pro Person etwa 1430 Joule/340 Kalorien · 7 g Eiweiß 22 g Fett · 17 g Kohlenhydrate

Vorbereitungszeit: 10 Minuten
Garzeit: 50 Minuten

Das Sauerkraut mit zwei Gabeln lockern. Die Zwiebel schälen und das Lorbeerblatt mit den Gewürznelken auf die Zwiebel stecken. Den Speck in 4 gleich große Stücke schneiden. • Das Öl erhitzen und das Sauerkraut gründlich darin wenden. Die Fleischbrühe erhitzen und zum Sauerkraut gießen. Die besteckte Zwiebel und die Speckstücke sowie den Weißwein hinzufügen und alles zugedeckt bei mittlerer Hitze 50 Minuten schmoren. • Den Speck und die Zwiebel entfernen und das Kraut mit Salz und Zucker abschmecken. Das Kraut kurz vor dem Servieren mit dem perlenden Champagner oder Sekt mischen. • Paßt gut zu Wildgeflügel oder Kartoffelgratin.

Unser Tip: Wer das Champagnerkraut von lieblicherem Geschmack wünscht, läßt den Speck weg und gart das Kraut nur mit der besteckten Zwiebel. 10 Minuten vor Ende der Garzeit 200 bis 300 g frische, in kleine Spalten geschnittene Ananas unter das Kraut mischen und dieses zuletzt mit dem Champagner verfeinern.

Gemüse-Spezialitäten

Hier finden Sie nicht nur bekannte und weniger bekannte Gerichte aus fremden Küchen vieler Länder, sondern auch raffiniertes Gebäck mit Gemüse wie herzhafte Kuchen, Quiches und Pizzen, die zu Bier oder Wein so köstlich schmecken.

Borschtsch

Die kräftige russische Krautsuppe

- 1½ l Wasser · 1 Teel. Salz
- 1 Messerspitze schwarzer Pfeffer
- 500 g Rindernacken
- 100 g Schweinebauch
- 500 g Weißkohl · 500 g rote Bete
- 1 Eßl. Rotweinessig
- 1 Petersilienwurzel
- ¼ Knolle Sellerie · 1 große Zwiebel · 1 kleine Stange Lauch (Porree) · ⅛ l saure Sahne
- 1 Eßl. gehackte Petersilie

Berühmtes Rezept • Braucht etwas Zeit

Pro Person etwa 1825 Joule/ 435 Kalorien · 34 g Eiweiß 22 g Fett · 25 g Kohlenhydrate

Vorbereitungszeit: 10 Minuten
Garzeit: 1½ Stunden

Das Wasser mit dem Salz und dem Pfeffer zum Kochen bringen. Das Fleisch waschen, ins kochende Wasser legen und sprudelnd kochen lassen. Den Schaum während der ersten 30 Minuten Kochzeit wiederholt abschöpfen • Vom Weißkohl die schlechten Blätter entfernen, den Kohl vierteln, den Strunk herausschneiden und die Kohlblätter in Streifen schneiden. Die roten Bete schälen, waschen und bis auf 1 Knolle alle in Streifen schneiden. Die restliche Knolle raspeln und mit dem Essig mischen. Die Petersilienwurzel und den Sellerie schälen oder schaben, waschen und in kleine Würfel schneiden. Die Zwiebel schälen und würfeln. Den Lauch putzen, waschen und nur das Gelbe in Scheibchen schneiden. • Nach 40 Minuten Kochzeit das kleingeschnittene Gemüse (nicht die geraspelte rote Bete) zum Fleisch geben und alles zugedeckt bei schwacher Hitze in weiteren 50 Minuten garen. • Das Fleisch in Würfel schneiden. Die Suppe mit den geraspelten roten Beten und den Fleischwürfeln mischen. • Borschtsch mit der sauren Sahne begießen und mit der Petersilie bestreuen.

Provenzalische Familiensuppe

Mit einem Quarkdessert eine komplette Mahlzeit

- 2 Stangen Lauch (Porree)
- 2 Zwiebeln · 400 g Kartoffeln
- 4 große Tomaten
- 2 Knoblauchzehen
- 1 Knolle Fenchel
- 3 Eßl. Olivenöl · ½–¾ l heiße Gemüsebrühe · ½ Teel. Salz
- 1 Prise Cayennepfeffer
- 1 Eßl. gehackte Petersilie

Spezialität aus Frankreich

Pro Person etwa 1155 Joule/ 275 Kalorien · 9 g Eiweiß 9 g Fett · 39 g Kohlenhydrate

Vorbereitungszeit: 30 Minuten
Garzeit: 30 Minuten

Vom Lauch die dunkelgrünen Blätter und die Wurzelansätze abschneiden, die Lauchstangen längs halbieren, waschen und in Scheiben schneiden. Die Zwiebeln schälen und würfeln. Die Kartoffeln schälen, waschen und in Scheiben schneiden. Die Tomaten überbrühen, häuten und würfeln; dabei die Stielansätze entfernen. Die Knoblauchzehen schälen und zerdrücken. Von der Fenchelknolle die äußeren harten Blätter entfernen und den Fenchel in Streifen schneiden. • Das Olivenöl in einem großen Topf erhitzen und zunächst die Zwiebelwürfel und die Lauchscheibchen darin anbraten. Die Kartoffelscheiben, die Tomatenwürfel, den zerdrückten Knoblauch und die Fenchelstreifen dazugeben und alles mit Gemüsebrühe bedeckt in 30 Minuten weich kochen. • Das Gemüse dann durch ein Sieb passieren und die Suppe mit dem Salz und dem Cayennepfeffer abschmekken. • Die Suppe mit der Petersilie bestreut servieren.

Unser Tip: In der Provence richtet man die Suppe mit in Butter goldbraun gebratenen Weißbrotscheiben (Baguette) an, die kurz vor dem Servieren auf die Suppe in Tellern oder Tassen gegeben werden. Darauf die Petersilie streuen.

Andalusische Gazpacho

Erfrischende kalte Gemüsesuppe

500 g Tomaten
2 Zwiebeln
2 große Knoblauchzehen
1 Salatgurke (etwa 500 g)
1 große grüne Paprikaschote
½ l Wasser
2 Eßl. Weinessig
2 Eßl. Olivenöl
50 g altbackenes, geriebenes Weißbrot
1 Eßl. Tomatenmark
1 Teel. Salz
je 1 gute Prise schwarzer Pfeffer und Zucker
150 g altbackenes Weißbrot
2 Eßl. Butter
1 große Zwiebel

Spezialität aus Spanien • Berühmtes Rezept

Pro Person etwa 1535 Joule/ 365 Kalorien · 11 g Eiweiß 11 g Fett · 56 g Kohlenhydrate

Zubereitungszeit: 15 Minuten
Ruhezeit: 2 Stunden

Die Tomaten überbrühen, häuten, achteln und dabei die Stielansätze entfernen. Die Zwiebeln und die Knoblauchzehen schälen und grobhacken. Die Gurke und die Paprikaschote waschen und abtrocknen. Die Hälfte der Gurke grobwürfeln. Die Paprikaschote halbieren, von Rippen und Kernen befreien und würfeln. Das vorbereitete Gemüse im Mixer pürieren und mit dem Wasser, dem Essig, dem Öl, dem geriebenen Weißbrot und dem Tomatenmark gut mit dem Schneebesen verrühren. • Die Suppe mit dem Salz, dem Pfeffer und dem Zucker kräftig würzen. • Die Gazpacho 2 Stunden in den Kühlschrank stellen. • Das Weißbrot kleinwürfeln, in der zerlassenen Butter goldbraun braten und kalt werden lassen. Die Zwiebel schälen und feinhacken. Die restliche Gurke in kleine Würfel schneiden. • Die Brotwürfel, die gehackte Zwiebel und die Gurkenwürfel gesondert zur Gazpacho reichen.

Tarator

Kalte Gurkensuppe – ein sommerliches Vorgericht

3 Knoblauchzehen
1 Teel. Salz
4 Eßl. Olivenöl
1 kg Salatgurke
3 Becher Vollmilchjoghurt (450 g)
⅛ l saure Sahne
je 1 Messerspitze Salz und weißer Pfeffer
4 Teel. kleingeschnittener Dill
2 Eßl. gemahlene Haselnüsse

Spezialität aus Bulgarien • Vollwertrezept

Pro Person etwa 1195 Joule/ 285 Kalorien · 8 g Eiweiß 21 g Fett · 16 g Kohlenhydrate

Zubereitungszeit: 10 Minuten
Ruhezeit: 2 Stunden

Die Knoblauchzehen schälen, würfeln und mit dem Salz zerdrücken. Das Olivenöl tropfenweise unter das Knoblauchgemisch rühren. Die Salatgurke schälen, raspeln und mit dem Joghurt und der sauren Sahne sowie dem Knoblauchöl verrühren. Die Suppe mit dem Salz und dem Pfeffer abschmecken und zugedeckt mindestens 2 Stunden kalt stellen. • Die Suppe mit jeweils 2 Eiswürfeln in Tassen servieren und mit den Dillspitzen und den gemahlenen Haselnüssen bestreuen.

Unser Tip: Wenn Sie die erfrischende, leichte Suppe noch kalorienärmer wünschen, so können Sie Magerjoghurt statt des Vollmilchjoghurts verwenden. Nicht mehr bulgarisch, sondern eher amerikanisch wird die Suppe, wenn Sie statt der Gurke 1 kg Fleischtomaten in 4 Eßlöffeln Öl – ohne Knoblauch – dünsten, durchpassieren, mit 2 Teelöffeln kalt angerührter Speisestärke einmal aufkochen lassen und erkaltet mit dem Joghurt und der sauren Sahne mischen.

Berühmte Gemüsetöpfe

Garnelen und Rindfleisch sind willkommene Ergänzungen

Finnischer Gemüsetopf

im Bild hinten

- 1¼ l Wasser · 1 Teel. Salz
- 1 kleiner Blumenkohl
- 2 große Möhren
- 400 g Kartoffeln
- 200 g grüne Bohnen
- 5 Radieschen
- 200 g gepalte Erbsen
- 200 g Spinat · 2 Eßl. Mehl
- 2 Eßl. weiche Butter
- ½ Teel. Salz · je 1 Messerspitze Zucker und weißer Pfeffer
- 400 g gegarte Garnelen oder Krebsschwänze · 5 Eßl. Sahne
- 2 Eßl. kleingeschnittener Dill

Etwas teurer

Pro Person etwa 1595 Joule/ 380 Kalorien · 29 g Eiweiß 11 g Fett · 41 g Kohlenhydrate

Vorbereitungszeit: 30 Minuten
Garzeit: 20 Minuten

Das Wasser mit dem Salz zum Kochen bringen. • Vom Blumenkohl die äußeren grünen Blätter entfernen. Den Kohlkopf in Röschen zerteilen, diese gründlich kalt waschen und abtropfen lassen. Die Möhren schaben und würfeln. Die Kartoffeln schälen, waschen und ebenfalls würfeln. Die grünen Bohnen waschen, putzen und in Stücke schneiden. Die Radieschen waschen, von Stielansätzen und spitzen Enden befreien und vierteln. • Das gesamte Gemüse mit den Erbsen in das kochende Salzwasser geben und zugedeckt darin in 15 Minuten garen. • Den Spinat waschen, verlesen, grob kleinschneiden, in den Eintopf geben und 5 Minuten kochen lassen. Das Gemüse dann in ein Sieb gießen und den Kochsud auffangen. • Das Mehl mit der Butter verkneten. Den Mehlkloß mit einem Schneebesen unter ständigem Rühren im Kochsud auflösen und 5 Minuten kochen lassen. Den Kochsud mit dem Salz, dem Zucker und dem Pfeffer abschmecken. Die Garnelen oder die Krebsschwänze darin erhitzen. Das Gemüse wieder dazugeben und noch einmal gut heiß werden lassen. • Die Sahne in den Eintopf rühren. Den Eintopf mit den Dillspitzen bestreut servieren.

Gabure

Gemüsetopf aus Béarn
im Bild vorne

- 1½ l Wasser · 1 Teel. Salz
- 500 g Rinderbrust · ½ Zwiebel
- 1 Lorbeerblatt · 1 große Möhre
- 4 weiße Rüben
- 400 g Kartoffeln
- 200 g Weißkohl · 250 g grüne Bohnen · 1 Petersilienwurzel
- 1 Zweig Liebstöckel · 2 Stengel Kerbel · je 1 Messerspitze Salz und weißer Pfeffer
- 1 Eßl. gehackte Petersilie

Spezialität aus Frankreich

Pro Person etwa 1220 Joule/ 290 Kalorien · 28 g Eiweiß 8 g Fett · 26 g Kohlenhydrate

Vorbereitungszeit: 10 Minuten
Garzeit: 1 Stunde und 10 Minuten

Das Wasser mit dem Salz zum Kochen bringen. Die Rinderbrust einlegen. Die Zwiebel und das Lorbeerblatt hinzufügen und alles im offenen Topf 30 Minuten kochen lassen; während dieser Zeit wiederholt den sich bildenden Schaum abschöpfen. • Die Möhre, die weißen Rüben und die geschälten Kartoffeln in Würfel, den Kohl streifig und die Bohnen in Stücke schneiden. Die Petersilienwurzel schaben, schälen und würfeln. • Nach 30 Minuten Kochzeit das gesamte Gemüse, den Liebstöckelzweig und den Kerbel zum Fleisch geben und alles weitere 40 Minuten kochen lassen. • Das Fleisch in Würfel schneiden und wieder in den Eintopf geben. Die Gabure abschmekken; mit Petersilie bestreuen.

So schätzen unsere Nachbarn Sauerkraut

Deftig, kräftig, unwiderstehlich

Elsässer Sauerkraut

im Bild links

Zutaten für 8 Personen:
2 kg Sauerkraut
1 Zwiebel
1 Lorbeerblatt
2 Gewürznelken
1 Knoblauchzehe
5 Wacholderbeeren
½ l trockener elsässischer Weißwein
4 Eßl. Gänseschmalz
½ Teel. Salz
8 kleine Kartoffeln
200 g durchwachsener Speck
600 g gepökeltes Schweinekarree
8 Knackwürste

Braucht etwas Zeit • Berühmtes Rezept

Pro Person etwa 2750 Joule/ 655 Kalorien · 30 g Eiweiß 55 g Fett · 19 g Kohlenhydrate

Vorbereitungszeit: 10 Minuten
Garzeit: 2 Stunden

Das Sauerkraut lauwarm waschen, gut ausdrücken und in einen genügend großen Topf geben. • Die Zwiebel schälen und das Lorbeerblatt mit den Gewürznelken auf die Zwiebel stecken. Die Knoblauchzehe schälen. Beides mit den Wacholderbeeren und dem Weißwein zum Kraut geben. 1 bis 2 Tassen Wasser hinzufügen. Das Gänseschmalz und das Salz unter das Kraut mischen und dieses zugedeckt 2 Stunden kochen lassen; dabei einige Male umwenden. • Die Kartoffeln schälen, waschen; nach 1½ Stunden zum Sauerkraut geben und mitgaren. Den Speck, das Schweinekarree und die Knackwürste in siedendheißes Wasser legen und 30 Minuten darin siedend erhitzen. • Die Zwiebel und die Knoblauchzehe aus dem Kraut nehmen. Das Kraut auf einer Platte anrichten und die Kartoffeln rundherum anordnen. Das Fleisch und die Würste tranchieren und auf dem Kraut anrichten.

Ungarisches geschichtetes Kraut

im Bild rechts

100 g Langkornreis · 1 l Wasser
1 Teel. Salz · 1 kleiner Kopf Weißkohl (etwa 800 g) · 1 kleine Zwiebel · 400 g Schweinemett
1 Ei · 1 Teel. Salz
1 Messerspitze Paprikapulver
2 Eßl. Schweineschmalz
500 g Sauerkraut
2 Eßl. Tomatenmark
⅛ l Wasser · ⅛ l saure Sahne

Braucht etwas Zeit

Pro Person etwa 2520 Joule/ 600 Kalorien · 27 g Eiweiß 39 g Fett · 36 g Kohlenhydrate

Vorbereitungszeit: 20 Minuten
Garzeit: 40 Minuten

Den Reis waschen; in dem kochenden Salzwasser in 12 Minuten garen. • Vom Weißkohl 12 große Blätter abnehmen (den restlichen Kohl anderweitig verwenden) und 5 Minuten in kochendem Salzwasser blanchieren. Die Blätter dann abtropfen lassen und die groben Rippen gerade schneiden. • Die Zwiebel schälen und würfeln. Das Schweinemett mit den Zwiebelwürfeln, dem Ei, dem Salz, dem Paprikapulver und dem abgetropften Reis mischen. • Jeweils 3 Kohlblätter übereinanderlegen, vom Hackfleisch-Reis-Gemisch ein Viertel auf jede Kohlunterlage geben und die Kohlblätter zu Rouladen formen; diese mit Küchengarn binden oder mit Holzstäbchen zustecken. • Das Schmalz in einer feuerfesten Form zerlassen und die Rouladen darin anbraten; dann aus der Form nehmen und das Sauerkraut hineingeben. • Den Backofen auf 200° vorheizen. • Das Tomatenmark mit dem Wasser verrühren und unter das Sauerkraut mischen. Die Rouladen darauflegen und im Backofen in 40 Minuten garen. • Mit der sauren Sahne übergießen.

Ratatouille

Der berühmte Gemüsetopf der Côte d'Azur

- 1 mittelgroße Aubergine
- 2 Teel. Salz · 500 g Zucchini
- 2 Zwiebeln · 2 rote und 1 gelbe Paprikaschoten (etwa 400 g)
- 4 große Fleischtomaten
- 10 Eßl. Olivenöl
- 3 Knoblauchzehen
- ½ Teel. gemahlener Koriander
- 1 Teel. gehacktes Basilikum
- je 1 Messerspitze Salz und schwarzer Pfeffer
- ⅛–¼ l Gemüsebrühe
- 1 Eßl. gehackte Petersilie

Spezialität aus Frankreich

Pro Person etwa 1660 Joule/ 395 Kalorien · 8 g Eiweiß
27 g Fett · 30 g Kohlenhydrate

Vorbereitungszeit: 50 Minuten
Garzeit: 45 Minuten

Die Aubergine in 1 cm dicke Scheiben schneiden. Die Scheiben mit Salz bestreuen, auf einen Teller legen, mit einem zweiten Teller beschweren und 30 Minuten stehen lassen. Den gezogenen Saft dann abgießen. • Die Zucchini in Scheiben schneiden. Die Zwiebeln schälen und würfeln. Die Paprikaschoten in Streifen schneiden. Die Tomaten überbrühen, häuten und würfeln. • Das Öl nach und nach in einer Pfanne erhitzen und jede Gemüsesorte für sich (außer den Tomaten) im Öl anbraten, aber nicht bräunen lassen. Die Knoblauchzehen schälen und kleinwürfeln. Das gebratene Gemüse mit dem Knoblauch, dem Koriander, dem Basilikum, dem Salz und dem Pfeffer mischen, in einen Topf geben und so viel Gemüsebrühe zugießen, daß das Gemüse etwa 2 cm hoch davon umgeben ist. Das Gemüse zugedeckt bei schwacher Hitze 30 Minuten schmoren lassen. • Danach die Tomaten und die Petersilie unter das Gemüse mischen und in weiteren 15 Minuten fertig garen. • Stangenweißbrot und eventuell Lammkoteletts dazu reichen.

Ungarisches Lescó

Das beste Gericht mit Tomaten und Paprika

- 500 g Tomaten
- 500 g grüne und gelbe Paprikaschoten
- 2 große Zwiebeln
- 100 g fetter Speck
- 1 Eßl. Paprikapulver, edelsüß
- ½ Teel. Salz
- 1 Messerspitze schwarzer Pfeffer

Berühmtes Rezept • Gelingt leicht

Pro Person etwa 1070 Joule/ 255 Kalorien · 7 g Eiweiß
17 g Fett · 18 g Kohlenhydrate

Vorbereitungszeit: 20 Minuten
Garzeit: 30 Minuten

Die Tomaten überbrühen, häuten, in Stücke schneiden und dabei die Stielansätze entfernen. Die Paprikaschoten halbieren, von Rippen und Kernen befreien, die Schotenhälften waschen, abtrocknen und in Stücke schneiden. Die Zwiebeln schälen, in Scheiben schneiden und die Scheiben vierteln. • Den Speck würfeln und ausbraten. Die Zwiebelstücke im Speckfett goldgelb braten. Die Paprikastücke dazugeben und unter Umwenden 5 Minuten mitbraten. • Die Tomatenstücke, das Paprikapulver, das Salz und den Pfeffer unter das Gemüse mischen und alles zugedeckt bei schwacher Hitze in 30 Minuten garen. • Dazu schmecken körnig gekochter Reis und nach Belieben Debrecziner Würste.

Unser Tip: Für Lescó gibt es keine feste Vorschrift, welche Gemüsesorten man dafür verwendet. So kann man das Gericht auch mit roten Paprikaschoten zubereiten und nach Belieben noch 1 Stück Gurke oder auch Zucchini unter das Gemüse mischen. Je nach Geschmack darf der fette Speck auch durch geräucherten, durchwachsenen Speck ersetzt werden.

Chinesische Gemüsepfanne

Rasch gebratenes Gemüse aus dem Wok

8 chinesische, getrocknete Pilze (Toong Gu) · ½ l heißes Wasser
4 Frühlingszwiebeln
300 g Staudensellerie
300 g Möhren
300 g rote Paprikaschoten
je 150 g Bambussprossen und Sojabohnenkeimlinge aus der Dose · 1 kleine Knoblauchzehe
1 kleines Stück frische Ingwerwurzel (etwa 20 g)
5 Eßl. Sesamöl
4 Eßl. ostasiatische Sojasauce
½ Teel. Salz · je 1 Messerspitze Zucker und schwarzer Pfeffer

Berühmtes Rezept

Pro Person etwa 1010 Joule/ 240 Kalorien · 6 g Eiweiß 14 g Fett · 22 g Kohlenhydrate

Vorbereitungszeit: 40 Minuten
Garzeit: 15 Minuten

Die getrockneten Pilze in dem heißen Wasser einweichen und 30 Minuten quellen lassen. • Die Frühlingszwiebeln, den Staudensellerie und die Möhren putzen, waschen und in Stifte schneiden. Die Paprikaschoten halbieren, von Rippen und Kernen befreien, waschen und in dünne Streifen schneiden. Die Bambussprossen und die Sojabohnenkeimlinge abtropfen lassen; die Bambussprossen in Scheibchen schneiden. Die Knoblauchzehe schälen, kleinwürfeln und zerdrükken. Die Ingwerwurzel schälen und raspeln. • Das Öl im Wok oder in einer großen Pfanne erhitzen. Den Knoblauch, den Ingwer und die Zwiebelstifte unter Umwenden darin anbraten. • ⅛ l von der Einweichflüssigkeit der Pilze abmessen. Die Pilze ausdrücken und vierteln. • Die Selleriestifte, die Möhren und die Pilze mit der Zwiebelmischung 4 Minuten braten. • Die Pilzflüssigkeit zum Gemüse gießen. Die Paprikastreifen hinzufügen und alles in weiteren 6 Minuten garen. • Mit der Sojasauce, dem Salz, dem Zucker und dem Pfeffer kräftig abschmecken. Die Bambussprossen und die Sojakeimlinge untermischen. • Das Gemüse noch weitere 3 Minuten erhitzen. • Dazu schmecken Glasnudeln und Schweinemedaillons.

Kartoffeln, mit Gemüse kombiniert

Buntgemischt und Ton in Ton

Neapolitanischer Gemüsetopf

im Bild hinten

500 g Auberginen
2 Teel. Salz
2 gelbe Paprikaschoten
4 Fleischtomaten
600 g Kartoffeln
2 große Zwiebeln
2 Knoblauchzehen
⅛ l Olivenöl
4 frische Blätter Basilikum
1 Teel. Salz
1 Messerspitze schwarzer Pfeffer
2 Eßl. Schnittlauchröllchen

Spezialität aus Italien

Pro Person etwa 2245 Joule/
535 Kalorien · 10 g Eiweiß
33 g Fett · 49 g Kohlenhydrate

Vorbereitungszeit: 40 Minuten
Garzeit: 40–50 Minuten

Die Auberginen dünn schälen, längs halbieren und die Hälften in 2 cm dicke Streifen schneiden. Die Auberginenstücke mit dem Salz bestreut zugedeckt 30 Minuten ziehen lassen. • Die Paprikaschoten putzen und in Streifen schneiden. Die Tomaten überbrühen, häuten, in Stücke schneiden und dabei die harten Stielansätze entfernen. Die Kartoffeln schälen und in 2 cm dicke Streifen schneiden. Die Zwiebeln schälen und ebenfalls streifig schneiden. Die Knoblauchzehen schälen und feinhacken. • Den inzwischen gezogenen Saft der Auberginen abgießen. • Den Backofen auf 200° vorheizen. • Das Olivenöl in einem feuerfesten Topf mit Deckel erhitzen. Die Zwiebelstreifen und die Knoblauchstückchen darin glasig braten, das vorbereitete Gemüse dazugeben. Die Basilikumblättchen kleinschneiden und mit dem Salz und dem Pfeffer unter das Gemüse mischen. • Den Topf zudecken und das Gemüse im Backofen auf der untersten Schiene in 40 bis 50 Minuten garen. • Vor dem Servieren mit dem Schnittlauch bestreuen. • Dazu schmecken geräucherte Bratwürste oder Salamelle (eine italienische geräucherte Wurstsorte).

Schweizer Zwiebelgratin

im Bild vorne

je 600 g Kartoffeln und Zwiebeln
1 Teel. Salz
½ Teel. grobgemahlener schwarzer Pfeffer
¼ l Gemüsebrühe
⅛ l Sahne
150 g frisch geriebener Greyerzer Käse (Gruyère)
3 Eßl. Butter
1 Eßl. gehackte Petersilie

Berühmtes Rezept

Pro Person etwa 1955 Joule/
465 Kalorien · 17 g Eiweiß
28 g Fett · 36 g Kohlenhydrate

Vorbereitungszeit: 15 Minuten
Garzeit: 55 Minuten

Die Kartoffeln und die Zwiebeln schälen und in Scheiben schneiden. • Den Backofen auf 200° vorheizen. • Eine feuerfeste Form schichtweise mit den Kartoffel- und den Zwiebelscheiben auslegen und jede Schicht mit Salz und Pfeffer bestreuen. Die Gemüsebrühe darübergießen. • Den Auflauf im Backofen in 40 Minuten garen. • Die Sahne mit dem geriebenen Käse mischen und über das Gemüse geben. Die Butter in Flöckchen daraufsetzen und den Gratin in weiteren 15 Minuten goldbraun überbacken. • Mit der Petersilie bestreut servieren. • Dazu schmeckt ein frischer, gemischter Salat.

Leibgerichte aus den Nachbarländern

Immer richtig, wenn man Besuch verwöhnen möchte

Chicorée nach Brüsseler Art

im Bild hinten

- 4 gleich große Stauden Chicorée (etwa 600 g) · 1½ l Wasser
- 1 Teel. Salz · 1 Eßl. Zitronensaft
- 500 g ausgeloste Hähnchenbrüste
- 3 Eßl. Butter · 1 Eßl. Mehl
- ¼ l heiße Geflügelbrühe
- ⅛ l Sahne
- 1 Prise geriebene Muskatnuß
- ½ Teel. Salz
- 1 Messerspitze weißer Pfeffer
- 4 Scheiben gekochter Schinken ohne Fettrand (etwa 150 g)
- 2 Eigelbe
- 4 Eßl. geriebener Goudakäse

Spezialität aus Belgien

Pro Person etwa 2060 Joule/ 490 Kalorien · 43 g Eiweiß 32 g Fett · 8 g Kohlenhydrate

Vorbereitungszeit: 30 Minuten
Garzeit: 25 Minuten

Von den Chicoréestauden die Wurzelenden kürzen. Das Wasser mit dem Salz und dem Zitronensaft zum Kochen bringen. Die Stauden darin 15 Minuten köcheln lassen. • Die Hähnchenbrüste kleinwürfeln und in 2 Eßlöffeln Butter unter Umwenden 6 Minuten braten. • In einem Topf aus der restlichen Butter, dem Mehl und der Geflügelbrühe unter Rühren eine Sauce bereiten; diese 10 Minuten leicht kochen lassen. • Die Sahne, den Muskat, das Salz und den Pfeffer mit dem Hähnchenfleisch in die Sauce mischen. • Den Backofen auf 200° vorheizen. • Den Chicorée halbieren und jeweils eine Hälfte mit dem Frikassee füllen. Die zwei Hälften auf die Füllung legen, mit 1 Schinkenscheibe umhüllen. Die Stauden in eine feuerfeste Form legen. Das restliche Frikassee mit den Eigelben und dem Käse mischen und über den Chicorée geben. • Im Backofen in 10 Minuten goldgelb überbacken.

Italienischer Zucchini-Auflauf

im Bild vorne

- 4 mittelgroße Zucchini (800 g)
- 1½ l Wasser · 2 Teel. Salz
- 2 gelbe Paprikaschoten
- 4 Tomaten · 2 Knoblauchzehen
- 3 Zweige frisches Basilikum
- 8 Anchovisfilets
- 3 Eßl. Olivenöl · ½ Teel. Salz
- 150 g Fontinakäse in dünnen Scheiben

Vollwertrezept

Pro Person etwa 1470 Joule/ 350 Kalorien · 17 g Eiweiß 23 g Fett · 19 g Kohlenhydrate

Vorbereitungszeit: 30 Minuten
Garzeit: 30–35 Minuten

Die Zucchini waschen und abtrocknen. Die Stielenden abschneiden und die Früchte längs halbieren. Das Wasser mit dem Salz zum Kochen bringen. Die Zucchinihälften 5 Minuten darin blanchieren, abtropfen lassen, in eine feuerfeste Form legen und mit Salz bestreuen. • Die Paprikaschoten auf der heißen Elektroplatte von allen Seiten rösten. Die Haut dann abziehen, die Schoten halbieren, von Rippen und Kernen befreien und in Streifen schneiden. Die Tomaten überbrühen, häuten und in Stücke schneiden. Die Knoblauchzehen schälen und feinhacken. Das Basilikum waschen, trockenschleudern und die Blätter kleinschneiden. Die Anchovisfilets längs halbieren. • Den Backofen auf 200° vorheizen. • 2 Eßlöffel Öl erhitzen. Den Knoblauch, das Basilikum und das Gemüse darin anbraten, mit Salz würzen und zugedeckt etwa 10 Minuten dünsten. Dann über die Zucchini füllen. Die Anchovisstreifen daraufgeben und darüber den Käse; mit dem restlichen Öl beträufeln. • Im Backofen in 20 bis 25 Minuten garen.

Chili con carne

Feuriger Rindfleisch-Bohnen-Topf

Zutaten für 6 Personen:
350 g rote Bohnenkerne
2 Zwiebeln
2 Knoblauchzehen
50 g Rindertalg
500 g Rinderhackfleisch aus der Keule
2 Teel. Salz
2 Messerspitzen schwarzer Pfeffer
½–1 Teel. Cayennepfeffer
1 getrocknete Chilischote
1 Eßl. Paprikapulver, edelsüß
¼ l Tomatensaft

Spezialität aus Mexiko

Pro Person etwa 1745 Joule/ 415 Kalorien · 31 g Eiweiß
15 g Fett · 39 g Kohlenhydrate

Ruhezeit: 12 Stunden
Vorbereitungszeit: 20 Minuten
Garzeit: 1½ Stunden

Die Bohnenkerne waschen, dabei verlesen und anschließend von frischem Wasser bedeckt 12 Stunden quellen lassen. • Die Zwiebeln und die Knoblauchzehen schälen und feinhacken. Den Rindertalg würfeln und ausbraten. Die Zwiebel- und Knoblauchwürfel darin goldgelb braten. Das Rinderhackfleisch hinzufügen und anbraten, bis es grau geworden ist. Das Hackfleisch mit den eingeweichten Bohnen und dem Einweichwasser, dem Salz, dem Pfeffer, dem Cayennepfeffer, der zerdrückten Chilischote, dem Paprikapulver und dem Tomatensaft mischen. Alles im offenen Topf bei sehr schwacher Hitze 1½ Stunden kochen lassen. Während der Garzeit öfter umrühren und wenn nötig etwas Tomatensaft hinzufügen.

Unser Tip: Wenn es schnell gehen soll, verwendet man 500 g rote Bohnenkerne aus der Dose: nach einer Garzeit von insgesamt 20 Minuten steht der mexikanische Bohnentopf dann auf dem Tisch. – Nach Belieben kann man den Bohnentopf noch mit 3 bis 4 gehäuteten, gewürfelten Tomaten anreichern, die man 10 Minuten vor Beendigung der Garzeit hinzufügt.

Moussaka

Eines der variantenreichsten Gemüsegerichte

Zutaten für 6 Personen:
2 Zwiebeln · 5 Fleischtomaten
2 Knoblauchzehen
500 g Auberginen · 1 Eßl. Butter
400 g Hackfleisch, halb und halb
¼ l trockener Weißwein
2 Eßl. gehackte Petersilie
je ½ Teel. Salz und weißer Pfeffer
je ½ Teel. getrockneter Thymian und Rosmarin
2 Eßl. Olivenöl · 50 g Butter
4 Eßl. Mehl · ¾ l warme Milch
je ½ Teel. Salz und weißer Pfeffer
50 g frisch geriebener Greyerzer Käse (Gruyère)

Spezialität vom Balkan

Pro Person etwa 2310 Joule/ 550 Kalorien · 25 g Eiweiß 33 g Fett · 31 g Kohlenhydrate

Vorbereitungszeit: 30 Minuten
Garzeit: 1 Stunde und 10 Minuten

Die Zwiebeln schälen und hakken. 4 Tomaten überbrühen, häuten und würfeln. 1 Tomate in dünne Scheiben schneiden. Die Knoblauchzehen schälen und feinhacken. Die Auberginen waschen und längs in Scheiben schneiden. • Die Zwiebelwürfel in der Butter glasig braten. Das Hackfleisch dazugeben und leicht bräunen lassen. Den Weißwein, die gewürfelten Tomaten, die Petersilie, das Salz, den Pfeffer, den zerriebenen Thymian, Rosmarin und den Knoblauch hinzufügen und alles zugedeckt 40 Minuten kochen lassen. • Die Auberginenscheiben im Öl anbräunen. • Den Backofen auf 200° vorheizen. • Aus der Butter, dem Mehl und der Milch eine Sauce bereiten, diese abschmecken und 10 Minuten köcheln lassen. • Abwechselnd Auberginenscheiben, Hackfleischmasse und weiße Sauce in eine feuerfeste Form geben. Als oberste Schicht Auberginen- und Tomatenscheiben legen und darüber weiße Sauce träufeln. Den Käse darüberstreuen. • Die Moussaka etwa 30 Minuten überbacken.

Auberginenpfanne

Eine besonders köstliche Version mit Auberginen

600 g kleine Auberginen
1 Eßl. Salz
3 Zwiebeln
1 Knoblauchzehe
2 Fleischtomaten
500 g Kalbsschulter ohne Knochen
1 Eßl. Butter
3 Eßl. Sesamöl
½ Teel. Salz
2 Messerspitzen grobgemahlener schwarzer Pfeffer
½ l Fleischbrühe

Spezialität aus der Türkei

Pro Person etwa 1345 Joule/ 320 Kalorien · 30 g Eiweiß 13 g Fett · 20 g Kohlenhydrate

Vorbereitungszeit: 45 Minuten
Garzeit: 50 Minuten

Die Auberginen waschen, in Scheiben schneiden und mit dem Salz bestreut 30 Minuten ziehen lassen. • Die Zwiebeln und die Knoblauchzehe schälen, beides würfeln und den Knoblauch zerdrücken. Die Tomaten überbrühen, häuten und kleinschneiden. Das Fleisch in 2 cm große Würfel schneiden. • Die Auberginenscheiben kalt abspülen und trokkentupfen. • Die Butter und das Öl in einer großen Pfanne erhitzen. Die Auberginenscheiben darin hellbraun anbraten und auf saugfähigem Papier abtropfen lassen. Die Zwiebelwürfel im Fett glasig braten, die Fleischwürfel dazugeben und knusprig braun anbraten. Den Knoblauch und die Tomaten hinzufügen und alles mit dem Salz und dem Pfeffer abschmecken. Die Fleischbrühe erhitzen und zum Fleisch gießen. Das Fleisch zugedeckt 30 Minuten leicht kochen lassen. • Dann die Auberginen dazugeben und alles in weiteren 20 Minuten garen. • Dazu paßt körnig gekochter Reis.

Zwiebelkuchen

Fast jede Weinregion hat ihr spezielles Rezept

Zutaten für 1 Backblech:
Für den Teig:
- 400 g Mehl
- 40 g Hefe
- 1 Prise Zucker
- 3/16 l lauwarme Milch
- 50 g Butter
- ½ Teel. Salz

Für den Belag:
- 1½ kg Zwiebeln
- 1 Knoblauchzehe
- 1 Teel. Salz
- 200 g durchwachsener Speck
- 4 Eßl. Öl
- ⅛ l trockener Weißwein
- 1 Messerspitze weißer Pfeffer
- ½ Teel. zerstoßener Kümmel
- 1 Teel. getrockneter Rosmarin
- 3 Eier
- 3 Eßl. saure Sahne
- 2 Eßl. Semmelbrösel
- 150 g frisch geriebener Emmentaler Käse

Für das Backblech: Butter oder Öl

Berühmtes Rezept • Braucht etwas Zeit

Bei 15 Stücken pro Stück etwa 1450 Joule/345 Kalorien
11 g Eiweiß · 20 g Fett
30 g Kohlenhydrate

Vorbereitungszeit einschließlich Ruhezeit: 1½ Stunden
Backzeit: 40 Minuten

Das Mehl in eine Schüssel sieben, in die Mitte eine Vertiefung drücken und die Hefe hineinbröckeln. Den Zucker über die Hefe streuen und die lauwarme Milch darübergießen. Die Hefe mit etwas Mehl und der Milch verrühren. Wenig Mehl über den Hefeansatz streuen und diesen zugedeckt 15 Minuten gehen lassen, bis das Mehl auf der Hefe deutlich Risse zeigt. • Die Butter in Flöckchen auf den Mehlrand schneiden, das Salz darüberstreuen und anschließend alles mit dem Hefeansatz zu einem geschmeidigen Teig verkneten. Den Teig so lange schlagen, bis er Blasen wirft und sich vom Schüsselrand löst, dann zugedeckt an einem warmen Ort mindestens 30 Minuten gehen lassen; der Teig soll dabei sein Volumen verdoppeln. • Inzwischen die Zwiebeln schälen und in dünne Ringe schneiden. Die Knoblauchzehe ebenfalls schälen, kleinwürfeln und mit dem Salz zerdrücken. Den Speck in kleine Würfel schneiden. • Das Öl in einem genügend großen Topf erhitzen. Die Zwiebelringe unter Umwenden darin glasig braten. Den Wein zu den Zwiebeln gießen. Den Pfeffer, den Kümmel, den zerriebenen Rosmarin und den zerdrückten Knoblauch hinzufügen. Die Zwiebeln zugedeckt bei schwacher Hitze 20 Minuten dünsten. • Die Speckwürfel in einer Pfanne ausbraten. Das Backblech einfetten. • Den gegangenen Hefeteig in Größe des Backblechs ausrollen, auf das Backblech legen und darauf weitere 20 Minuten gehen lassen. Den Backofen auf 200° vorheizen. • Die Eier mit der sauren Sahne und den Semmelbröseln verquirlen und unter die Zwiebeln rühren. Die Zwiebelmasse auf dem Teig verteilen, die ausgebratenen Speckwürfel darüberstreuen und darüber den geriebenen Käse geben. • Den Zwiebelkuchen im Backofen 40 Minuten backen. • Noch heiß in 15 Stücke schneiden und warm servieren.

Unser Tip: Wenn Sie den Zwiebelkuchen auf elsässische Art zubereiten möchten, so kneten Sie einen Mürbeteig aus 400 g Mehl, 150 bis 200 g Butter, 1 Teelöffel Salz, 1 Ei und so viel Wasser, daß ein geschmeidiger Teig entsteht. Die Zwiebelmischung wird im Elsaß mit Salz, Pfeffer und geriebener Muskatnuß gewürzt. Man nimmt nur etwa 100 g durchwachsenen Speck, stattdessen mischt man aber 100 g Crème fraîche mit den Eiern.

Selleriekuchen

Beliebter Begleiter zu jungem Wein

Zutaten für 1 Springform von 26 cm ⌀:
Für den Teig:
200 g Mehl
60 g weiches Schmalz
1 Messerspitze Salz
knapp ⅛ l Wasser
Für den Belag:
700 g Staudensellerie
½ l Wasser · ½ Teel. Salz
2 mittelgroße Zwiebeln · 4 Eier
3 Eßl. Sahne · 100 g frisch geriebener Parmesankäse
1 Messerspitze weißer Pfeffer
je 1 Prise geriebene Muskatnuß und Salz
Für die Form: Schmalz

Spezialität aus Italien

Bei 12 Stücken pro Stück etwa
800 Joule/190 Kalorien
8 g Eiweiß · 10 g Fett
17 g Kohlenhydrate

Vorbereitungszeit: 30 Minuten
Backzeit: 40 Minuten

Die Springform einfetten. • Das Mehl mit dem Schmalz, dem Salz und dem Wasser zu einem glatten Teig verarbeiten, diesen in die Springform geben und auseinanderdrücken, so daß ein Boden und ein Rand entsteht. Dann in den Kühlschrank stellen. • Den Sellerie putzen, waschen, die Stangen längs halbieren und in kleine Stücke schneiden. Das Wasser mit dem Salz zum Kochen bringen und die Selleriestücke 8 Minuten darin kochen lassen. Die Zwiebeln schälen und kleinwürfeln. • Den Backofen auf 220° vorheizen. • Den Sellerie abtropfen lassen. Die Eier mit der Sahne verquirlen. Die Selleriestückchen, die Zwiebelwürfel und den Parmesankäse unterrühren und die Mischung mit Pfeffer, Muskat und Salz kräftig abschmecken; auf den Teigboden in die Form geben. • Den Kuchen im Backofen auf der mittleren Schiene 40 Minuten backen. • Möglichst heiß servieren.

Griechische Spinatpitta

Eine schmackhafte Füllung in hauchdünner Kruste

300 g tiefgefrorener Blätterteig
1 kg Spinat · 1 l Wasser
1 Teel. Salz
1 Bund Frühlingszwiebeln oder 5 Schalotten
1 Knoblauchzehe · 50 g Butter
je 1 Messerspitze Salz und weißer Pfeffer
1 Prise geriebene Muskatnuß
200 g Feta-Schafkäse · 4 Eier
5 Eßl. Semmelbrösel
Zum Bestreichen: 1 Eigelb

Berühmtes Rezept

Bei 10 Stücken pro Stück etwa
1175 Joule/280 Kalorien
14 g Eiweiß · 16 g Fett
19 g Kohlenhydrate

Vorbereitungszeit einschließlich Auftauzeit: 1 Stunde
Backzeit: 50 Minuten

Den Blätterteig auftauen lassen. • Den Spinat verlesen und waschen. Das Wasser mit dem Salz zum Kochen bringen. Den Spinat darin 4 Minuten blanchieren, dann abtropfen lassen und grobhacken. • Die Frühlingszwiebeln oder die Schalotten und die Knoblauchzehe schälen, kleinwürfeln und in der zerlassenen Butter glasig braten. Den Spinat dazugeben. Das Gemüse würzen. • Den Käse würfeln. Die Eier verquirlen und mit den Semmelbröseln und den Käsewürfeln unter den Spinat mischen. • Den Backofen auf 200° vorheizen. Ein Backblech kalt abspülen. • Den Blätterteig sehr dünn ausrollen und 6 Rechtecke von 25 × 30 cm ausschneiden. Mit 3 Teigscheiben die Hälfte des Backblechs so auslegen, daß die Teigscheiben über den Rand des Backblechs hinausragen. Die Spinatmasse darauf verteilen, die Ränder über die Füllung schlagen und die restlichen Teigplatten auf den Spinat legen; mehrere Löcher in die Teigdecke stechen. Den Spinatkuchen mit verquirltem Eigelb bestreichen im Backofen 50 Minuten backen.

Lauchkuchen

Ein kräftiges Hauptgericht in gebackener Form

Für 1 Springform von 26 cm Ø:
Für den Teig:
250 g Mehl · 1 Prise Salz
1 Ei · 100 g Butter
Für den Belag:
600 g Lauch (Porree)
200 g durchwachsener Speck
1 Eßl. Öl · je 1 Prise Salz, schwarzer Pfeffer und Currypulver
200 g Schinkenwurst · 2 Eier
¼ l saure Sahne · je 1 Prise Salz und schwarzer Pfeffer

Braucht etwas Zeit

Bei 10 Stücken pro Stück
etwa 1720 Joule/410 Kalorien
12 g Eiweiß · 31 g Fett
21 g Kohlenhydrate

Vorbereitungszeit: 15 Minuten
Ruhezeit: 1 Stunde
Backzeit: 45 Minuten

Für den Teig das gesiebte Mehl mit dem Salz, dem Ei und der gewürfelten Butter verkneten. Den Teig zugedeckt 1 Stunde im Kühlschrank ruhen lassen. • Die Lauchstangen längs halbieren, gründlich waschen, die dunkelgrünen Spitzen und die Wurzelenden abschneiden und die übrigen Lauchstangen in Scheiben schneiden. • Den Speck würfeln und in dem Öl goldgelb braten. Die Lauchscheiben dazugeben, mit dem Salz, dem Pfeffer und dem Currypulver würzen und alles zugedeckt 10 Minuten bei schwacher Hitze schmoren lassen. • Den Backofen auf 200° vorheizen. • Den Teig ausrollen. Den Boden und den Rand einer Springform damit auslegen. Den Teigboden mehrmals mit einer Gabel einstechen. Die Schinkenwurst in Würfel schneiden und auf dem Teigboden verteilen. Die Lauchfüllung über die Wurst geben. Die Eier mit der sauren Sahne, dem Salz und dem Pfeffer verquirlen und über den Lauch gießen. • Den Kuchen im Backofen auf der mittleren Schiene 45 Minuten backen.

Tomatenkuchen mit Guß

Als Vorspeise geeignet

Für 1 Springform von 26 cm Ø:
200 g tiefgefrorener Blätterteig
600 g Tomaten
3 Eier
je 1 Messerspitze Salz und weißer Pfeffer
½ Teel. frisches gehacktes Basilikum
5 Eßl. Crème fraîche
1 Eßl. geschmolzene Butter
5 Eßl. frisch geriebener Greyerzer Käse (Gruyère)

Braucht etwas Zeit

Bei 8 Stücken pro Stück
etwa 860 Joule/205 Kalorien
8 g Eiweiß · 14 g Fett
12 g Kohlenhydrate

Vorbereitungszeit einschließlich
Auftauzeit: 40 Minuten
Backzeit: 33 Minuten

Den Blätterteig aus der Verpakkung nehmen und auftauen lassen; dann auf einer bemehlten Arbeitsfläche rund ausrollen. • Die Springform kalt ausspülen. Den Blätterteig hineinlegen und einen Rand formen. Den Backofen auf 200° vorheizen. • Die Tomaten überbrühen, häuten, in kleine Stücke schneiden und dabei die harten Stielansätze entfernen. Die Tomaten auf dem Teigboden verteilen. Die Eier mit dem Salz, dem Pfeffer und dem Basilikum verquirlen. Nach und nach die Crème fraîche und die geschmolzene Butter unterrühren. Die Masse über die Tomaten gießen und den Käse über die Füllung streuen. • Den Kuchen im Backofen auf der mittleren Schiene 8 Minuten backen. Die Hitze dann auf 180° zurückschalten und den Kuchen in weiteren 25 Minuten fertig backen. • Wenn der Belag gegen Ende der Garzeit zu dunkel wird, deckt man ihn mit Pergamentpapier oder Alufolie ab. • Den Tomatenkuchen möglichst heiß servieren.

Mangoldkuchen mit Käsekruste

Ein ideales Essen nicht nur für den Gründonnerstag

Für 1 Springform von 26 cm Ø:
1 kg Mangold
3 l Wasser
1 Teel. Salz
100 g weiche Butter
4 Eigelbe
250 g Magerquark
⅛ l Sahne
150 g Mehl
3 Eßl. Grieß
½ Teel. Salz
1 Messerspitze geriebene Muskatnuß
50 g Semmelbrösel
100 g frisch geriebener Emmentaler Käse
Für die Form:
Butter und Semmelbrösel
Für die Meerrettichsauce:
1 großer säuerlicher Apfel
100 g Champignons
1 Eßl. Weinessig
2 Teel. Zucker
2 Eßl. frisch geriebener Meerrettich
je 1 Prise Salz und weißer Pfeffer
⅛ l Sahne

Braucht etwas Zeit

Bei 8 Stücken pro Stück etwa 1870 Joule/445 Kalorien
16 g Eiweiß · 28 g Fett
32 g Kohlenhydrate

Vorbereitungszeit: 30 Minuten
Backzeit: 40–50 Minuten

Vom Mangold die Wurzelansätze abschneiden, die Blätter und Stiele gründlich kalt waschen und die grünen Blätter von den Stielen trennen. Die Blätter in Streifen schneiden. Die Stiele längs halbieren und dann ebenfalls in schmale Streifen schneiden. Das Wasser mit dem Salz zum Kochen bringen. Den Mangold 3 Minuten darin blanchieren, in ein Sieb schütten, gut abtropfen und abkühlen lassen. • Den Backofen auf 200° vorheizen. • Die weiche Butter mit den Eigelben schaumig rühren. Den Quark, die Sahne, das Mehl, den Grieß, das Salz und den Muskat unterrühren. • Den Mangold noch einmal etwas ausdrücken und unter diese Buttermasse mischen. • Die Springform mit Butter ausstreichen und mit Semmelbröseln ausstreuen. • Die Mangoldmasse in die Form füllen und die Oberfläche glatt streichen. Die Semmelbrösel mit dem geriebenen Käse mischen und über den Kuchen streuen. Den Mangoldkuchen im Backofen auf der unteren Schiene 40 bis 50 Minuten backen; sollte der Kuchen gegen Ende der Backzeit zu dunkel werden, legt man etwas Pergamentpapier oder ein Stück Alufolie darüber. • Für die Meerrettichsauce den Apfel schälen und raspeln. Die Champignons waschen, putzen und feinhacken. Die Apfelraspel mit dem Weinessig, dem Zucker, dem Meerrettich, den Champignons, dem Salz und dem Pfeffer mischen. Die Sahne steif schlagen und unter das Apfel-Meerrettich-Gemisch heben. • Die Meerrettichsauce zum noch heißen Mangoldkuchen servieren.

Unser Tip: Statt mit Mangold kann der Kuchen auch mit Blattspinat zubereitet werden.

Tomatenpizza mit Kartoffelboden

Leckere Alternative für einen Teigboden

1 kg mehligkochende Kartoffeln
1 Eßl. Zitronensaft
3 Eier
⅛ l Sahne
4 Eßl. Weißwein
1 Teel. Salz
1 Prise Zucker
100 g frisch geriebener Pecorino (Schafkäse)
1 Teel. getrockneter Oregano
600 g Fleischtomaten
200 g Mozzarellakäse
2 Eßl. Olivenöl
Für die Form: Öl

Vollwertrezept • Braucht etwas Zeit

Bei 8 Stücken pro Stück etwa 1490 Joule/355 Kalorien
17 g Eiweiß · 21 g Fett
23 g Kohlenhydrate

Vorbereitungszeit: 40 Minuten
Backzeit: 50 Minuten

Die Kartoffeln schälen, waschen, raspeln, mit dem Zitronensaft mischen und in einem feinen Haarsieb gut abtropfen lassen. • Den Backofen auf 200° vorheizen. Eine feuerfeste flache Pfanne mit Öl ausstreichen. • Die Eier mit der Sahne, dem Wein, dem Salz, dem Zucker, dem Käse und dem zerriebenen Oregano verquirlen, unter die Kartoffelraspel rühren und diese in die Pfanne füllen. • Den Boden auf der mittleren Schiene im Backofen 30 Minuten backen; wenn nötig, nach 15 Minuten Backzeit den Boden mit Pergamentpapier abdecken, damit er nicht zu bräunen beginnt. • Die Tomaten waschen, abtrocknen, die Stielansätze entfernen und die Tomaten in Scheiben schneiden. Den Mozzarella ebenfalls in Scheiben schneiden. • Nach 30 Minuten Backzeit die Tomaten und die Käsescheiben abwechselnd auf den Kartoffelboden legen. Das Öl darüberträufeln. • Die Pizza in weiteren 20 Minuten im Backofen garen.

Unser Tip: Wenn Ihnen der Pizzaboden aus Kartoffelmasse zu aufwendig erscheint, so können Sie die Tomatenpizza auch mit einem Boden aus Hefeteig bereiten.

Auberginenpizza

Festliche Pizza mit Rinderfilet

Zutaten für 1 Obstkuchenform
von 30 cm Ø:
Für den Teig:
200 g Mehl · 15 g Hefe
knapp ⅛ l lauwarmes Wasser
1 Eßl. Olivenöl · ½ Teel. Salz
Für den Belag:
300 g Rinderfilet · 2 Eßl. Olivenöl
1 Teel. Provence-Kräuter
mischung · 2 Knoblauchzehen
600 g Auberginen
300 g Tomaten · ½ Teel. Salz
1 Messerspitze weißer Pfeffer
100 g frisch geriebener Pecorino
1 Eßl. Butter
Für die Form: Olivenöl

Spezialität aus Italien

Bei 8 Stücken pro Stück etwa
1090 Joule/260 Kalorien
15 g Eiweiß · 11 g Fett
25 g Kohlenhydrate

Vorbereitungszeit einschließlich
Ruhezeit: 1 Stunde
Backzeit: 30 Minuten

Aus den Zutaten von Mehl bis Salz einen Hefeteig, wie im Rezept für Zwiebelkuchen (Seite 112) beschrieben, bereiten. • Das Filet in 1 cm breite Streifen schneiden und in dem Öl mit den zerriebenen Kräutern zugedeckt 20 Minuten marinieren. • Die Knoblauchzehen schälen, hacken und zerdrücken. Die Auberginen und die Tomaten in Scheiben schneiden. • Den Backofen auf 200° vorheizen. Die Form mit Öl ausstreichen. • Den Hefeteig rund ausrollen und die Form damit auslegen, einen kleinen Rand formen. • Die Filetstreifen mit den Auberginen- und den Tomatenscheiben auf dem Pizzaboden verteilen. Das Gemüse mit dem Salz, dem Pfeffer und dem zerdrückten Knoblauch bestreuen und die Marinade vom Fleisch darüberträufeln. Den Käse über die Pizza streuen und die Butter in Flöckchen darauf verteilen. • Die Pizza 30 Minuten im Backofen backen.

Artischockenpizza

Am besten mit sehr jungen Artischocken

Zutaten für 1 Obstkuchenform
von 30 cm Ø:
Für den Teig:
200 g Mehl · 15 g Hefe
knapp ⅛ l lauwarmes Wasser
1 Eßl. Olivenöl · 1 Prise Salz
Für den Belag:
300 g Thunfisch aus der Dose
1 kleine Knoblauchzehe
½ Teel. Salz · 1 Eßl. Olivenöl
1 Teel. getrockneter Thymian
1 Messerspitze weißer Pfeffer
16 frisch gekochte
Artischockenherzen
2 Eßl. kleine Kapern
5 Eßl. frisch geriebener
Parmesankäse · 2 Eigelbe
3 Eßl. Crème fraîche
Für die Form: Olivenöl

Spezialität aus Italien

Bei 8 Stücken pro Stück etwa
1325 Joule/ 315 Kalorien
16 g Eiweiß · 15 g Fett
29 g Kohlenhydrate

Vorbereitungszeit einschließlich
Ruhezeit: 1 Stunde
Backzeit: 30 Minuten

Aus den Zutaten von Mehl bis Salz wie im Rezept für Zwiebelkuchen beschrieben einen Hefeteig bereiten. • Den Thunfisch abtropfen lassen und in Stücke teilen. Die Knoblauchzehe schälen, feinhacken, mit dem Salz bestreut zerdrücken, mit dem Olivenöl, dem zerriebenen Thymian und dem Pfeffer mischen und über die Thunfischstücke geben. Die Artischockenherzen vierteln. • Den Backofen auf 200° vorheizen. Die Kuchenform mit Öl ausstreichen. • Den Boden und den Rand der Form mit ausgerolltem Hefeteig auslegen. Die Artischockenherzen darauf verteilen und die Kapern darüberstreuen. Die Fischstücke dazwischen legen. Den Käse mit den Eigelben und der Crème fraîche verrühren und über die Pizza gießen. • Die Pizza 30 Minuten backen.

Es gibt mehr als nur eine Quiche!

Die Beliebtheit der Quiche zeigt sich in der Vielfalt der Möglichkeiten

Zucchini-Quiche

im Bild links

Zutaten für 1 Springform
von 30 cm Ø:
Für den Teig:
250 g frisch gemahlenes
Roggenmehl · 1 Eigelb
100 g Pflanzenmargarine
1 Teel. Salz · 2–4 Eßl. Wasser
Für den Belag:
800 g Zucchini
2 Knoblauchzehen
2 große Zwiebeln
2 Eßl. Olivenöl
2 Eßl. Kresseblättchen
4 Eßl. gehackter Kerbel · 3 Eier
100 g Crème fraîche
100 g grobgeschroteter Roggen
50 g Pflanzenmargarine

Vollwertrezept

Bei 8 Stücken pro Stück etwa
1785 Joule/ 425 Kalorien
11 g Eiweiß · 26 g Fett
36 g Kohlenhydrate

Vorbereitungszeit: 20 Minuten
Backzeit: 40 Minuten

Den Backofen auf 200° vorheizen • Aus den Zutaten für den Teig rasch einen Mürbeteig kneten, dann ausrollen, die Form damit auslegen und einen Rand formen. • Den Mürbeteig im Backofen 15 Minuten backen. • Die Zucchini waschen und in dünne Scheiben schneiden. Die Knoblauchzehen und die Zwiebeln schälen und kleinwürfeln. • Das Olivenöl erhitzen. Die Knoblauch- und die Zwiebelwürfel darin glasig braten. Die Zucchinischeiben dazugeben, unter Umwenden etwa 5 Minuten braten, vom Herd nehmen und mit den Kräutern mischen. • Das Gemüse in die Teigkruste füllen. Die Eier mit der Crème fraîche verrühren und darübergießen. Den Roggen darüberstreuen und die Margarine in Flöckchen darauf verteilen. • Die Quiche noch 25 Minuten backen.

Chicorée-Quiche

im Bild rechts

Zutaten für 1 Springform
von 28 cm Ø:
Für den Teig:
250 g Weizen-Vollkornmehl
1 Eigelb
1 Teel. Salz
100 g Pflanzenmargarine
2–4 Eßl. Wasser
Für den Belag:
800 g Chicorée
1 rote Paprikaschote
2 Eßl. Zitronensaft
1 Teel. Ahornsirup
2 Eßl. gehackte Petersilie
2 Eier · 1 Teel. Salz
⅛ l saure Sahne
5 Eßl. frisch geriebener
Emmentaler Käse
2 Eßl. Pflanzenmargarine

Vollwertrezept

Bei 8 Stücken pro Stück etwa
1280 Joule/305 Kalorien
9 g Eiweiß · 19 g Fett
24 g Kohlenhydrate

Vorbereitungszeit: 20 Minuten
Backzeit: 40–45 Minuten

Den Backofen auf 200° vorheizen. • Aus den Zutaten für den Teig einen Mürbeteig kneten. Die Springform damit auslegen und einen Rand formen. Im Backofen 15 Minuten backen. • Inzwischen die Chicoréestauden in Streifen schneiden. Die Paprikaschote putzen, würfeln und mit dem Chicorée mischen. Den Zitronensaft, den Sirup und die Petersilie untermengen. • Die Eier mit dem Salz und der sauren Sahne verquirlen, den Käse untermischen. • Die Gemüsemischung in die vorgebackene Teigkruste füllen, die Eier-Sahne darübergießen und alles mit der Margarine in Flöckchen belegen. • Die Quiche weitere 25 bis 30 Minuten backen.

Spargel-Quiche

Besonders reizvoll mit grünem Spargel

Zutaten für 1 Springform
von 28–30 cm ∅:
750 g grüner Spargel
2 l Wasser
1 Teel. Salz
1 Stück Würfelzucker
250 g Weizen-Vollkornmehl
1 Eigelb
½ Teel. Salz
100 g Pflanzenmargarine
2–4 Eßl. kaltes Wasser
2 Eier
⅛ l Sahne
4 Eßl. frisch geriebener Lerdamer Käse

Vollwertrezept

Bei 8 Stücken pro Stück etwa
1300 Joule/310 Kalorien
10 g Eiweiß · 20 g Fett
25 g Kohlenhydrate

Vorbereitungszeit: 30 Minuten
Backzeit: 30 Minuten

Die unteren Teile der Spargelstangen dünn schälen, holzige trockene Enden abschneiden und die Spargelstangen waschen. Das Wasser mit dem Salz und dem Würfelzucker zum Kochen bringen. Die Spargelstangen mit Küchengarn in 4 Portionen bündeln, ins kochende Wasser legen und etwa 10 Minuten kochen lassen. • Für den Mürbeteig das Mehl auf eine Arbeitsplatte sieben und rasch mit dem Eigelb, dem Salz, der Margarine und so viel kaltem Wasser verkneten, daß ein geschmeidiger Teig entsteht. • Den Backofen auf 200° vorheizen. • Den Mürbeteig ausrollen und den Boden und den Rand der Springform damit auslegen. • Die Spargelstangen auf einem Tuch abtropfen lassen, in etwa 5 cm lange Stücke schneiden und auf dem Teigboden verteilen. • Die Eier mit der Sahne und dem Käse verquirlen und über den Spargel gießen. • Die Quiche auf der mittleren Schiene 30 Minuten backen.

Broccoli-Quiche

Mit Lachsschinken ein Hochgenuß

Zutaten für 1 Springform
von 30 cm ∅:
750 g Broccoli
2 l Wasser
1 Teel. Salz
250 g Mehl
1 Eigelb
½ Teel. Salz
50 g Butter
2–4 Eßl. kaltes Wasser
200 g Lachsschinken
2 Eier
1 Prise Salz
100 g Crème fraîche
1 Teel. gehacktes Basilikum

Etwas schwierig

Bei 8 Stücken pro Stück etwa
1115 Joule/265 Kalorien
14 g Eiweiß · 13 g Fett
23 g Kohlenhydrate

Vorbereitungszeit: 35 Minuten
Backzeit: 30 Minuten

Den Broccoli gründlich putzen, die harten Stiele entfernen und die Röschen waschen. Das Wasser mit dem Salz zum Kochen bringen und die Broccoliröschen 7 Minuten darin blanchieren. Dann in einem Sieb abtropfen und abkühlen lassen. • Aus dem Mehl, dem Eigelb, dem Salz, der Butter und dem Wasser einen Mürbeteig bereiten. Den Boden und den Rand der Springform damit auslegen. Den Lachsschinken in kleine Würfel schneiden und auf den Teigboden streuen. • Den Backofen auf 200° vorheizen. • Die abgetropften Broccoliröschen auf dem Teig verteilen. Die Eier mit dem Salz und der Crème fraîche verquirlen. Das Basilikum unterrühren und die Eiercreme über den Broccoli gießen. • Die Quiche im Backofen auf der mittleren Schiene 30 Minuten backen.

Gemüse von A bis Z

Die folgenden Seiten zeigen Ihnen noch einmal die ganze Vielfalt des Gemüseangebotes. Für jede Gemüseart gibt es einen kleinen »Steckbrief«, in dem die Besonderheiten besprochen werden und gute Kombinationsmöglichkeiten sowie Würz-Tips zu finden sind. Die Saisonzeiten für Freilandernten sind angegeben sowie Hinweise auf richtiges Lagern und Aufbewahren.
Über den großen Wert des Gemüses für eine vollwertige Ernährung wurde bereits gesprochen. Wer in den »Steckbriefen« die Angaben über die Nährstoffe der einzelnen Arten prüft, wird rasch erkennen, daß Gemüse verhältnismäßig kalorienarm, dafür aber reich an den verschiedensten Nährstoffen ist. Man darf sich also richtig mit Gemüse sattessen. Vor allem sollte man täglich eine andere Art zu sich nehmen, am besten sogar häufig Mahlzeiten aus gemischtem Gemüse. Auf diese Weise bekommt man von den wertvollen Bausteinen, aus denen sich jegliche Nahrung zusammensetzt, möglichst viele unterschiedliche.
Für alle, die salzarm essen wollen oder sollen, wird stets auch darauf verwiesen, wenn eine Gemüseart besonders natriumarm ist. Würzen Sie Gemüse grundsätzlich lieber mit Kräutern und lassen Sie den typischen Eigengeschmack zur Geltung kommen.

Artischocken

Artischocken sind die noch nicht erblühten Knospen einer Distelart von angenehm würzig-herbem Geschmack. Frühe Sorten haben oft violette Knospenblätter, spätere grüne, die sich geschmacklich jedoch kaum unterscheiden. Von sehr jungen und kleinen Artischocken kann man die Blätter ganz genießen, von ausgewachsenen kürzt man sie um ein Drittel, da die Blattspitzen zu hart und faserig sind. Als Delikatesse werden Artischockenböden – meist mit einer feinen Farce gefüllt – kalt oder überbacken serviert.
Hauptsaison: März bis Mai und Oktober bis Dezember.
Nährstoffe: Reich an: Ballaststoffen, Kalium, Phosphor, Magnesium, Eisen und Vitamin B_1; außerdem enthalten: Eiweiß, Fett, Kohlenhydrate, Natrium, Calcium, Vitamine A, B_2, Niacin und C.
Etwa 230 KJ/55 Kcal pro 100 g des verzehrbaren Anteils.
Einkauf: Nur Knospen mit dicht anliegenden, möglichst fleischigen Blättern kaufen; kleinere Knospen bevorzugen.
Aufbewahrung: In ein feuchtes Tuch eingeschlagen bis zu 3 Tage im Gemüsefach des Kühlschranks.
Besonderheit: Artischocken nicht in Aluminiumtöpfen garen; sie färben sich darin dunkel und nehmen den Metallgeschmack an. – Artischocken werden gekocht mit einer Würzsauce oder mit Vinaigrette verzehrt. Dabei streift man das Artischockenfleisch mit den Zähnen aus den Blättern. – Größere Knospen werden mit einer Hackfleischmasse oder mit Krabbenreis gefüllt und im Backofen gegart. Dafür aus der Mitte der Knospen die Blütenfäden, das sogenannte Heu, und die kleineren Innenblätter entfernen. Die Blättchen gehackt unter die Füllung mischen. – Das beste Gewürz für Artischocken ist Zitronensaft.

Auberginen

Vollreife Auberginen – auch Eierfrüchte oder Melanzanen genannt – haben eine dunkelviolette Schale und erreichen ein Gewicht von 250 bis 800 g. Die winzigen Kerne im weißen Fruchtfleisch können wie die dünne Schale mitgegessen werden. Die Frucht zeichnet sich durch einen angenehmen Bittergeschmack aus, der sich jedoch nach Belieben durch entsprechendes Vorbehandeln mildern läßt.
Hauptsaison: Mai bis Oktober.
Nährstoffe: Reich an: Ballaststoffen und Folsäure; außerdem enthalten: Eiweiß, Fett, Kohlenhydrate, Kalium, Calcium, Phosphor, Magnesium, Eisen, Vitamine A, B_1, B_2, Niacin und C; besonders natriumarm.
Etwa 105 KJ/25 Kcal pro 100 g des verzehrbaren Anteils.
Einkauf: Früchte mit glatter glänzender Schale wählen; das Fruchtfleisch reifer Auberginen gibt auch auf Fingerdruck nicht nach. Weiche Früchte mit runzeliger Haut bieten ein unangenehm schwammiges Fruchtfleisch.
Aufbewahrung: Reife Auberginen im Gemüsefach des Kühlschranks bis zu 3 Tage; unreife Früchte reifen bei Raumtemperatur nach.
Besonderheit: Von den rohen Auberginen kosten. Stört der bittere Geschmack nicht, die Frucht je nach Rezept zubereiten. Soll der Bittergeschmack gemildert werden, die gewaschenen Auberginen ungeschält längs in nicht zu dünne Scheiben schneiden, diese mit Salz bestreuen und 15 Minuten ziehen lassen. Das Salz bindet die Bitterstoffe. Die Scheiben dann kalt abspülen, trockentupfen und weiterverarbeiten. Auberginen schmecken gut in einer Mischung aus Paprikaschoten, Tomaten und Zucchini; sie eignen sich auch für Aufläufe mit Hackfleisch. Geeignete Gewürze sind Knoblauch, Paprikapulver, frische Pfefferminze, Rosmarin, Zitronensaft und Zwiebeln.

Avocados

Avocados gleichen in der Form einer Birne und haben eine glänzende, lederartig genarbte Schale in Dunkelgrün, Schwarzgrün oder Dunkelviolett. Das Innere dieser Steinfrucht ist von weicher cremiger Konsistenz und erreicht nur in völlig reifem Zustand sein zartes nußartiges Aroma.
Hauptsaison: Ganzjährig.
Nährstoffe: Reich an: Fett, Ballaststoffen, Kalium, Vitaminen E und B_6; außerdem enthalten: Eiweiß, Kohlenhydrate, Calcium, Phosphor, Eisen, Vitamine A, B_1, B_2, Niacin, Pantothensäure und C; besonders natriumarm.
Etwa 985 KJ/235 Kcal pro 100 g des verzehrbaren Anteils.
Einkauf: Die Farbe der Schale besagt nichts über die Qualität der Avocados. Reife Früchte geben am Stielende auf Fingerdruck leicht nach.
Aufbewahrung: Reife Früchte möglichst ohne Lagerzeit verzeh-

Artischocken
Auberginen
Avocados

ren, noch unreife bei Raumtemperatur in 3 bis 4 Tagen nachreifen lassen. Avocados nicht im Kühlschrank aufbewahren, sie vertragen nach dem Transport keine Kälte mehr.
Besonderheit: Avocados lassen sich zu Suppen, herzhaften Cocktails und Salaten verarbeiten, aber auch zu süßen Desserts. Ihr zarter Eigengeschmack verträgt sich sowohl mit scharfer Würze als auch mit süßen Kombinationen. Als Vorspeise kann man die halbierte Frucht – vom Stein befreit – mit einem Dressing oder mit einer Essig-Öl-Sauce beträufelt servieren oder das ausgehöhlte Fruchtfleisch gewürfelt und mit Krabben, Sardellenfilets oder Mixed Pickles gemischt in der Schale anrichten. Geeignete Gewürze sind Anchovispaste, Cayennepfeffer, Petersilie, grüner und weißer Pfeffer sowie Zitronensaft.

Bataten

Bataten werden auch Süßkartoffeln genannt, haben aber biologisch nichts mit der Kartoffel zu tun. Sie sind die Wurzelknollen einer Windenart aus Ländern mit warmem Klima und werden importiert. Bataten nehmen aber den gleichen Platz wie die Kartoffeln in unseren Speiseplänen ein, obgleich sie leicht süß schmekken. Bataten gibt es mit weißem, gelbem und rötlichem Inneren, wovon die gelben am aromatischsten sind. Gekocht gleichen sie in ihrer Konsistenz unserer mehligkochenden Kartoffel, gebraten oder gebacken wirken sie speckig bis klebrig.
Hauptsaison: Ganzjährig, aber selten angeboten.
Nährstoffe: Reich an: Kohlenhydraten, Ballaststoffen, Kalium, Magnesium, Eisen, Vitaminen A, B_6 und Pantothensäure; außerdem enthalten: Eiweiß, Fett, Calcium, Phosphor, Vitamine B_1, B_2 und C; besonders natriumarm.
Etwa 400 KJ/95 Kcal pro 100 g des verzehrbaren Anteils.
Einkauf: Auf feste Knollen ohne Faulstellen achten, möglichst beidseitig spitz zulaufende, nicht zu große Exemplare wählen.
Aufbewahrung: Trocken, luftig und dunkel bis zu 2 Wochen; nicht im Kühlschrank.
Besonderheit: Bataten am besten wie Pellkartoffeln ungeschält je nach Größe in 20 bis 30 Minuten garen und weiterverarbeiten. – Ihr süßes Eigenaroma wird durch eine Honigglasur unterstrichen, durch pulverisierten oder geriebenen frischen Ingwer oder abgeriebene Orangenschale. So gewürzt eignen sich Bataten vor allem als Beilage zu Wild, Wildgeflügel und Schweinebraten. Herzhaft gewürzt mit Cayennepfeffer, Paprikapulver oder Rosmarin ergänzen sie Eintöpfe, Aufläufe oder werden zu selbständigen Gerichten.

Blumenkohl

Blumenkohl wird in Österreich Karfiol genannt und ist die noch geschlossene, übergroße Blüte der Kohlpflanze. Mit dieser leicht bekömmlichen Kohlart lassen sich schmackhafte Suppen, Salate und Gemüsespeisen zubereiten.
Hauptsaison: Juni bis November.
Nährstoffe: Reich an: Ballaststoffen, Kalium, Vitaminen K, B_6, Folsäure, Pantothensäure und C; außerdem enthalten: Eiweiß, Fett, Kohlenhydrate, Calcium, Phosphor, Magnesium, Eisen, Jod, Vitamine A, B_1, B_2 und Niacin; besonders natriumarm.
Etwa 105 KJ/25 Kcal pro 100 g des verzehrbaren Anteils.
Einkauf: Auf eng aneinanderliegende, gelblich-weiße Röschen ohne dunkle Flecken achten.
Aufbewahrung: Locker in Papier eingeschlagen im Gemüsefach des Kühlschranks bis zu 3 Tage.
Besonderheit: Blumenkohl am besten im Siebeinsatz über kochendem Wasser dämpfen oder in Wasser ohne Salzzugabe nicht zu weich kochen; das Salz erst nach dem Garen dazugeben, da es die Röschen dunkel färbt. Besonders mild im Geschmack wird der Blumenkohl, wenn er in einer Milch-Wasser-Mischung (zu gleichen Teilen) gegart wird. Blumenkohl sollte beim Herausheben nach dem Garen nicht zerfallen. In Röschen zerteilt läßt er sich auch in wenig Flüssigkeit dünsten. Blumenkohl schmeckt gut mit in Butter gebräunten Semmelbröseln; kombiniert mit Schinken oder mit mild gewürztem Hackfleisch. Geeignete Gewürze sind Cayennepfeffer, Kerbel, Muskat, Petersilie, weißer Pfeffer, Schnittlauch und Selleriegrün.

Dicke Bohnen

Von den dicken Bohnen – auch Palbohnen – kann man die grünen Hülsen nicht essen, da ihr Fruchtfleisch zu grob und zu faserig ist. Man hülst die noch weichen aber verhältnismäßig großen, nierenförmigen Samen aus und bereitet daraus Gemüse. Auch dicke Bohnen enthalten Phasin, weshalb sie roh unverträglich sind. Erst durch das Garen verschwindet die gesundheitsschädliche Wirkung.
Hauptsaison: Juli bis September.
Nährstoffe: Es bestehen außer des Brennwertes keine Unterschiede zu denen von Bohnenkernen.
Etwa 525 KJ/125 Kcal pro 100 g des verzehrbaren Anteils.
Einkauf: Bereits gepalt (ausgehülst) werden dicke Bohnen vor allem tiefgefroren angeboten. Frische dicke Bohnen muß man selbst palen. Wie bei grünen Bohnen auf sattgrüne straffe Hülsen achten, möglichst keine beschädigten kaufen, weil aus der beschädigten Hülse die Samen bereits herausgefallen sein könnten. Daran denken, daß bei selbst auszupalenden dicken Bohnen etwa 35 bis 40% Abfall entsteht.
Aufbewahrung: Lose in Papier eingeschlagen 2 Tage im Gemüsefach des Kühlschranks.
Besonderheiten: Die gepalten Bohnenkerne vor dem Garen noch von der feinen weißen Haut befreien. Dicke Bohnen in wenig Salzwasser in etwa 20 Minuten weich kochen und anschließend in einer hellen Butter- oder Tomatensauce zubereiten (das Kochwasser für die Sauce verwenden). Dicke Bohnen schmecken gut mit gebratenem Schinkenspeck, mit Tomaten und zu Frikadellen. Geeignete Gewürze sind Bohnenkraut, Currypulver, Dill, Petersilie und weißer Pfeffer.

Blumenkohl

Bataten

Dicke Bohnen

Gemüse von A bis Z

Grüne Bohnen

Die Gemüsebohne ist die fleischige Hülse für die darin reifenden Samen, die Bohnenkerne. Solange die Kerne noch klein und weich sind, verwendet man die ganze Bohne. Die rankenden Kletter-, Stangen- oder Hochbohnen und die niedrig wachsenden Busch-, Strauch- oder Zwergbohnen liefern die flachen, breiten Schnittbohnen, deren Fruchtfleisch weniger zart ist als das der runden fleischigen Brechbohnen, die aber zur gleichen Gruppe gehören. Zu den Brechbohnen zählen auch die gelben Wachsbohnen, die zarten Prinzeß- oder Delikateßbohnen, die etwa stricknadeldünnen Faden- oder Keniabohnen. Den meisten Bohnensorten wurde der Faden, der an der gewölbten Seite vom Stielende zur Spitze der Bohne hin wächst, weggezüchtet. Nur bei Schnittbohnen muß man meistens noch vor dem Garen den Faden abziehen. Grüne Bohnen sind roh ungenießbar, da sie das Phasin enthalten, dessen gesundheitsschädliche Wirkung erst durch das Garen verschwindet.
<u>Hauptsaison:</u> Juni bis September.
<u>Nährstoffe:</u> <u>Reich an:</u> Ballaststoffen, Magnesium, Vitaminen K, B_6, Folsäure und C; <u>außerdem enthalten:</u> Eiweiß, Fett, Kohlenhydrate, Kalium, Calcium, Phosphor, Eisen, Jod, Fluor, Vitamine A, E, B_1, B_2 und Niacin; besonders natriumarm.
Etwa 145 KJ/35 Kcal pro 100 g des verzehrbaren Anteils.
<u>Einkauf:</u> Nur sattgrüne oder gelbe straffe Bohnen kaufen, keine laschen mit braunen Flecken. Wirklich frische Bohnen sind stramm, man kann sie knicken, wobei sie hörbar knacken.
<u>Aufbewahrung:</u> Lose in Papier eingeschlagen 2 Tage im Gemüsefach des Kühlschranks.
<u>Besonderheit:</u> Bei allen Bohnen prüfen, ob sie wirklich fadenlos sind, sonst die Fäden abziehen. Schnittbohnen nach dem Waschen in Schnitze oder Streifen schneiden, große Bohnen in Stükke brechen, kleine ganz lassen. Bohnen mindestens 10 Minuten in Salzwasser – je nach Sorte und Dicke auch länger – kochen, kalt abschrecken, abtropfen lassen und nach Wunsch weiterverarbeiten oder die Bohnen mit Zwiebeln in Fett rasch von allen Seiten kräftig anbraten, mit Flüssigkeit aufgießen und gar dünsten. Durch die Berührung mit dem heißen Fett tritt die grüne Farbe der Bohnen besonders leuchtend hervor. Bohnen schmecken gut in Butter geschwenkt, kombiniert mit Rind- oder Schweinefleisch, Schinken, gebratenen Speckwürfeln, mit Kartoffeln, Möhren, Tomaten und Zwiebeln. Typisches Gewürz für grüne Bohnen ist das Bohnenkraut, außerdem kann man grüne Bohnen mit Knoblauch, Petersilie, Salbei und Thymian würzen.

Bohnenkerne

Bohnenkerne sind die getrockneten Samen von grünen Bohnen. Das artenreiche Gemüse bringt entsprechend viele verschiedene Samenkerne hervor. Am häufigsten werden kleine längliche weiße Bohnen mit besonders feiner Schale verwendet, da sie mild im Geschmack sind und beim Kochen leicht zerfallen. Sie haben deshalb eine bindende Wirkung und werden für Suppen und Eintöpfe geschätzt. Weiß sind auch die Limabohnen und die kleinen kugeligen Cannellini-Bohnen; sie eignen sich für Gemüsebeilagen und Salate.
Seltener werden die griechischen Augenbohnen angeboten, kleine hellgelbe Samen mit dunklen Ovalen an den Innenflächen; sie sind ähnlich zart wie die kleinen weißen Bohnen, zerkochen aber weniger.
Rote Bohnen – oder Kidneybohnen – sind vor allem Bestandteil amerikanischer Spezialitäten wie Baked Beans und mexikanischer Gerichte. Sie sind von angenehmer Konsistenz, behalten beim Kochen ihre Form und eignen sich gut für Eintöpfe mit langer Garzeit.
Schwarze Bohnen sind schlank, lang und besonders aromatisch. Aus ihnen werden Gemüsegerichte und Püree bereitet.
Die großen rot-braunen Feuerbohnen mit schwarzen Tupfen zerfallen ebenfalls schnell beim Garen und werden deshalb bevorzugt für Püree verwendet.
<u>Hauptsaison:</u> Ganzjährig.
<u>Nährstoffe:</u> <u>Reich an:</u> Eiweiß, Kohlenhydraten, Ballaststoffen, Kalium, Magnesium, Eisen, Vitaminen E, B_1 und Folsäure; <u>außerdem enthalten:</u> Fett, Calcium, Phosphor, Fluor, Vitamine A, B_2, Niacin und C; besonders natriumarm.
Etwa 1365 KJ/325 Kcal pro 100 g des verzehrbaren Anteils.
<u>Einkauf:</u> Getrocknete Bohnen sollten nach der Ernte nicht länger als 1 Jahr gelagert werden. Beim Einkauf auf das Verfalldatum auf Packung oder Dose achten. Lose Ware auf Verunreinigungen, gebrochene Samen und Schädlinge hin überprüfen. Überlagerte Bohnen erkennt man an der glanzlosen, schrumpeligen Haut.
<u>Aufbewahrung:</u> Möglichst dunkel, kühl und luftig, nicht länger als 6 Monate, da von der Ernte bis zum Angebot im Geschäft bereits Monate vergangen sein könnten.
<u>Besonderheit:</u> Getrocknete Bohnenkerne in stehendem kaltem Wasser waschen und dabei verlesen; schlechte Samen schwimmen an der Oberfläche und können leicht abgenommen werden. Danach in abgekochtem, abgekühltem Wasser 12 Stunden einweichen, im Einweichwasser ohne Salz je nach Art und Sorte 1 bis 2 Stunden kochen lassen. Die Bohnen erst nach dem Garen salzen, da sie mit Salz gekocht nicht richtig weich werden. Die Empfehlung früherer Jahre, getrocknete Bohnen mit Natrium zu versetzen, ist überholt, obgleich es die Garzeit verkürzt. Natrium zerstört nachweislich Vitalstoffe und beeinflußt den Geschmack nachtei-

Broccoli

Grüne Bohnen

Bohnenkerne

lig. Um etwa ein Drittel kürzere Garzeiten lassen sich im Schnellkochtopf erzielen. Bohnenkerne schmecken gut mit Möhren, Paprikaschoten, Tomaten und Zwiebeln kombiniert sowie zu Hammel-, Lamm-, Rind- und Schweinefleisch, mit gebratenem Speck oder mit Würsten. Geeignete Gewürze sind Bohnenkraut, Cayennepfeffer, Ingwer, Oregano, Paprikapulver, weißer Pfeffer, Salbei, Thymian und Tripmadam.

Broccoli

Der dem Blumenkohl verwandte Broccoli – auch Bröckelkohl oder Spargelkohl genannt – mit den dunkelgrünen, manchmal auch grün-violetten, dichten, krausen Blüten erinnert im Geschmack ein wenig an Spargel. Durch sein feines Aroma und seine zarte Konsistenz gehört Broccoli seit Jahren zu den Wintergemüsen für festliche Gelegenheiten.
Hauptsaison: November bis März.
Nährstoffe: Reich an: Ballaststoffen, Kalium, Calcium, Magnesium, Vitaminen A, K, B_2, B_6, Folsäure, Pantothensäure und C; außerdem enthalten: Eiweiß, Fett, Kohlenhydrate, Phosphor, Vitamine B_1 und Niacin; besonders natriumarm.
Etwa 145 KJ/35 Kcal pro 100 g des verzehrbaren Anteils.
Einkauf: Nur kräftig grüne Pflanzen mit straffen Blättern, Stielen und Deckblättern kaufen. Welke Blüten und gelbe Deckblätter lassen auf unsachgemäße und zu lange Lagerung schließen.
Aufbewahrung: In Frischhaltefolie eingeschlagen im Gemüsefach des Kühlschranks 2 Tage.
Besonderheit: Broccoli kann nicht roh verzehrt werden, er hat jedoch kurze Garzeiten. Von den Blüten die Deckblätter entfernen, den Kohl mehrmals waschen, die Stiele wie Spargel von oben nach unten hin dünn schälen und die Enden kreuzweise einschneiden. Oder die Stiele abschneiden, 6 Minuten gesondert garen, dann erst die Blüten hinzufügen und weitere 6 Minuten mitgaren. Broccoli 10 bis 15 Minuten in Salzwasser kochen, abtropfen lassen, dann mit zerlassener Butter, Sauce hollandaise oder Sahnesauce servieren. Broccoli läßt sich gut mit Champignons kombinieren, mit Mandelblättchen, Möhren, Spargel und Tomaten. Geeignete Gewürze sind Knoblauch, Muskat, Petersilie, weißer Pfeffer, Piment und Zitronensaft.

Cardy

Cardy – auch Kardone, Karde oder spanische Artischocke genannt – gehört zu den Distelgewächsen. Im Geschmack ähnelt sie der Artischocke, mit der sie auch verwandt ist. Nur die breiten dickfleischigen Stiele der Pflanze werden verwendet und stets gegart verzehrt.
Hauptsaison: Juni bis Oktober.
Nährstoffe: Genaue Angaben sind nicht bekannt.
Etwa 105 KJ/25 Kcal pro 100 g des verzehrbaren Anteils.
Einkauf: Nur Stauden mit fleischigen hellen Stielen kaufen; kleinere Stauden bevorzugen. Mit etwa 50% Abfall ist zu rechnen.
Aufbewahrung: In ein feuchtes Tuch eingeschlagen 2 Tage im Gemüsefach des Kühlschranks (das Tuch, wenn nötig, erneut befeuchten).
Besonderheit: Von den Cardystielen die Blätter, die hohlen Enden und Ränder entfernen. Von den Stielen wie bei Rhabarber die Längsfäden abziehen und die Stiele sofort mit Zitronensaft beträufeln, damit sie sich nicht dunkel färben. Cardy in Stücke schneiden, etwa 20 Minuten dünsten und in Sahnesauce servieren. Cardy schmeckt auch gut mit Schinken oder Hackfleisch kombiniert und mit Käse überbacken. Geeignete Gewürze sind Estragon, Macis und Zitronensaft.

Chicorée

Die länglichen Chicoréestauden mit dicht übereinander liegenden hellgelben Blättern und zartgrünen Spitzen werden abgeschirmt vom Tageslicht gezogen, woraus sich ihre helle Farbe und die zarte Konsistenz der Blätter ergeben. Der typische Geschmack der angenehm knackigen Blätter ist leicht bitter.
Hauptsaison: November bis März.
Nährstoffe: Reich an: Ballaststoffen, Magnesium, Vitaminen A und Folsäure; außerdem enthalten: Eiweiß, Fett, Kohlenhydrate, Kalium, Calcium, Phosphor, Eisen, Vitamine B_1, B_2, Niacin und C; besonders natriumarm.
Etwa 65 KJ/15 Kcal pro 100 g des verzehrbaren Anteils.
Einkauf: Auf bis zu den Blattspitzen hin dicht geschlossene Stauden achten. Die Außenblätter dürfen keinesfalls braune, faulige Flecken aufweisen.
Aufbewahrung: In mehrere Lagen Papier eingeschlagen bis zu 4 Tage im Gemüsefach des Kühlschranks.
Besonderheit: Chicorée eignet sich für Salate, wird mit süßen oder sauren Früchten kombiniert sowie mit Nüssen, mit anderen Blattsalaten, mit Möhren, Paprikaschoten und Tomaten. Warm zubereitet schmeckt Chicorée in Suppen, halbierte Stauden werden mit Schinken und Käse umwickelt in leicht gebräunter Butter gegart. Wer den Bittergeschmack mildern möchte, schneidet die Stauden am Wurzelende etwas ab und löst danach einen etwa 2 cm langen Keil aus dem verbliebenen Wurzelende, da dort die meisten Bitterstoffe angesammelt sind. Geeignete Gewürze sind Currypulver, Dill, Ingwer, Muskat, Paprikapulver, Petersilie, weißer Pfeffer und Zitronensaft.

Cardy

Chicorée

Chinakohl

Chinakohl – auch Pekingkohl – ist leicht verdaulich, von zarter Konsistenz und von mildem Geschmack. Er eignet sich gleichermaßen für Salate wie für Gemüse. Die länglichen gelb-grünen bis hellgrünen »Köpfe« sind locker gefügt und können bis zu 1 kg schwer werden. Derart große Exemplare kann man blattweise verbrauchen.
Hauptsaison: Oktober bis März.
Nährstoffe: Reich an: Ballaststoffen, Vitaminen Folsäure und C; außerdem enthalten: Eiweiß, Fett, Kohlenhydrate, Kalium, Calcium, Phosphor, Magnesium, Eisen, Fluor, Vitamine A, B_1, B_2 und Niacin; besonders natriumarm.
Etwa 65 KJ/15 Kcal pro 100 g des verzehrbaren Anteils.
Einkauf: Möglichst dicht geschlossene Köpfe mit frischen straffen Blättern wählen; bräunlich verfärbte Blätter lassen auf unsachgemäßes Lagern schließen.
Aufbewahrung: In Frischhaltefolie eingeschlagen im Gemüsefach des Kühlschranks 10 Tage.
Besonderheit: Als Salat schmeckt Chinakohl in Streifen geschnitten gut zusammen mit geraspelten Äpfeln, Möhren, mit Mandarinen, gehackten Nüssen, mit Feldsalat und Staudensellerie. Als Gemüse kann man ihn mit Erbsen, Frühlingszwiebeln, Lauch (Porree), Möhren und Pilzen kombinieren. Besonders delikat schmecken Chinakohl-Rouladen mit einer kräftig gewürzten Hackfleischmasse gefüllt. Gedünstet paßt Chinakohl gut zu Tomatensauce. Geeignete Gewürze sind Basilikum, Ingwer, Petersilie, Pfefferminze, ein Hauch von Piment und eine milde Sojasauce.

Grüne Erbsen

Grüne Erbsen sind die jungen, noch unreifen Samen der Erbsenpflanze. Leider hat sich die Industrie dieses edlen Gemüses bemächtigt, so daß man Erbsen in jeder Handelsklasse von gleichmäßig fadem Geschmack, meist grobspelzig und totpasteurisiert massenhaft und preiswert in Dosen kaufen kann. Geschmacklich und hinsichtlich der Nährwerte sind tiefgefrorene Erbsen der Dosenware vorzuziehen. Bei frischem Sommergemüse sollte man zugreifen, solange es angeboten wird. Für Gemüsegerichte, Suppen und Eintöpfe eignen sich die sogenannten Palerbsen, die gepalt, also enthülst werden, da ihre faserigen Hülsen nicht genießbar sind. Aber auch die kantigen, oft etwas runzeligen Markerbsen werden nur enthülst verspeist, die unregelmäßige Oberfläche besagt nichts über Qualität; Markerbsen schmecken leicht süßlich und sind von feiner Konsistenz. Für Omelettes, feine Gemüsebeilagen und exquisite Aufläufe eignen sich die Zuckererbsen, deren Samen zart sind und süß schmecken. Solange die Erbsensamen noch jung und etwa linsenklein sind, läßt sich auch aus den ganzen Zuckerschoten ein hervorragendes Gemüse bereiten.
Hauptsaison: Juni bis August.
Nährstoffe: Reich an: Eiweiß, Ballaststoffen, Kalium, Magnesium, Eisen, Vitaminen E, K, B_1, B_2, Niacin, B_6, Folsäure, Pantothensäure und C; außerdem enthalten: Fett, Kohlenhydrate, Calcium, Phosphor, Fluor und Vitamin A; besonders natriumarm.
Etwa 335 KJ/80 Kcal pro 100 g des verzehrbaren Anteils.
Einkauf: Bei frischen Erbsen berechnen, daß die Hülsen gut 50% des Gewichts ausmachen. Werden also nicht die ganzen Schoten verarbeitet, muß man mit 50% Abfall rechnen. Keine Erbsen mit trockenen oder gar bräunlich verfärbten Hülsen kaufen. – Frische Erbsen sollten jung – also nicht überreif – so rasch wie möglich verwendet werden, da sich der in ihnen enthaltene Zucker in Stärke umwandelt, wodurch die Erbsen dann mehlig und fad schmecken.
Bei Dosenware sind die Bezeichnungen »Gemüseerbsen«, »mittelfein«, »sehr fein« bis »extra fein« Anhaltspunkte über Konsistenz und geschmackliche Qualität. Die besten tiefgefrorenen Erbsen findet man unter den Bezeichnungen Perlerbsen und Petits pois.
Aufbewahrung: Frische Erbsen in den Hülsen in ein feuchtes Tuch eingeschlagen höchstens 1 Tag im Gemüsefach des Kühlschranks.
Besonderheit: Ausgehülste Erbsen je nach Größe und Sorte in 20 bis 30 Minuten gar dünsten; ganz junge Zuckerschoten sind in 10 bis 15 Minuten gar. Grüne Erbsen schmecken in Butter geschwenkt oder mit einer Sauce aus Crème fraîche ausgezeichnet. Sie lassen sich gut mit Frühlingszwiebeln kombinieren, mit Möhren, Maiskörnern, Pfifferlingen und mit feingeschnittenen zarten Kopfsalatblättern. Geeignete Gewürze sind Dill, Kerbel, Muskat, Oregano, Petersilie, weißer Pfeffer, frische Pfefferminze, Salbei, Schnittlauch, Tripmadam und 1 Prise Zucker.

Getrocknete Erbsen

Getrocknete Erbsen (Trockenerbsen) sind die reifen, getrockneten Samen der Erbsenpflanze, die aus den Schoten gelöst wurden. Im Handel sind gelbe, grüne und bläuliche Trockenerbsen, die geschält und ungeschält angeboten werden. Aus bereits geschälten Erbsen kann man mühelos Püree und Erbsencremesuppe bereiten. Für Gemüse und Eintöpfe sollte man ungeschälte Samen bevorzugen, da diese nährstoffreicher sind. Beim Schälen zerfallen trokkene Erbsen oft in zwei Hälften, die dann als Splittererbsen angeboten werden und die man wie geschälte Erbsen verwendet. Kichererbsen sind etwas größer, nicht gleichmäßig rund und gelb bis hellbraun. Ihr nußartiger, milder Geschmack ist für Spezialitäten des Mittelmeerraums typisch. Sie lassen sich aber ebensogut für alle bekannten Speisen mit Trokkenerbsen verwenden.
Hauptsaison: Ganzjährig.
Nährstoffe: Reich an: Eiweiß, Kohlenhydraten, Ballaststoffen, Magnesium und Vitamin B_1; außerdem enthalten: Fett, Kalium, Calcium, Phosphor, Eisen, Vitami-

Chinakohl

Grüne Erbsen

Getrocknete Erbsen

ne A, B_2, Niacin, Folsäure und C; besonders natriumarm.
Etwa 1450 KJ/345 Kcal pro 100 g des verzehrbaren Anteils.
Einkauf: Getrocknete Erbsen sollten nicht länger als 1 Jahr gelagert werden. Beim Einkauf auf das Verfalldatum auf Packung oder Dose achten. Lose Ware auf Verunreinigungen und Schädlinge hin überprüfen. Überlagerte Erbsen erkennt man an der glanzlosen schrumpeligen Haut.
Aufbewahrung: Möglichst kühl, dunkel und luftig, nicht länger als 6 Monate lagern, da vom Zeitpunkt der Ernte bis zum Angebot im Handel bereits 6 Monate vergangen sein können.
Besonderheit: Getrocknete Erbsen in stehendem Wasser waschen und dabei verlesen; schlechte Samen schwimmen an der Oberfläche und können leicht abgenommen werden. Danach in gekochtem, abgekühltem Wasser 12 Stunden einweichen, im Einweichwasser ohne Salz je nach Art und Sorte 2 bis 3 Stunden kochen lassen. Kichererbsen sind in etwa 1½ Stunden gar, bereits geschälte Erbsen in 20 bis 30 Minuten. Die Erbsen erst nach dem Garen salzen, da sie mit Salz gekocht nicht richtig weich werden. Die Empfehlung früherer Jahre, getrockneten Erbsen beim Kochen Natrium zuzusetzen, ist überholt, obgleich die Garzeit dadurch verkürzt wird. Natrium zerstört Vitalstoffe und beeinflußt den Geschmack nachteilig. Um zwei Drittel kürzere Garzeiten lassen sich im Schnellkochtopf erzielen. Getrocknete Erbsen schmecken gut zusammen mit Schweinefleisch, gebratenem Speck, geräucherten Würsten und gebräunten Zwiebelringen. Geeignete Gewürze sind Beifuß, Majoran, Muskat, Oregano, Petersilie, schwarzer Pfeffer, Portulak, Schnittlauch und Zitronenmelisse.

Fenchel

Fenchel, auch Fenchelknolle oder Gemüsefenchel genannt, ist der verdickte Stiel der Pflanze. Er setzt sich aus fleischigen, gerippten Blättern zusammen, die dicht aufeinander liegen. Die aus der Knolle hochwachsenden grünen Stiele werden nicht verwendet, stets aber das feine Blattgrün. Der typische Geschmack von Fenchel ist allgemein bekannt.
Hauptsaison: Oktober bis April.
Nährstoffe: Reich an: Ballaststoffen und Vitamin A; außerdem enthalten: Eiweiß, Fett und Kohlenhydrate.
Etwa 105 KJ/25 Kcal pro 100 g des verzehrbaren Anteils.
Einkauf: Nur feste, weiße oder hellgrüne Knollen mit frischem Blattgrün kaufen; Knollen mit trockenen bräunlichen Außenblättern sind überlagert.
Aufbewahrung: 2 Tage im Gemüsefach des Kühlschranks. Vorher die grünen Stiele abschneiden. Die zarten Blätter ebenfalls abschneiden und mit den Knollen zusammen waschen und in ein feuchtes Tuch einschlagen.
Besonderheit: Von den äußeren Blättern die harten Rippen entfernen. Zerkleinerten Fenchel sofort mit Zitronensaft beträufeln, damit er sich nicht dunkel färbt. Fenchel für gemischte Salate roh in feine Streifen schneiden oder raspeln; für Gemüse die einzelnen Blätter auseinander nehmen und etwas kleinschneiden. Das Blattgrün immer roh an das fertige Gericht geben. Fenchel mit kaltgepreßtem Öl in wenig Flüssigkeit dünsten. Gegart schmeckt Fenchel in Sahnesauce zu kurzgebratenem Fleisch, zu Geflügel sowie mit Schinken und Käse überbacken. Geeignete Gewürze sind Knoblauch, Muskat und Zitronensaft.

Grünkohl

Dieser herzhafte Winterkohl – auch Braunkohl oder Blätterkohl genannt – ist äußerst mineralstoff- und vitaminreich. Er erhält sein herb-süßes Aroma erst durch Frosteinwirkung, durch die sich die im Kohl enthaltene Stärke in Zucker umwandelt. Die bekannteste Art von Grünkohl hat stark gekrauste Blätter, seltener kommt die glattblättrige Sorte auf den Markt.
Hauptsaison: November bis März.
Nährstoffe: Reich an: Eiweiß, Ballaststoffen, Kalium, Calcium, Magnesium, Eisen, Jod, Vitaminen A, E, B_2, B_6, Folsäure und C; außerdem enthalten: Fett, Kohlenhydrate, Natrium, Fluor, Vitamine B_1 und C.
Etwa 230 KJ/55 Kcal pro 100 g des verzehrbaren Anteils.
Einkauf: Auf möglichst kleine, dickfleischige Blätter achten; bei Grünkohl am Stiel mit 50% Abfall rechnen.
Aufbewahrung: In Frischhaltefolie eingeschlagen im Gemüsefach des Kühlschranks 1 Tag.
Besonderheit: Grünkohl von den Stielen streifen, schlechte Blattstellen entfernen. Die Blätter mehrmals waschen, da in den Krausen Erde oder Sand haften kann. 10 Minuten in Salzwasser blanchieren, dann zerkleinern und in etwa 1 Stunde gar schmoren. Grünkohl ist typischer Begleiter zu fetter Grützwurst, Schweinebauch und Kasseler, doch schmeckt er auch in weniger kalorienreichen Kombinationen, zum Beispiel mit Kartoffelpüree und in Butter gebräunten Zwiebeln. In einer Sahne-Eigelb-Sauce wird sein etwas herber Geschmack gemildert. Geeignete Gewürze sind Basilikum, Koriander, Muskat, schwarzer Pfeffer und Piment.

Grünkohl

Fenchel

Gemüse von A bis Z

Gurken

Die schlanke Salat- oder Schlangengurke wird ganzjährig als Treibhausgewächs angeboten. Am aromatischsten schmeckt allerdings die Freilandgurke, die dann zusammen mit der dickeren, kürzeren Gemüse- oder Schmorgurke auf den Markt kommt. Im Spätsommer und Frühherbst erhält man meist recht preiswert die kleinen Nachzügler der Gemüsegurke zum Einlegen.
Hauptsaison: Juni bis Oktober.
Nährstoffe: Reich an: Ballaststoffen; außerdem enthalten: Eiweiß, Fett, Kohlenhydrate, Kalium, Calcium, Phosphor, Magnesium, Eisen, Jod, Vitamine A, B_1, B_2, Niacin und Folsäure; besonders natriumarm.
Etwa 65 KJ/15 Kcal pro 100 g des verzehrbaren Anteils.
Einkauf: Auf feste Früchte ohne weiche oder gar faulige Stellen achten sowie auf unverletzte glänzende tiefgrüne Schalen. Späte Gemüsegurken dürfen teilweise gelbe Schalen haben; dies spricht für fast überreife aber auch besonders aromatische Gurken.
Aufbewahrung: Im Gemüsefach des Kühlschranks oder in dunklen kühlen Räumen 3 Tage. Bei angeschnittenen Gurken die Schnittfläche mit Klarsichtfolie bedecken, dann nur noch 1 Tag im Gemüsefach des Kühlschranks lagern.
Besonderheit: Manche Gurken enthalten vom Stielende ausgehend Bitterstoffe, die nicht jedem schmecken. Deshalb die gewaschene ungeschälte Gurke vom Stielende her scheibchenweise probieren und so viel abschneiden, bis der bittere Geschmack nachläßt. Würde man die Gurke vor dieser Probe schälen, könnten sich die Bitterstoffe durch das Schälen über die ganze Gurke verteilen. Die Gurke schälen und noch einmal kurz abspülen. Gemüsegurken längs halbieren und die ziemlich groben Kerne mit einem Löffel herausschaben; die Gurke dann schälen oder ungeschält füllen. Junge Freiland Salatgurken am besten ungeschält und sorgfältig gewaschen verwenden. – Für Gurkensalate ist Dill die geschmacklich ideale Ergänzung, aber auch Fenchelgrün, Pimpinelle, Zitronensaft, Sahne oder Crème fraîche sowie Krabben passen gut zu Gurke. Geschmorte Gurken schmecken gut mit einer Hackfleischfarce gefüllt oder in Stücke geschnitten in Senfsauce.

Kartoffeln

Die wertvolle Knolle wird in einer fast unübersehbaren Anzahl von Sorten angebaut und je nach Bodenart und Verwendungszweck immer wieder durch Züchtungen verändert. Da regional bestimmte Sorten angeboten werden, interessieren weniger die Sortennamen als die Kocheigenschaften der Kartoffeln. Speisekartoffeln gibt es als Früh- oder neue Kartoffeln, als frühe, mittelfrühe und späte Sorten. Sie alle können folgende Kocheigenschaften aufweisen: festkochend oder speckigkochend, die Salatkartoffel, die auch als Bratkartoffel schmeckt; vorwiegend festkochend, geeignet für Pellkartoffeln, Salzkartoffeln, Kartoffelpuffer, für Rösti und Klöße aus rohen Kartoffeln; mehligkochend, beliebte Beilagenkartoffeln für Gemüse und Saucengerichte als Salzkartoffeln, Püreekartoffeln, geeignet für Suppen und Klöße aus gekochten Kartoffeln.
Jeder muß für sich entscheiden, welche Kocheigenschaften er bevorzugt. Am besten hält man zwei Sorten für die verschiedenen Verwendungsarten vorrätig. Zusätzlich zur Kocheigenschaft unterscheiden sich die Sorten noch im Geschmack und in der Farbe. Wer zunächst kleinere Mengen der angebotenen Sorten probiert, kann die ihm angenehmste nachkaufen oder auch lagern.
Hauptsaison: Frühkartoffeln April bis Juni, frühe Sorten Juni bis August, mittelfrühe Sorten August bis September, späte Sorten ab September.
Nährstoffe: Reich an: Kohlenhydraten, Ballaststoffen, Kalium, Magnesium, Vitaminen B_6, und C; außerdem enthalten: Eiweiß, Fett, Calcium, Phosphor, Eisen, Jod, Vitamine A, K, B_1, B_2, Niacin und Folsäure; besonders natriumarm.
Etwa 295 KJ/70 Kcal pro 100 g des verzehrbaren Anteils.
Einkauf: Kartoffeln einer Sorte sollten annähernd von gleicher Größe sein. Auf saubere, unverletzte Schalen achten. Die Kartoffeln dürfen keine Faulstellen, keine grünen Stellen und keine Keimansätze haben.
Aufbewahrung: Luftig, möglichst kühl und dunkel ohne Verpakkung in einem Korb bis zu 3 Wochen, jedoch niemals im Kühlschrank und nicht bei Minusgraden, da sich dann die Stärke der Knolle verändert und unangenehm süß schmeckt. Zum Einkellern in unbeheizten, dunklen Räumen ab Ende Oktober nur späte Sorten verwenden. Auch im Keller die Kartoffeln luftig in einer Horde aus Lattenholz lagern.
Besonderheiten: Die Kartoffeln unter fließendem kaltem Wasser bürsten, alle grünen Stellen und Keimansätze großzügig abschneiden, da sie das unverträgliche, bittere Solanin (Alkaloid) enthalten. Am nährstoffschonendsten garen Kartoffeln in der Schale. Die Kochflüssigkeit von bereits geschälten Kartoffeln nach Möglichkeit mitverwenden. Kartoffeln lassen sich so vielseitig zubereiten und mit anderen Nahrungsmitteln, Kräutern und Gewürzen kombinieren, daß wir hier auf eine Aufzählung verzichten. Zusammen mit Gemüse, Eiern und Quark ergeben Kartoffeln hochwertige Mahlzeiten.

Knollensellerie

Junge Knollen sind hell erdfarben, etwa faustgroß und werden mit den grünen Blättern verkauft. Ausgewachsene Wurzeln sind dunkelbraun und wiegen bis zu 1 kg. Knollensellerie wird seines intensiven Geschmacks wegen häufig zum Würzen verwendet.
Hauptsaison: Oktober bis März.
Nährstoffe: Reich an: Ballaststoffen, Kalium, Vitaminen E und B_6; außerdem enthalten: Eiweiß, Fett, Kohlenhydrate, Natrium, Calcium, Phosphor, Magnesium, Eisen, Jod, Fluor, Vitamine A, K, B_1, B_2, Niacin und C.
Etwa 170 KJ/40 Kcal pro 100 g des verzehrbaren Anteils.
Einkauf: Bei jungen Knollen auf frisches Blattgrün achten; große Knollen müssen schwer sein; es verbergen sich oft schwammige Stellen im Inneren.
Aufbewahrung: Im Gemüsefach des Kühlschranks 2 Wochen; angeschnittene Stücke in Frischhaltefolie gewickelt 1 Woche. Für die winterliche Vorratshaltung die Knollen mit Sand bedeckt im kühlen dunklen Keller lagern.
Besonderheit: Knollensellerie ungeschält, gründlich gebürstet dämpfen oder kochen (je nach Größe 40 Minuten bis 1 Stunde) oder geschält, gewürfelt oder in Scheiben geschnitten 20 bis 30 Minuten dünsten. Die zarten jungen Blätter zum Teil gehackt über das fertige Gemüse geben. Sellerie kann auch geraspelt oder streichholzdünn geschnitten roh verwendet werden. Sellerie läßt sich gut mit Möhren, Lauch (Porree) und Kartoffeln kombinieren oder roh mit Äpfeln, Ananas, Möhren und Nüssen. Als Gewürze eignen sich Selleriegrün, Liebstökkel, Petersilie, Thymian, Zitronensaft und Essig.

Kohlrabi

Die Knollen sind die verdickten Stiele der Pflanze. Kohlrabi wachsen mit hellgrüner und dunkelvioletter Haut, es besteht jedoch zwischen beiden Sorten kein Unterschied im Geschmack und in den Inhaltsstoffen. Besonderen Nährwert haben die Kohlrabiblätter. Deshalb sollte man immer die zarten Innenblätter kleingeschnitten roh an die fertige Speise geben.
Hauptsaison: Mai bis Oktober.
Nährstoffe: Reich an: Ballaststoffen und Vitamin C, außerdem enthalten: Eiweiß, Fett, Kohlenhydrate, Calcium, Phosphor, Magnesium, Eisen, Jod, Vitamine A, B_1, B_2 und Niacin; besonders natriumarm.
Etwa 125 KJ/30 Kcal pro 100 g des verzehrbaren Anteils.
Einkauf: Möglichst mittelgroße Knollen ohne Risse kaufen; auf frisches Blattgrün achten.
Aufbewahrung: Im Gemüsefach des Kühlschranks 3 Tage.
Besonderheit: Junge Knollen roh als Salat oder Rohkost verwenden, größere zum Füllen, als Gemüse, für Gemüse-Eintöpfe oder Suppen. Als Gewürze eignen sich Liebstöckel, Muskat, Petersilie, weißer Pfeffer und Pimpinelle.

Kohlrüben

Sie werden regional auch Steckrüben, Dorschen oder Wrunken genannt und sind der Zuckerrübe verwandt. Ihre dicken, großen Wurzeln haben gelblich-orangefarbenes Fleisch, das nur gegart angenehm bittersüß schmeckt.
Hauptsaison: Oktober bis April.
Nährstoffe: Reich an: Ballaststoffen, Calcium, Vitaminen B_6, Folsäure und C; außerdem enthalten: Eiweiß, Fett, Kohlenhydrate, Kalium, Phosphor, Eisen, Fluor, Vitamine A, B_1, B_2 und Niacin; besonders natriumarm.
Etwa 190 KJ/45 Kcal pro 100 g des verzehrbaren Anteils.
Einkauf: Auf feste, unverletzte Wurzeln ohne Schadstellen und Verfärbungen achten; kleinere Exemplare bevorzugen, da ihr Fleisch zarter ist und sich bei ihnen weniger Abfall ergibt.
Aufbewahrung: Im Gemüsefach des Kühlschranks 2 Wochen; angeschnittene Rüben in Frischhaltefolie eingewickelt 1 Woche.
Besonderheit: Wurzel- und Blattansatz entfernen, die dickwandige Schale großzügig bis zum hellen Fruchtfleisch wegschneiden. Die Rüben würfeln und in 40 bis 50 Minuten gar kochen oder gar dünsten. Kohlrüben mit Kartoffeln, Lauch (Porree), Möhren und Sellerie kombinieren; besonders schmackhaft als Eintopf in Verbindung mit Schweinefleisch. Rübenpüree, mit Butter und Sahne verfeinert, zählt zu den delikaten Beilagen zu Schweine- oder Lammbraten. Als Gewürze eignen sich Muskat, Beifuß, Fenchelsamen, Ingwer, Kümmel, Paprika, weißer Pfeffer, Petersilie, Schnittlauch und Wermutkraut.

Kresse

In der Gemüseküche spielt Kresse keine dominierende Rolle. Doch sollte man unbedingt Gemüserohkost und warme Gemüsespeisen mit Kresse anreichern. Denn sie vermittelt nicht nur wichtige Vitalstoffe, sondern auch raffinierte Geschmackswerte. Im Handel wird meist nur die kleinblättrige Gartenkresse in kleinen Kartons ausgesät angeboten. Die großblättrige Brunnen- oder Wasserkresse muß man selbst an Bachläufen sammeln.
Hauptsaison: Für Gartenkresse ganzjährig; für Brunnenkresse Juli bis Oktober.
Nährstoffe (Gartenkresse): Reich an: Ballaststoffen, Kalium, Calcium, Eisen, Vitaminen A und C; außerdem enthalten: Eiweiß, Fett, Kohlenhydrate, Phosphor, Fluor, Vitamine B_1, B_2 und Niacin; besonders natriumarm.
Etwa 190 KJ/45 Kcal pro 100 g des verzehrbaren Anteils.
Nährstoffe (Brunnenkresse): Reich an: Ballaststoffen, Kalium, Calcium, Eisen, Vitaminen A, B_1 und C; außerdem enthalten: Eiweiß, Fett, Kohlenhydrate, Phosphor, Vitamine B_2 und Niacin; besonders natriumarm.
Etwa 190 KJ/45 Kcal pro 100 g des verzehrbaren Anteils.
Einkauf: Auf frische, kräftig grüne Blättchen achten.
Aufbewahrung: Kresse im Kartonbeet kann man am Küchenfenster 1 bis 2 Wochen frisch halten; dabei ab und zu gießen.
Besonderheit: Kresse mit der Küchenschere vom Beet schneiden, gründlich abbrausen und abtropfen lassen. Brunnenkresse gut waschen und hacken oder für Salate und Gemüse die ganzen Blätter verwenden. Kresse läßt sich gut mit Orangen oder Grapefruitspalten kombinieren.

Kohlrüben

Kresse

Kürbis

Vom Kürbis gibt es mehrere hundert Sorten von sehr unterschiedlichen Formen und Farben. Die größten Exemplare, die Riesenkürbisse, wiegen bis zu 50 kg. Außer diesen eignen sich zur Gemüsebereitung vor allem der Flaschenkürbis, der Eierkürbis, der Gartenkürbis, der Squash (eine hellhäutige Frucht, die in ihrer Form den Vorstellungen von fliegenden Untertassen nahe kommt), die kleinen Sommerkürbisse sowie die Chayoten (eine hellgrüne oder gelbe birnenförmige Kürbisart aus Süd- und Mittelamerika).

Hauptsaison: August bis Oktober für einheimische Kürbisse, Dezember bis März für überseeische Kürbisse.

Nährstoffe: Reich an: Ballaststoffen, Kalium, Vitaminen A und Folsäure; außerdem enthalten: Eiweiß, Fett, Kohlenhydrate, Calcium, Phosphor, Magnesium, Eisen, Vitamine B_1, B_2, Niacin und C; besonders natriumarm.

Etwa 105 KJ/25 Kcal pro 100 g des verzehrbaren Anteils.

Einkauf: Je kleiner der Kürbis, desto zarter und aromatischer das Fruchtfleisch. Von großen Kürbissen kann man Stücke nach Gewicht kaufen.

Aufbewahrung: Ganze Kürbisse bei Raumtemperatur 2 Wochen; Kürbisstücke in Frischhaltefolie eingeschlagen 3 Tage im Gemüsefach des Kühlschranks.

Besonderheit: Große Kürbisse immer schälen und von den Kernen befreien. Kürbisse haben keinen sehr ausgeprägten Eigengeschmack und sollten bei der Zubereitung möglichst pikant gewürzt werden. Geeignete Gewürze sind Cayennepfeffer, Currypulver, Ingwer, Knoblauch, Paprikapulver und Zitronensaft. Zu Wild- und Schweinefleischgerichten oder zu Rinderfilet schmeckt süß-sauer eingelegter Kürbis gut.

Lauch (Porree)

Lauch – auch Porree – gehört zur Familie der Zwiebeln, bildet jedoch keine Knolle aus. Sommerlauch hat hellgrüne, rund eingeschlagene, dünnwandige Blätter, die nach unten zu gelblich werden und im weißen Wurzelstück enden. Er ist milder im Geschmack als der herbe Winterlauch. Winterlauchstangen sind dicker, die dunkelgrünen Blätter lediglich als Würze brauchbar. Für Gemüse verwendet man vom Winterlauch nur die weißen und gelben Stücke.

Hauptsaison: Sommerlauch Mai bis August; Winterlauch September bis April.

Nährstoffe (weißer/gelber Stangenanteil): Reich an: Ballaststoffen, Calcium, Vitaminen E, B_6, Folsäure und C; außerdem enthalten: Eiweiß, Fett, Kohlenhydrate, Kalium, Phosphor, Magnesium, Eisen, Vitamine A, B_1, B_2 und Niacin; besonders natriumarm.

Etwa 145 KJ/35 Kcal pro 100 g des verzehrbaren Anteils.

Einkauf: Keinen Lauch mit gelb gefärbten, braun gefleckten Blättern und fauligen Stellen kaufen. Bei Winterlauch muß mit 50% Abfall, bei Sommerlauch mit etwa 30% Abfall gerechnet werden.

Aufbewahrung: Von schlechten Blättern befreit dick in Papier eingeschlagen 3 Tage im Gemüsefach des Kühlschranks; Vorsicht vor Geruchsübertragung!

Besonderheit: Lauch stets gründlich waschen, dabei die Blätter weit auseinanderbiegen, da zwischen ihnen viel Sand und Erde sitzen kann. Winterlauch längs halbieren, in Stücke schneiden, 10 Minuten in Salzwasser blanchieren und dann je nach Rezept weiterverarbeiten. Sommerlauch kann gut als »Stangen«-Gemüse gedünstet werden. Lauch schmeckt zusammen mit Möhren, Weißkohl, Schinken, gekochtem Rindfleisch, mit Käse überbacken und in Sahnesauce. Geeignete Gewürze sind Cayennepfeffer, Estragon, Kerbel, Knoblauch, Liebstöckel, Muskat, Petersilie und Thymian.

Linsen

Linsen sind die getrockneten Samen einer mit der Wicke verwandten Pflanze. Mehrere Sorten werden angeboten: Tellerlinsen von 6 bis 7 mm, Mittellinsen von 4 bis 6 mm und Zuckerlinsen von weniger als 4 mm Durchmesser. Farblich unterscheidet man helle oder blonde, rote und schwarze Linsen. Die schwarzen Linsen werden bei uns nur selten angeboten. Geschmacklich spielt die Farbe kaum eine Rolle, nur die Größe. Obgleich große Linsen teurer sind, schmecken die kleinen am besten, da deren Schalenanteil größer ist und die Geschmacksstoffe hauptsächlich in den Schalen angereichert sind. Frisch geerntete Linsen sind hellgrün, durch Lichteinfluß färben sie sich bräunlich, gelbbraun oder braunrot, was aber keinen Einfluß auf Geschmacks- und Inhaltsstoffe hat.

Hauptsaison: Ganzjährig.

Nährstoffe: Reich an: Eiweiß, Kohlenhydraten, Ballaststoffen, Eisen und Vitamin B_1; außerdem enthalten: Fett, Kalium, Calcium, Phosphor, Fluor, Vitamine A, B_2 und Niacin; besonders natriumarm.

Etwa 1385 KJ/330 Kcal pro 100 g des verzehrbaren Anteils.

Einkauf: Getrocknete, schadlose Linsen dürfen bis zu 3 Jahre gelagert werden. Beim Einkauf von loser Ware auf Verunreinigungen und Schädlinge achten; überlagerte Linsen erkennt man an gebrochenen und glanzlosen Samen. Bei Fertiggerichten mit Linsen in Dosen auf das Verfalldatum achten.

Aufbewahrung: Möglichst dunkel, kühl und luftig, nicht länger als 2 Jahre, da vom Zeitpunkt der Ernte bis zum Angebot im Handel bereits 1 bis 2 Jahre vergangen sein können.

Besonderheit: Getrocknete Linsen brauchen nicht eingeweicht zu werden. Man wäscht sie in stehendem Wasser und nimmt dabei schlechte Samen, die an der Oberfläche schwimmen, ab. Linsen werden wie getrocknete Erbsen und getrocknete Bohnen ohne Salz in 1 bis 1½ Stunden ge-

Kürbis

Löwenzahn

Lauch (Porree)

Linsen

gart. Um zwei Drittel kürzere Garzeiten lassen sich im Schnellkochtopf erzielen. Getrocknete Linsen werden häufig püriert als Beilage zu feinen Braten, Steaks und Wild gereicht; meist aber als Eintopf mit Kartoffeln oder Spätzle, kombiniert mit Dörrpflaumen, Lauch (Porree), Möhren und Zwiebeln. Geeignete Gewürze sind Ahornsirup, Essig, Estragon, Nelke, Paprikapulver, Petersilie, weißer Pfeffer, Zitronensaft und Zucker.

Löwenzahn

Löwenzahn wurde erst in jüngster Zeit als Nutzpflanze wiederentdeckt. Er ist wesentlicher Bestandteil von gemischtem Wildgemüse und mit anderen Wildkräutern angereicherten Salaten. Löwenzahn wird vereinzelt auch auf dem Markt angeboten.
Hauptsaison: Mai bis September.
Nährstoffe: Reich an: Ballaststoffen, Kalium, Calcium, Magnesium, Eisen, Vitaminen A und B_1; außerdem enthalten: Eiweiß, Fett, Kohlenhydrate, Natrium, Phosphor, Vitamine B_2, Niacin und C.
Etwa 190 KJ/45 Kcal pro 100 g des verzehrbaren Anteils.
Einkauf: Möglichst nur junge und kleine, saubere Pflanzen wählen.
Aufbewahrung: Löwenzahn am besten pflückfrisch verwenden; wenn eine Lagerung unumgänglich ist, Löwenzahn gewaschen, abgetropft und locker in Frischhaltefolie eingeschlagen höchstens 12 Stunden im Gemüsefach des Kühlschranks aufbewahren.
Besonderheit: Wer Löwenzahn selbst sammelt, sollte Wiesen in der Nähe von stark befahrenen Autostraßen meiden und sich vergewissern, daß die Sammelwiese etwa seit 3 Wochen nicht chemisch behandelt wurde. Junge Löwenzahnblätter wachsen während des Sommers nach der Wiesenmahd erneut nach, so daß man über mehrere Monate immer wieder Gelegenheit hat, Löwenzahn selbst zu sammeln. Löwenzahn für Salate mit Sauce vinaigrette anmachen oder mit einer Mischung aus Joghurt und Crème fraîche. Für Gemüse Löwenzahn wie Spinat vorbereiten und garen und in Sahnesauce servieren. Geeignete Gewürze sind weißer Pfeffer, knusprig gebratene Speckwürfel und Zitronensaft.

Mais

Mais – auch Kukuruz, Türkenkorn, Welschkorn oder Zuckermais – gibt es bei uns frisch nicht als besondere Gemüsezüchtung. Der richtige Zuckermais kommt in Dosen aus amerikanischen Beständen und tiefgefroren auf den Markt. Die bei uns frisch angebotenen Maiskolben sind Futtermais in Milchreife. Aber auch diese Maiskolben schmecken ausgezeichnet, besonders wenn man sie im richtigen Reifezustand erwirbt.
Hauptsaison: Frische Kolben September bis Oktober, Körner in Dosen ganzjährig.
Nährstoffe: Reich an: Kohlenhydraten, Ballaststoffen, Kalium, Phosphor, Magnesium, Vitaminen A, B_6, Folsäure und Pantothensäure; außerdem enthalten: Eiweiß, Fett, Calcium, Vitamine E, B_1, B_2 und C; besonders natriumarm.
Etwa 440 KJ/105 Kcal pro 100 g des verzehrbaren Anteils.
Einkauf: Bei erntefrischen Kolben müssen die hellgelben Körner durch Ritzen mit dem Fingernagel einen weißlichen Saft abgeben. Das kann man durch die Folienverpackung hindurch prüfen oder durch Abziehen der grünen Hüllblätter. Bei Dosenware auf das Verfalldatum achten.
Aufbewahrung: Höchstens 2 Tage im Gemüsefach des Kühlschranks, da sich der in den Körnern enthaltene Zucker danach in Stärke umwandelt und den Geschmack beeinträchtigt.
Besonderheit: Frische Kolben, wenn nötig, von den Hüllblättern und den Seidenfäden befreien. Junge Kolben am besten nur grillen oder braten und mit frischer oder brauner Butter servieren. Kolben mit schon kräftig ausgereiften Körnern vor dem Braten in Butter 20 bis 30 Minuten in Salzwasser kochen. Maiskörner aus der Dose sind von erstklassiger Qualität und eignen sich für Salate und Gemüse. Geeignete Gewürze sind Cayennepfeffer, Currypulver, Paprikapulver und weißer Pfeffer.

Mangold

Mangold ist dem Spinat sehr ähnlich, doch sind seine Blätter etwas derber und von angenehm herbem Geschmack. Als Blattgemüse verwendet man Mangold, solange seine Stiele noch nicht voll ausgewachsen sind. Die kräftigen Stiele und Rippen werden ähnlich wie Spargel behandelt und gegart, während die Blätter mit noch zarten Stielen in wenigen Minuten gar gedünstet sind.
Hauptsaison: Juli bis September.
Nährstoffe: Reich an: Ballaststoffen, Kalium, Calcium, Eisen, Vitaminen A, B_2, Folsäure und C; außerdem enthalten: Eiweiß, Fett, Kohlenhydrate, Natrium, Phosphor, Vitamine B_1 und Niacin.
Etwa 105 KJ/25 Kcal pro 100 g des verzehrbaren Anteils.
Einkauf: Mangold wie Spinat möglichst erntefrisch kaufen. Knackige Stiele und frische Blätter ohne welke und verfärbte Stellen lassen auf kurze Lagerzeiten schließen.
Aufbewahrung: Mangold verliert beim Lagern rasch seine wertvollen Vitalstoffe. Am besten sofort nach dem Einkauf verbrauchen. Wenn eine kurze Lagerzeit unumgänglich ist, den gewaschenen, verlesenen Mangold in ein feuchtes Tuch einschlagen und im Gemüsefach des Kühlschranks höchstens 12 Stunden aufbewahren.
Besonderheit: Alle Rezepte für Spinat lassen sich mit Erfolg auch auf Mangold übertragen.
Nur bei sehr jungen Pflanzen Blätter und Stiele zusammen garen. Die ausgewachsenen Stiele von den groben Blättern befreien; nur einen geringen Blattanteil kleingehackt während der letzten 5 Minuten mitgaren. Stielmangold wird wie Spargel gegart und schmeckt am besten in einer Sahnesauce oder auf polnische Art zubereitet. Geeignete Gewürze sind Knoblauch, Liebstöckel, Petersilie, weißer Pfeffer und Zitronensaft.

Möhren

Möhren werden auch gelbe Rüben, Karotten, Mohrrüben und Wurzeln genannt. Karotten sind eigentlich nur die kleinen kugelförmigen Frühmöhren, die leider kaum auf den Markt kommen, sondern hauptsächlich von der Industrie verarbeitet werden. Sommer- und Herbstmöhren haben längliche Wurzeln mit spitzen oder stumpfen Enden von unterschiedlicher Dicke.
Hauptsaison: Mai bis September. Im Winter wird Importware angeboten oder eingelagerte Möhren.
Nährstoffe: Reich an: Ballaststoffen, Kalium und Vitamin A; außerdem enthalten: Eiweiß, Fett, Kohlenhydrate, Natrium, Calcium, Phosphor, Magnesium, Eisen, Jod, Fluor, Vitamine K, B_1, B_2, Niacin und C.
Etwa 170 KJ/40 Kcal pro 100 g des verzehrbaren Anteils.
Einkauf: Bei gebündelten Sommermöhren auf frisches Blattgrün achten, bei späteren Möhren auf unbeschädigte Wurzeln ohne Faulstellen.
Aufbewahrung: Sommermöhren möglichst noch am Tag des Einkaufs verwenden, da sie rasch an Feuchtigkeit verlieren und lasch werden. Dicke Herbstmöhren dunkel und luftig vor dem Austrocknen geschützt, also in Papier eingeschlagen, 1 Woche lagern, größere Vorräte am besten im Keller in einer Kiste in einem Gemisch aus Sand und Erde bis zu 2 Monate.
Besonderheit: Junge Möhren unter fließendem kaltem Wasser gründlich bürsten, nicht schaben und je nach Größe im ganzen oder längs geteilt verarbeiten; ältere Möhren schaben oder schälen, waschen und in Streifen, Würfel oder Scheiben schneiden. Bei sehr dicken Möhren eventuell den hellgelben oder leicht grünlich gefärbten Strunk im Inneren der Wurzel längs herausschneiden. Möhren sind auch roh genossen bekömmlich und besonders schmackhaft. Möhren lassen sich gut kombinieren mit Erbsen, grünen Bohnen, Lauch (Porree), Zwiebeln, Weißkohl und Sellerie, roh mit Äpfeln, Orangen, Staudensellerie und Nüssen. Zum Würzen eignen sich Anis, Fenchelsamen, Ingwer, weißer Pfeffer, Piment, Petersilie, Pfefferminze, Honig, Ahornsirup und etwas Fett zur besseren Ausnützung des Vitamins A.

Okras

Okras – auch Gemüse-Eibisch, Gambo, Gumbo oder Ladyfingers – gehören zum ältesten bekannten Gemüse afrikanischer Länder. Nur junge Okras ergeben genußreiche Speisen. Die hellgrünen, sechskantigen Früchte sind von leichtem Flaum bedeckt. Im Fruchtinneren sitzen kleine weiche Kerne, die beim Garen eine helle Substanz mit bindender Wirkung abgeben.
Hauptsaison: Oktober bis April.
Nährstoffe: Reich an: Ballaststoffen, Calcium, Magnesium, Vitamin C; außerdem enthalten: Eiweiß, Fett, Kohlenhydrate, Kalium, Phosphor, Eisen, Vitamine A, B_1, B_2 und Niacin.
Etwa 190 KJ/45 Kcal pro 100 g des verzehrbaren Anteils.
Einkauf: Möglichst kleine, höchstens fingerlange Okras mit zartem Flaum kaufen; Früchte mit stacheliger Haut sind nicht mehr genießbar.
Aufbewahrung: Locker in Papier eingeschlagen im Gemüsefach des Kühlschranks 2 Tage.
Besonderheit: Okras niemals schälen, sondern gründlich waschen, abtrocknen und die Spitzen und die Stielansätze abschneiden. Die Früchte halbieren oder streifig schneiden und in wenig Salzwasser dünsten oder zusammen mit Auberginen, Maiskörnern und/oder Tomaten dünsten. Geeignete Gewürze sind Cayennepfeffer, Chilischoten, Currypulver, Ingwer, Knoblauch, Koriander, Kresse und Zitronensaft.

Paprikaschoten

Paprikaschoten – auch Gemüsepaprika – kommen grün (noch unreif), gelb und rot auf den Markt. Vor allem gelbe und rote Früchte bestechen durch ihre Süße und ihr fruchtiges Aroma. Chilischoten oder Peperoni sind dagegen in erster Linie Gewürzpflanzen, die entweder im Anbauland zu Würzsaucen, zu Würzpasten oder Gewürzen (Cayennepfeffer) verarbeitet, aber auch frisch, getrocknet oder eingelegt exportiert werden. Peperoni gibt es ebenfalls grün, gelb, orangerot und rot, wobei die Farbe nichts über die Schärfe der Schote aussagt.
Hauptsaison: Juli bis November.
Nährstoffe: Reich an: Ballaststoffen, Vitaminen A, B_6 und C; außerdem enthalten: Eiweiß, Fett, Kohlenhydrate, Kalium, Calcium, Phosphor, Magnesium, Eisen, Vitamine E, B_1, B_2, Niacin und Folsäure; besonders natriumarm.
Etwa 105 KJ/25 Kcal pro 100 g des verzehrbaren Anteils.
Einkauf: Auf straffe glänzende Haut achten, keine gespaltenen oder geplatzten Früchte kaufen.
Aufbewahrung: Im Gemüsefach des Kühlschranks 4 Tage.
Besonderheit: Zum Füllen eignen sich große grüne Schoten, da sie durch die Füllung eine geschmackliche Abrundung erfahren. Für feine Gemüsezubereitungen und Salate – vor allem bei Magenempfindlichkeit – die Schoten häuten: Die Schoten im heißen Backofen rösten, bis die feine glänzende Haut aufreißt; danach abkühlen lassen und die Haut abziehen. Paprikaschoten und Peperoni von allen Kernen und weißen Rippen befreien, da diese Teile vor allem bei Peperoni die größte Schärfe bergen. Frische Peperoni zum Würzen in kleinen Mengen kleingeschnitten einer Speise zufügen. Für Gemüse die vorbereiteten Peperoni mit Salzwasser überbrühen und vor dem Verwenden 12 bis 16 Stunden ziehen lassen. Geeignete Gewürze für Gemüsepaprika sind Basilikum, Dost, Knoblauch, Majoran, Oregano, Paprikapulver und Rosmarin.

Pastinaken

Pastinaken – auch Pastanaken oder Hammelmöhren – sehen den ausgewachsenen Petersilienwurzeln ähnlich. Ihr Geschmack erinnert leicht an den des Selleries, ist aber weniger intensiv.
Hauptsaison: November bis Februar.

Nährstoffe: Reich an: Kohlenhydraten, Ballaststoffen, Kalium und Magnesium; außerdem enthalten: Eiweiß, Fett, Calcium, Phosphor, Eisen, Vitamine A, B_1, B_2, Niacin, Folsäure und C; besonders natriumarm.
Etwa 295 KJ/70 Kcal pro 100 g des verzehrbaren Anteils.
Einkauf: Möglichst kleine bis mittelgroße unbeschädigte Wurzeln von gleichmäßiger Form wählen; übermäßig große Exemplare können holzig sein und leicht bitter schmecken.
Aufbewahrung: Im Gemüsefach des Kühlschranks 10 Tage.
Besonderheit: Pastinaken dünn schälen, in Würfel, Stifte oder Scheiben schneiden und in 20 bis 25 Minuten garen. Im Geschmack harmonisieren Pastinaken mit Möhren und Kartoffeln, separat schmecken sie in einer Sahnesauce am besten. Zum Würzen eignen sich Anis, Fenchelsamen oder Fenchelgrün, Honig, gemahlener Koriander und Petersilie.

Rosenkohl

Rosenkohl – auch Sprossenkohl, Brüsseler Kohl – ist als kleinste Kohlart ein typisches Wintergemüse. Die ersten Fröste verfeinern seinen Geschmack; die Sprossen, an denen die Kohlköpfchen wachsen, sind daher auch während der Wintermonate der beste Aufbewahrungsort.
Hauptsaison: September bis Februar.
Nährstoffe: Reich an: Ballaststoffen, Kalium, Magnesium, Eisen, Vitaminen K, B_2, B_6, Folsäure und C; außerdem enthalten: Eiweiß, Fett, Kohlenhydrate, Calcium, Phosphor, Jod, Vitamine A, B_1 und Niacin; besonders natriumarm.
Etwa 210 KJ/50 Kcal pro 100 g des verzehrbaren Anteils.
Einkauf: Möglichst kleine, fest geschlossene Kohlröschen mit dunkelgrünen Blättern wählen; lasche, gelb gefärbte Außenblätter lassen auf zu warme und zu lange Lagerung schließen.
Aufbewahrung: In Papier eingeschlagen im Gemüsefach des Kühlschranks 2 Tage.
Besonderheit: Vom Rosenkohl gegebenenfalls die schlechten Außenblätter entfernen, die Strünke kürzen und kreuzweise einschneiden. Die Röschen waschen und je nach Größe in 10 bis 15 Minuten gar dünsten. Rosenkohl schmeckt gut mit Maroni (Eßkastanien) gemischt, mit Hackklößchen, Schinken oder Speck, mit Käse überbacken sowie in Sahnesauce. Geeignete Gewürze sind Lorbeerblatt, Muskat, weißer Pfeffer, Petersilie, Salbei und Zitronensaft.

Rote Bete

Diese braunrote, fast apfelgroße Knolle mit dem purpurroten Fleisch wird auch rote Rübe, Rane oder Rande genannt. Sie ist saftig, von fein-aromatischem Eigengeschmack und sowohl für Gemüse, Salate, Suppen als auch für Saft zu verarbeiten.
Hauptsaison: September bis Februar.
Nährstoffe: Reich an: Ballaststoffen, Kalium und Folsäure; außerdem enthalten: Eiweiß, Fett, Kohlenhydrate, Natrium, Calcium, Phosphor, Eisen, Vitamine A, B_1, B_2, Niacin und C.
Etwa 190 KJ/45 Kcal pro 100 g des verzehrbaren Anteils.
Einkauf: Möglichst kleine pralle Knollen ohne Schadstellen kaufen; je größer und älter die roten Bete, desto zellulosereicher werden sie, wodurch sich erheblich längere Garzeiten ergeben.
Aufbewahrung: Im Gemüsefach des Kühlschranks in Papier eingeschlagen 1 Woche.
Besonderheit: Rote Bete am besten ungeschält in 1 bis 2 Stunden je nach Größe dämpfen oder weich kochen, dann schälen und weiterverarbeiten. Achtung: Rote Bete geben intensiven roten Farbstoff ab, der nur schwierig von den Händen (zum Schälen, Reiben oder Schneiden eventuell Gummihandschuhe tragen) und kaum aus Textilien zu entfernen ist. Rote Bete schmecken gut mit Zwiebeln, und harmonieren mit geriebenem frischem Ingwer, gemahlenem Koriander, Kümmel, geriebenem Meerrettich, zerdrückten Senfkörnern und Zitronensaft.

Rotkohl

Rotkohl oder Blaukraut, diese fest geschlossenen Köpfe mit den blaugrünen oder dunkelvioletten, glänzenden Blättern sind sowohl ein Genuß für das Auge als auch für den Gaumen. Viele traditionelle Gerichte sind ohne Rotkohl kaum denkbar.
Hauptsaison: August bis März.
Nährstoffe: Reich an: Ballaststoffen, Kalium, Vitaminen B_6, Folsäure und C; außerdem enthalten: Eiweiß, Fett, Kohlenhydrate, Calcium, Phosphor, Magnesium, Eisen, Jod, Fluor, Vitamine A, B_1, B_2 und Niacin; besonders natriumarm.
Etwa 125 KJ/30 Kcal pro 100 g des verzehrbaren Anteils.
Einkauf: Auf glänzende, straffe Außenblätter achten.
Aufbewahrung: Im Gemüsefach des Kühlschranks 8 Tage; angeschnittene Köpfe in Frischhaltefolie eingewickelt 3 Tage; in einem dunklen kühlen Keller auf einem Lattenrost 1 Monat.
Besonderheit: Rotkohl am besten schmoren. Seine besondere geschmackliche Note erhält er durch bestimmte Gewürze sowie durch ein wenig Süße und durch etwas Säure, die auch die leuchtende Rotfärbung bewirkt. Gewürzt wird Rotkohl mit einer mit Nelken und Lorbeerblatt besteckten Zwiebel oder mit Kümmel, Nelken, schwarzem Pfeffer, Wacholder und Zitronensaft. Die Süße geben Ahornsirup, Birnendicksaft, Honig oder Johannisbeergelee; für die Säure sorgen erstklassiger roter Weinessig und etwas Rotwein. Kombiniert mit Äpfeln, Dörrpflaumen oder Maroni (Eßkastanien) schmeckt Rotkohl zu Wild und Wildgeflügel, zu Schweinebraten, Rinderrouladen, Gänse- oder Entenbraten und zu Bratwürsten.

Sauerampfer

Meist wildwachsende Wiesenpflanze mit säuerlich schmeckenden, saftigen Blättern. Neuerdings wird Sauerampfer auch auf den Märkten angeboten.
Hauptsaison: April bis August.
Nährstoffe: Reich an: Ballaststoffen, Kalium, Magnesium, Eisen, Vitaminen A und C; außerdem enthalten: Eiweiß, Fett, Kohlenhydrate, Calcium und Phosphor; besonders natriumarm.
Etwa 105 KJ/25 Kcal pro 100 g des verzehrbaren Anteils.
Einkauf: Auf saftige grüne Blätter achten und auf möglichst zarte knackige Stengel; keine zu großen Pflanzen kaufen, die welk oder verfärbt sind.
Aufbewahrung: Gewaschen und verlesen locker in Frischhaltefolie eingeschlagen 1 Tag im Gemüsefach des Kühlschranks.
Besonderheit: Wer Sauerampfer selbst sammelt, sollte Wiesen in der Nähe von stark befahrenen Autostraßen meiden und sich vergewissern, daß die Sammelwiese etwa seit 3 Wochen nicht chemisch behandelt wurde. Sauerampfer stets mit anderem Blattgemüse oder mit Blattsalaten mischen, da er als »Solist« zu geschmacksintensiv ist.

Sauerkraut

Es wird aus gehobeltem Weißkraut hergestellt und mit Salz zum Gären gebracht, wobei sich der im Kohl enthaltene Zucker in Milchsäure verwandelt, die dem Kraut den typischen Geschmack verleiht. Weinsauerkraut entsteht durch Zugabe von Wein während der Gärung. Sauerkraut ist äußerst nährstoffreich, daher gesund und außerdem preiswert.
Hauptsaison: Ganzjährig offen vom Faß, in Plastikbeuteln verpackt oder in Dosen.
Nährstoffe: Reich an: Ballaststoffen, Kalium, Vitaminen B_6 und C; außerdem enthalten: Eiweiß, Fett, Kohlenhydrate, Natrium, Calcium, Phosphor, Eisen, Vitamine A, B_1, B_2 und Niacin.
Etwa 105 KJ/25 Kcal pro 100 g des verzehrbaren Anteils.
Einkauf: Bei verpacktem Sauerkraut und Dosenware auf das Haltbarkeitsdatum achten.
Aufbewahrung: Nicht sterilisiertes Sauerkraut nach dem Entnehmen aus dem Faß im Kühlschrank 2 Tage; ebenso geöffnete Beutel oder Dosen.
Besonderheit: Sauerkraut wird am besten gedünstet. Empfehlenswert ist es, einen Teil vom rohen Kraut zurückzubehalten und vor dem Servieren kleingeschnitten unter das gegarte mischen, um möglichst viele der Nährstoffe zu erhalten. Sauerkraut läßt sich mit Würsten, Speck und Schweinefleisch kombinieren, aber auch als Rohkost mit Ananas, Äpfeln, Dörrpflaumen und Weintrauben. Mit Sekt oder Champagner aufgegossen wird es zu einer delikaten Beilage für Wild und Wildgeflügel. Geeignete Gewürze sind Gewürznelken, Kümmel, Lorbeerblatt, Paprikapulver, edelsüß, Piment und Wacholder.

Schwarzwurzeln

Schwarzwurzeln sind etwa 3 cm dicke, lange Stangen mit schwarzer, selten mit hellbrauner Haut. Das zarte weiße Innere erinnert im Geschmack etwas an Spargel und zählt für viele Feinschmecker zum delikatesten Gemüse.
Hauptsaison: November bis März.
Nährstoffe: Reich an: Kohlenhydraten, Ballaststoffen, Kalium, Magnesium, Eisen, Vitaminen E und B_1; außerdem enthalten: Eiweiß, Fett, Calcium, Phosphor, Vitamine A, B_2, Niacin und C; besonders natriumarm.
Etwa 335 KJ/80 Kcal pro 100 g des verzehrbaren Anteils.
Einkauf: Möglichst ungegabelte, ungebrochene, straffe Wurzeln wählen; Schwarzwurzeln dürfen sich nicht biegen lassen.
Aufbewahrung: Dick in Zeitungspapier eingeschlagen in einem kühlen und trockenen Raum oder im Gemüsefach des Kühlschranks 3 Tage.
Besonderheit: Schwarzwurzeln unter fließendem kaltem Wasser gründlich bürsten, vom dicken zum schlanken Ende hin dünn schälen und sofort in ein Essig-Mehl-Wasser-Gemisch legen, damit sich die Stangen nicht dunkel färben. Die Stangen vor dem Garen nach Belieben in Stücke schneiden. Oder die gebürsteten Wurzeln in reichlich sprudelndem Salzwasser je nach Dicke 20 bis 30 Minuten kochen, kalt abschrekken, die Haut abziehen und die Wurzeln in weiteren 10 bis 20 Minuten fertig garen. Achtung: Schwarzwurzeln geben einen rostroten Farbstoff ab! Finger mit Zitronensaft reinigen oder besser Gummihandschuhe benützen; aus Textilien sind Spuren kaum mehr zu entfernen. – Schwarzwurzeln schmecken gut in Sahnesauce oder gekocht mit in Butter gebräunten Semmelbröseln. Geeignete Gewürze sind Macis, Muskat, Paprikapulver, edelsüß und Petersilie.

Spargel

Höchste Wertung widerfährt dem weißen Spargel, den Sprossen der Spargelpflanze, die gestochen werden, wenn die Köpfe beginnen, die Erdoberfläche zu durchstoßen. Französischer Spargel hat violett gefärbte Spitzen, was kaum einen Geschmacksunterschied zu weißem Spargel bringt. Etwas aromatischer im Geschmack und reicher an Mineralstoffen und Vitaminen ist der grüne Spargel, da dieser die Erdoberfläche überwindet und im Tageslicht zu grünen beginnt. Für ein klassisches Spargelessen gleichmäßig gewachsene, mitteldicke Stangen wählen. Für Salate, Suppen und Gemüse den preiswerteren dünnen Spargel kaufen.
Hauptsaison: April bis Juni.
Nährstoffe: Reich an: Ballaststoffen, Fluor, Vitaminen E, B_1, B_2, Folsäure, Pantothensäure und C; außerdem enthalten: Eiweiß, Fett, Kohlenhydrate, Kalium, Calcium, Phosphor, Eisen, Vitamine A, K und Niacin; besonders natriumarm.

Sauerkraut

Spargel

Schwarzwurzeln

Sauerampfer

Etwa 105 KJ/25 Kcal pro 100 g des verzehrbaren Anteils.
Einkauf: Auf helle saftige Schnittenden achten; mitteldicke Stangen übermäßig dicken vorziehen.
Aufbewahrung: Tagfrischer Spargel schmeckt am besten. Muß er aufbewahrt werden, so höchstens 24 Stunden in ein feuchtes Tuch eingeschlagen im Gemüsefach des Kühlschranks.
Besonderheit: Für Cocktails, exquisite Gemüsemischungen, Suppen und Verzierungen nur Spargelspitzen verwenden, die restlichen Stangen anderweitig verbrauchen. Spargel ist von feinem Eigenaroma, so daß man ihn am besten nur sanft würzt. Es genügt, dem Kochwasser Salz und ½ Teelöffel Zucker sowie 1 Stück Butter zuzusetzen. Spargel mit zerlassener Butter beträufelt, mit in Butter gebräunten Semmelbröseln oder mit Sauce hollandaise, mit rohem und gekochtem Schinken oder Steaks, mit dünnen knusprigen Eierpfannkuchen oder neuen Kartoffeln servieren.

Spinat

Winterspinat, der im Freiland überwintert und erst im März oder April geerntet wird, ist von derber Blattkonsistenz, aber äußerst aromatisch. Sommer- und Herbstspinat zeichnen sich durch zarte Blätter aus, die sich auch für Salate eignen.
Hauptsaison: März bis November.
Nährstoffe: Reich an: Ballaststoffen, Kalium, Calcium, Magnesium, Eisen, Jod, Fluor, Vitaminen A, E, K, B_6, Folsäure und C; außerdem enthalten: Eiweiß, Fett, Kohlenhydrate, Natrium, Phosphor, Vitamine B_1, B_2 und Niacin.
Etwa 125 KJ/30 Kcal pro 100 g des verzehrbaren Anteils.
Einkauf: Das erkennbare Merkmal für erntefrischen Spinat sind knakkig frische Blätter. Bei Wurzelspinat muß das Wurzelstück fest sein, nicht lasch.
Aufbewahrung: Da Spinat seine Nährstoffe innerhalb von Stunden durch Verdunsten über die Blattoberfläche abbaut, sollte man ihn nach dem Einkauf sofort verarbeiten und nicht mehr lagern. Wenn unumgänglich, den Spinat waschen, in ein feuchtes Tuch einschlagen und höchstens 12 Stunden im Gemüsefach des Kühlschranks lagern.
Besonderheit: Spinat mehrmals gründlich waschen, mit dem letzten Tropfwasser etwa 8 Minuten dünsten und abschmecken. Spinat niemals aufgewärmt genießen; es besteht die Gefahr, daß sich dabei das in ihm enthaltene Nitrat in das besonders für Säuglinge gesundheitsschädliche Nitrit verwandelt. Geeignete Gewürze sind Hefeflocken, Kerbel, Knoblauch, Liebstöckel, Muskat, weißer Pfeffer und Piment.

Staudensellerie

Staudensellerie – auch Bleichsellerie oder Stangensellerie – wird durch Anhäufeln der Erde während des Wachstums hell gehalten. Zarte schlanke Stangen am besten roh verwenden, nur dicke Stangen garen.
Hauptsaison: Oktober bis März.
Nährstoffe: Reich an: Ballaststoffen, Kalium und Calcium; außerdem enthalten: Eiweiß, Fett, Kohlenhydrate, Natrium, Phosphor, Magnesium, Eisen, Vitamine A, B_1, B_2, Niacin und C.
Etwa 85 KJ/20 Kcal pro 100 g des verzehrbaren Anteils.
Einkauf: Auf zartgrüne elastische, fleischige Stangen achten und auf frisches Blattgrün.
Aufbewahrung: Gewaschen und in ein feuchtes Tuch eingeschlagen 3 Tage im Gemüsefach des Kühlschranks.
Besonderheit: Die hellgrünen Blätter gehackt stets an die fertige Speise geben. Von dicken Stangen wie bei Rhabarber die Längsfäden abziehen. Staudensellerie hat einen intensiven Eigengeschmack und bedarf daher keiner besonderen Würze.

Tomaten

Makellos aussehende, runde Tomaten werden ganzjährig aus Treibhaus-Kulturen angeboten. Das typische Aroma vermitteln jedoch hauptsächlich Freiland-Früchte. Neben der runden Tomate bieten sich vor allem die gerippten Fleischtomaten für Gemüsegerichte und zum Füllen an. Die länglichen Birnen-, Eier- oder Flaschentomaten aus Italien eignen sich zum Dünsten oder Grillen. Besonders dünnschalig und geschmacksintensiv sind die kleinen Cocktailtomaten. Als eigene Züchtung erhält man kleine grüne Tomaten, die vor allem zum Einlegen verwendet werden.
Hauptsaison: Juli bis September.
Nährstoffe: Reich an: Ballaststoffen, Kalium, Magnesium, Vitaminen A, K, Folsäure und C; außerdem enthalten: Eiweiß, Fett, Kohlenhydrate, Calcium, Phosphor, Eisen, Jod, Fluor, Vitamine B_1 und B_2; besonders natriumarm.
Etwa 85 KJ/20 Kcal pro 100 g des verzehrbaren Anteils.
Einkauf: Auf glatte unverletzte Schalen achten und auf gleichmäßig ausgefärbte nicht zu weiche Früchte.
Aufbewahrung: Bei Raumtemperatur, möglichst dunkel gelagert, 5 Tage. Tomaten mit grünen Stellen reifen in dieser Zeit nach.
Besonderheit: Grüne Stellen und Stielansätze keilförmig ausschneiden, da grüne Stellen Solanin enthalten, das schwer verträglich bis unverträglich ist. Für feine Salate und zarte Gemüsebereitungen die Tomaten am besten häuten und die Kerne entfernen. Tomaten schmecken gut in Kombination mit Zwiebeln und/oder Schafkäse. Geeignete Gewürze sind Basilikum, Estragon, Knoblauch, Petersilie, weißer oder schwarzer Pfeffer, Rosmarin, Salbei, Schnittlauch und Thymian.

Staudensellerie

Spinat

Tomaten

Gemüse von A bis Z

Topinambur

Die noch bei vielen unbekannte Knolle einer Sonnenblumenart ist auch unter dem Namen Erdartischocke, Erdbirne und Jerusalem-Artischocke bekannt. Im Aussehen erinnert sie an frische Ingwerknollen, im Geschmack leicht an Artischocken und Nüsse. Topinambur ist von sehr zarter Konsistenz und daher roh geraspelt wertvoller Bestandteil von Salaten und Cocktails. Gedünstet oder gebraten ergibt Topinambur ein schmackhaftes Gemüse. Da die Knolle keine Stärke enthält, sondern das Kohlenhydrat Inulin, kann sie den Plan für eine Diabetikerdiät bereichern.
Hauptsaison: November bis März.
Nährstoffe: Reich an: Kohlenhydraten, Ballaststoffen, Kalium, Magnesium, Eisen und Vitamin B_1; außerdem enthalten: Eiweiß, Fett, Calcium, Phosphor, Vitamine A, B_2, Niacin und C; besonders natriumarm.
Etwa 335 KJ/80 Kcal pro 100 g des verzehrbaren Anteils.
Einkauf: Möglichst kleine, unbeschädigte Knollen wählen, da sie zarter in der Konsistenz und milder im Geschmack sind als übermäßig große.
Aufbewahrung: Möglichst am Tag des Einkaufs verbrauchen, da Topinambur nur in Sand eingeschlagen in kühlen dunklen Räumen lagerfähig ist.
Besonderheit: Topinambur gründlich unter fließendem Wasser bürsten und für Salate ungeschält grobraspeln oder wie Pellkartoffeln in etwa 20 Minuten garen. Um den angenehmen Eigengeschmack zu unterstützen, nur mit Zitronensaft würzen, mit einem Hauch gemahlenem Kümmel, einer Prise Salz und wenig weißem Pfeffer, etwas Honig oder Ahornsirup und mit Sahne sowie mit gehackten Nüssen kombinieren.

Weiße Rüben

Von der weißen Rübe gibt es mehrere Sorten, von länglichen bis runden Formen in weiß, gelblich und hellbraun. So die Mairübe, die Tellerrübe, die bayrische Rübe oder das Teltower Rübchen, eine besonders delikate würzig-süße Zuchtform. Das Fruchtfleisch der weißen Rübe ist zartfaserig und von angenehmem mildem Eigengeschmack.
Hauptsaison: Mai und Juli bis September.
Nährstoffe: Reich an: Ballaststoffen, Calcium, Vitaminen Folsäure und C; außerdem enthalten: Eiweiß, Fett, Kohlenhydrate, Natrium, Kalium, Phosphor, Magnesium, Eisen, Vitamine B_1, B_2 und Niacin.
Etwa 85 KJ/20 Kcal pro 100 g des verzehrbaren Anteils.
Einkauf: Auf unbeschädigte stramme Wurzeln achten; die Größe der Rübe sagt nichts über ihre Qualität aus.
Aufbewahrung: Im Gemüsefach des Kühlschranks 3 Tage.
Besonderheit: Die Rüben von Wurzeln und Blattansatz befreien und unter fließendem Wasser bürsten, schaben oder schälen und nach Rezept weiterverarbeiten. Teltower Rübchen werden meist in einer Butter-Zucker-Mischung karamelisiert oder in Buttersaucen serviert. Größere runde Rüben eignen sich gut zum Füllen. Weiße Rüben harmonieren mit Kerbel, Muskat, Petersilie, weißem Pfeffer, Pimpinelle, Schalotten und Senf, Wermut.

Weißkohl

Weißkohl – auch Weißkraut, Kraut, Kappes – ist eine der feinsten Kohlarten von mildem Geschmack und knackiger, aber zarter Konsistenz. Seine Preisgünstigkeit läßt seinen Wert verkennen. Früher Weißkohl ist noch kräftig grün; spätere, lagerfähige Köpfe haben die hellgelben, von einer leichten Wachsschicht überzogenen, eng anliegenden Blätter.
Hauptsaison: August bis November; jedoch wegen guter Lagerfähigkeit bis März angeboten.
Nährstoffe: Reich an: Ballaststoffen, Magnesium, Vitaminen K und C; außerdem enthalten: Eiweiß, Fett, Kohlenhydrate, Kalium, Calcium, Phosphor, Eisen, Jod, Fluor, Vitamine A, B_1, B_2 und Niacin; besonders natriumarm.
Etwa 105 KJ/25 Kcal pro 100 g des verzehrbaren Anteils.
Einkauf: Auf fest geschlossene Köpfe achten.
Aufbewahrung: Im Gemüsefach des Kühlschranks 1 Woche; in einem kühlen dunklen Keller auf einem Lattenrost bis zu 2 Monaten.
Besonderheit: Weißkohl am besten schmoren. Er läßt sich ausgezeichnet mit frischen Bohnenkernen, mit Möhren, Lauch (Porree), Sellerie und Zwiebeln kombinieren und harmoniert mit Schweinefleisch, Hammel- und Lammfleisch, sowie mit geräucherter Wurst und Speck. Zum Würzen eignen sich besonders Kümmel, aber auch Beifuß, Borretsch, Koriander, Liebstöckel, Lorbeerblatt, Muskat, Petersilie, weißer Pfeffer und Schnittlauch.

Wirsing

Wirsingkohl – auch Welschkohl, Welschkraut – ist eine Art Weißkohl mit mehr oder weniger krausen, nicht völlig dicht anliegenden Blättern. Die Außenblätter sind lichtgrün bis dunkelgrün, die Innenblätter hellgrün bis hellgelb. Je dunkler der Wirsing, desto intensiver sein typischer Geschmack.
Hauptsaison: August bis Januar.
Nährstoffe: Reich an: Ballaststoffen, Kalium, Vitaminen Folsäure und C; außerdem enthalten: Eiweiß, Fett, Kohlenhydrate, Calcium, Phosphor, Magnesium, Eisen, Vitamine A, B_1, B_2 und Niacin; besonders natriumarm.
Etwa 125 KJ/30 Kcal pro 100 g des verzehrbaren Anteils.
Einkauf: Möglichst feste, geschlossene Köpfe wählen.
Aufbewahrung: Im Gemüsefach des Kühlschranks 5 Tage; in einem dunklen kühlen Keller auf einem Lattenrost bis zu 1 Monat.
Besonderheit: Wirsing mit zarten hellen Blättern am besten dünsten; dunklen Wirsingkohl zuvor 3 Minuten blanchieren, dann strei-

fig schneiden und dünsten. Alle Zubereitungsarten für Weißkohl lassen sich auch auf Wirsing anwenden, wenngleich der Geschmack von dunklem Wirsing etwas strenger ist. Geeignete Gewürze sind Beifuß, Koriander. Kümmel, Petersilie und schwarzer Pfeffer.

Zucchini

Zucchini – auch Courgettes oder Zucchetti – sind gurkenähnliche, 10 bis 30 cm lange Früchte mit hellgrüner bis kräftig grüner Schale, die manchmal auch gelbe Streifen aufweisen. Die kleinen Kerne im hellen Fruchtfleisch können wie die Schale mitgegessen werden.
Hauptsaison: Mai bis Oktober.
Nährstoffe: Reich an: Ballaststoffen; außerdem enthalten: Eiweiß, Fett, Kohlenhydrate, Kalium, Calcium, Phosphor, Vitamine A, B_1, B_2, Niacin und C; besonders natriumarm.
Etwa 125 KJ/30 Kcal pro 100 g des verzehrbaren Anteils.
Einkauf: Auf weiche Schalen achten, die sich leicht mit dem Fingernagel einritzen lassen. Nur feste Früchte wählen, die nicht auf Fingerdruck nachgeben. Kleine Früchte bevorzugen, sie sind am aromatischsten.
Aufbewahrung: Locker in Papier eingeschlagen 5 Tage im Gemüsefach des Kühlschranks.
Besonderheit: Zucchini am besten ungeschält in Scheiben schneiden, braten oder grillen oder längs halbieren, aushöhlen, mit einer Hackfleischfarce oder mit Geflügelfrikassee füllen und überbakken. Geeignete Gewürze sind Cayennepfeffer, Dill, Knoblauch, Petersilie, weißer Pfeffer, frische Pfefferminze und Zitronensaft.

Zwiebeln

Von ihnen gibt es vielerlei Arten, die sich durch Größe, Form und Farbe schon äußerlich unterscheiden, geschmacklich reicht die Skala von süßlich-mild bis beißend-scharf.
Die Haushalts- oder Würzzwiebel mit hellbrauner Schale und weißem Inneren von mittlerer Schärfe ist die am häufigsten verwendete als Zusatz für Salate, Suppen, Kartoffel-, Gemüse- und Fleischgerichte.
Die Gemüsezwiebel, extra groß, in hellbrauner oder weißer Schale gilt als mild und wird zum Füllen und als eigenständiges Gemüse gebraucht.
Die rote oder auch spanische Zwiebel, mit roter Schale und zart roten Rändern an den weißen Innenringen ist meistens ebenfalls mild und kann gedünstet, gebraten oder in Ausbackteig fritiert ebenfalls als schmackhafte Beilage gereicht werden. Manche rote Zwiebel übertrifft aber an Schärfe die Haushaltszwiebel und sollte daher nur sparsam zum Würzen verwendet werden.
Die kleine weiße Zwiebel muß erst probiert werden, um sie richtig einzusetzen. Ist sie mild, eignet sie sich gewürfelt als Ergänzung von Salaten, als Beilage zu Hackfleischgerichten oder im ganzen zum Grillen.
Die Frühlingszwiebel gibt es zwar während des ganzen Sommers; sie ist aber im Frühling von bestechend feinem Aroma. Die weiße kugelige Verdickung und die hellgrünen Röhrenblätter werden geschnitten zu Salaten und zu Gemüsespeisen gegeben.
Schalotten werden wegen ihrer zarten Würze überall dort verwendet, wo die Haushaltszwiebel etwas zu aufdringlich wirkt, nämlich für besonders delikate Cocktails, für Salate, Saucen und feine Fleischgerichte. In Butter gedünstet oder glasiert werden Schalotten auch zur exquisiten Beilage.
Perlzwiebeln – auch Silberzwiebeln – spielen in der Gemüseküche kaum eine Rolle. Diese kleine Saatzwiebel gibt es nur eingelegt zu kaufen.
Hauptsaison: Frühlingszwiebeln April bis Juni; Gemüsezwiebeln Juni bis November; Haushaltszwiebeln ganzjährig.
Nährstoffe: Reich an: Ballaststoffen; außerdem enthalten: Eiweiß, Fett, Kohlenhydrate, Kalium, Calcium, Phosphor, Eisen, Jod, Fluor, Vitamine A, E, B_1, B_2, Niacin und C; besonders natriumarm.
Etwa 165 KJ/40 Kcal pro 100 g des verzehrbaren Anteils.
Einkauf: Nur trockene, prall gefüllte Zwiebeln ohne weiche oder hohle Stellen und ohne Triebansätze wählen. Bei Frühlingszwiebeln auf kugelige, nicht zu lange weiße Enden und auf knakkige frische Blätter achten.
Aufbewahrung: Frühlingszwiebeln im Gemüsefach des Kühlschranks 3 Tage; alle anderen Zwiebeln luftig kühl, trocken und dunkel, aber nicht unter +4 °C lagern.
Besonderheit: Die papierartige Schale entfernen, Wurzel- und Keimansätze abschneiden und die Zwiebeln dann nach Rezept verarbeiten. Zum Färben von Fleischbrühe die braune Haut der Zwiebel nicht entfernen; eventuell halbierte Zwiebeln mit der Schnittfläche auf der Elektroplatte (Eisenpfanne) braun rösten, so geben sie Farb- und Geschmacksstoffe ab.

KJ = Kilojoule,
Kcal = Kilokalorien; alle genannten Nährstoffangaben beziehen sich jeweils auf 100 g des verzehrbaren rohen Anteils.

Der Inhalt des Buches von A bis Z

H

I/J

K

L

M

N

O

P

R

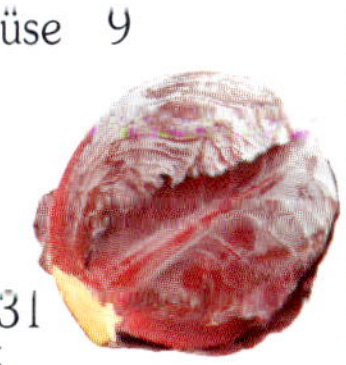

Der Inhalt des Buches von A bis Z

Kochen – köstlich wie noch nie

Die großen GU Bildkochbücher – jedes Rezept in Farbe

Ein wahres Ideen-Kochbuch für Haus- und Wildgeflügel. Mit einer Fülle von verlockenden Gerichten: Coq au vin, gefüllte Wachteln, Canard à l'orange, Fasan elsässische Art, Wildente mit Sauerkirschen und, und ... Schritt für Schritt in Text und Bild: Geflügel richtig vorbereiten, empfehlenswerte Garmethoden, Geflügel tranchieren, feine Füllungen
Die Fundgrube für alle, die gerne Geflügel essen.

Fisch – das kulinarische Thema in Variationen. Hier finden Sie Suppen, Vorspeisen, kleine Gerichte, Fisch als Mahlzeit von leicht bis deftig, festliche Fischgerichte warm und kalt, gesellige Fischessen mit Fondues, Fisch und Fischsalate für Viele.
Dazu nützliche Informationen über die bekannten und seltener angebotenen Fischarten mit ihren fremdsprachigen Namen.

Das Ideen-Kochbuch für Freunde der Bistro-Küche: Raffinierte Kleinigkeiten mit ungewöhnlichen Toasts, beliebten Ei-Gerichten und Soufflés. Warme Zwischengerichte mit vielen feinen Extras aus Fleisch, Fisch und Geflügel. Was gut vorbereitet werden kann: Partysalate, Quiches, Tartes und Pasteten. Schritt für Schritt in Text und Bild: Hübsch anrichten und garnieren.

Raffiniertes aus aller Welt: Von italienischen Spaghetti und chinesischen Glasnudeln bis zu österreichischen Fleckerln und sibirischen Teigtaschen ... Schritt für Schritt in Text und Bild: Nudeln selbst herstellen, Nudeln färben, Nudeln richtig kochen. Dazu viele Informationen über Nudeln, feine Käsesorten, beliebte Nudelbegleiter und vieles mehr ... Das Nudelbuch in GU Spitzenqualität.

GU Gräfe und Unzer

Die Autoren:

Annette Wolter

Sie gehört zu den führenden Kochbuchautoren im deutschen Sprachraum. Seit über 20 Jahren sind Kochen und Haushaltsführung ihr Thema, mit dem sie sich schon als Mitarbeiterin großer Frauenzeitschriften beschäftigte. Heute ist Annette Wolter anerkannte Expertin im Bereich Küche und Keller, Autorin zahlreicher Kochbuch-Bestseller und mehrfache Preisträgerin der »Gastronomischen Akademie Deutschlands«.
Die Rezepte in ihren Büchern zeigen deutlich die gelungene Verbindung zwischen kulinarischen Raffinessen und wohlschmeckender, gesunder Hausmannskost.
Zu ihren erfolgreichsten Büchern zählen »Kochen heute« und die vier Bände der Wie-noch-nie-Reihe »Kochvergnügen«, »Backvergnügen«, »Kalte Küche« und »Spezialitäten der Welt«.

Elke Alsen

sammelte als junge Ökotrophologin in den verschiedensten sozialen Einrichtungen praktische Erfahrungen und lernte dabei, junge Menschen unter nicht immer leichten Bedingungen gesund und kräftig zu ernähren. Dann kam sie mit viel Elan und hinreißenden Rezept-Ideen in die Redaktion für Küche und Keller eines großen Hamburger Verlages. Dort leitete sie die Versuchsküche. Zu allen nur erdenklichen Themen galt es nun, passende Rezepte zu erfinden, sie fotogen vor die Kamera zu stellen und schließlich noch textlich an die Redaktion zu liefern. Frau Alsen hat inzwischen Mann und Kinder, Haus und Garten, Hund und Katze. Aber ihren Beruf wird sie stets weiter verfolgen. So arbeitet sie gern als Stylistin in Food-Fotostudios oder sie verrät ihre Lieblingsrezepte für die Bildkochbücher des Gräfe und Unzer Verlages.

Marey Kurz

stammt aus einer deutsch-baltischen Familie. Seit über 20 Jahren kocht sie für Mann und Kinder und ist bemüht, die täglichen Mahlzeiten schmackhaft zu gestalten. Eigene gesundheitliche Probleme veranlaßten Frau Kurz, sich mehr und mehr mit der Vollwertkost zu beschäftigen. Die konsequente Umstellung brachte nicht nur ihre völlige Genesung mit sich, sondern auch die begeisterte Anerkennung der gesamten Familie für die neue Ernährungsweise. So schrieb Frau Kurz ihr erstes Kochbuch »Die neue Vollwertküche« und – vom Erfolg ermutigt – bald darauf »Soja in der Vollwertküche« sowie »Vollwertkost, die Kindern schmeckt«. Für den vorliegenden Band lieferte sie uns natürlich die Vollwertrezepte.

Annedore Meineke

war ursprünglich Hauswirtschaftslehrerin, vertauschte den Schulsaal aber bald mit der Versuchsküche einer bekannten deutschen Illustrierten und erfand für ihre Leser Rezepte für jedwede Gelegenheit, Festmenüs, Diätprogramme, Schlankheitskost. Inzwischen hat Frau Meineke geheiratet und verwöhnt vor allem ihre Familie mit ihrem kulinarischen Können. Daneben findet sie immer wieder etwas Zeit, aus ihrem Rezept-Repertoire das Passende für einige Zeitschriften herauszusuchen oder – wie in diesem Fall – ihre besten Gemüse-Ideen für Gräfe und Unzer zusammenzustellen.

Brigitta Stuber

Sie ist echte Münchnerin und wollte ohne Umschweife direkt von der Schulbank weg Ehefrau und Mutter werden. Dieser Sprung ins kalte Wasser verpflichtete sie, alles, was mit Haushalt und Küche zusammenhing, im Alleingang zu erlernen. Ihre selbsterworbenen Kochkünste fanden im Freundeskreis so viel Anerkennung, daß man sie um die Rezepte bat. Der Redakteur einer Zeitschrift machte kurzerhand eine Kolumne aus den Stuber-Rezepten, was die junge Autorin natürlich zu weiteren journalistischen Arbeiten motivierte. Und weil sie alles hundertprozentig machen will, absolvierte sie ein regelrechtes Redaktions-Volontariat und arbeitete jahrelang für Fachverlage. Seit 7 Jahren ist Brigitta Stuber Lektorin des Gräfe und Unzer Verlages. Für den vorliegenden Band »Gemüse« war sie außerdem auch aktive Mitautorin.

Odette Teubner

Ihr beruflicher Werdegang war von klein an vorprogrammiert – wuchs sie doch zwischen Kameras, Scheinwerfern, Versuchsküche und Dunkelkammer auf und steckte frühzeitig ihr Näschen in alle Ecken. Als Teenager verkündete sie überzeugend, daß sie niemals ihr Elternhaus verlassen werde! So begann nach der Schulzeit sofort die Lehre bei ihrem Vater, dem international bekannten Foodfotografen Christian Teubner. Obgleich Odette ihrem Vater schon bald eine schier unersetzliche Hilfe war, folgte sie doch seinem Rat, sich einige Monate in München der Modefotografie zu widmen, um Einseitigkeit zu verhindern. Schließlich entfernte sie sich freiwillig von Füssen bis nach Alaska, um dort für einige Wochen Land und Tiere zu fotografieren. Heute arbeitet sie ausschließlich im Studio für Lebensmittelfotografie Teubner und hat mit dem vorliegenden Band »Gemüse« ihr erstes völlig selbständiges fotografisches Werk abgeschlossen. Doch einseitig blieb Odette Teubner nicht; in ihrer Freizeit ist sie begeisterte Kinderportraitistin mit dem eigenen Sohn als Modell.

Impressum:

Das Farbfoto auf der Einband-Vorderseite zeigt Ratatouille (Rezept Seite 106).

CIP-Kurztitelaufnahme der Deutschen Bibliothek

Wolter, Annette:
Gemüse: kochen – köstl. wie noch nie. . . .; d. große GU-Bildkochbuch mit d. besten Rezept-Ideen/von Annette Wolter. Elke Alsen, Marey Kurz, Annedore Meineke und Brigitta Stuber haben mitgearb. Die Farbbilder gestaltete Odette Teubner. München: Gräfe und Unzer, 1988. – 2. Aufl. –

ISBN 3-7742-5829-5

NE: Teubner, Odette:

2. Auflage 1988

Redaktion: Brigitta Stuber
Versuchsküche: Marianne Obermayr
Herstellung: Birgit Rademacker
Farbfotos: Odette Teubner
Umschlaggestaltung: Heinz Kraxenberger
Reproduktionen: SKU Reproduktionen GmbH
Satz und Druck: Appl, Wemding
Bindung: Conzella, Verlagsbuchbinderei Urban Meister

ISBN 3-7742-5829-5